Voith
150 Jahre deutsche Wirtschaftsgeschichte
Matthias Georgi

Siedler

Voith

150 Jahre deutsche Wirtschaftsgeschichte

Matthias Georgi

Siedler

Inhalt

Geleitwort der Familiengesellschafter_Seite 7

Einleitung_Seite 9

1_1803 – 1867
Ein Schlossermeister schreibt Technikgeschichte_Seite 11

2_1867 – 1913
Ein Weltkonzern entsteht_Seite 33

3_1913 – 1937
Mit Partnern zu großen Innovationen_Seite 57

4_1937 – 1947
Rüstung, Krieg und Brückenbau bei Voith_Seite 83

5_1947 – 1971
Verstetigung und Konstanz_Seite 117

6_1971 – 1992
Umbruch und Krise im Familienunternehmen_Seite 143

7_1992 – 2000
Neue Strategie: Internationalisierung und Akquisitionen_Seite 169

8_2000 bis heute
Auf dem Weg in die Industrie 4.0_Seite 191

Schlussbetrachtungen – 150 Jahre Voith_
    Nachwort_Seite 214
    Freiheit und Verantwortung – Gespräch mit den Töchtern von
    Hanns Voith_Seite 218

Anhang_
    Reden auf dem Festakt 150 Jahre Voith_Seite 223
    Mitglieder des Gesellschafterausschusses ab
    Oktober 1976_Seite 241
    Gespräch mit Dr. Heinrich Weiss_Seite 242
    Quellen- und Literaturverzeichnis_Seite 246
    Archive_Seite 255

Geleitwort der Familiengesellschafter

Die Mitglieder der Familien Voith haben sich in den 150 Jahren seit der Gründung des Familienunternehmens nicht nur als Eigentümer, sondern immer auch als Treuhänder und Bewahrer der Werte von Voith gesehen. Dieses Selbstverständnis bedeutet für die heutige Familiengeneration: Wir stehen für eine gewisse Zeit in der Verantwortung für ein Werk, das wir von unseren Vorfahren übernommen haben und das wir eines Tages an unsere Nachfolger übergeben werden. Wir sind Teil eines Ganzen und tragen Verantwortung über Generationen.

Aus dieser Verantwortung für die Geschichte des Unternehmens haben die heutigen Familiengesellschafter den Auftrag für dieses Buch gegeben. Es untersucht erstmals wissenschaftlich, anhand einer historisch-kritischen Auswertung der verfügbaren Primärquellen, einer Analyse und Einordnung der Quellenlage mithilfe der vorhandenen Sekundärliteratur, sowie – da, wo möglich – der Befragung von Zeitzeugen, die Unternehmensgeschichte von Voith. Die Firma steht mit ihrer Entwicklung stellvertretend für viele große Industrieunternehmen im deutschen Kaiserreich, in der Weimarer Republik, in der Zeit des Nationalsozialismus und schließlich in der Bundesrepublik Deutschland und ist damit ein Teil der deutschen Wirtschaftsgeschichte. Der verantwortungsvolle und unvoreingenommene Blick auf die Rolle des Hauses Voith in diesen unterschiedlichen Phasen der deutschen Geschichte, das Sichtbarmachen des jeweiligen Zeitgeistes und der Umstände, in denen die handelnden Akteure und Entscheidungsträger des Unternehmens agierten, ist die Leistung dieser Studie.

Wenn dieses Buch erscheint, steht Voith erneut an einem entscheidenden Wendepunkt seiner Geschichte. Die vierte industrielle Revolution ist in vollem Gange. Die Digitalisierung der Industrie, das Internet der Dinge verändert die Welt. Fast ist es im Jahr 2017 ein bisschen so wie im Jahr 1867, als der junge Unternehmer Friedrich Voith voller Tatendrang mit seinen Ideen und Plänen die Welt der Industrie eroberte. Damals war Papier ein Luxusgut für wenige begüterte Menschen, Strom in jedem Haushalt ein Traum. Friedrich Voith hat seinen Teil dazu beigetragen, diese Träume wahr werden zu lassen.

Die Herausforderungen der Zukunft sind Nachhaltigkeit und Digitalisierung. Heute träumt die Welt von intelligenten, sprechenden Maschinen, vollautomatisierten und vernetzten Fertigungsanlagen, von Elektromobilität und sauberen, recyclebaren Produkten. Die Menschen in 50 oder 100 Jahren, die aus ihrer Zeitgenossenschaft dann unsere Geschichte interpretieren werden, werden beurteilen, was aus diesen Träumen geworden ist. Wir sind jedoch sicher: Auch der Name Voith wird dabei eine Rolle spielen.

Seit 150 Jahren haben sich kluge, engagierte Voithianer überall auf der Welt für unser Familienunternehmen eingesetzt und die Herausforderungen ihrer Zeit bewältigt. Niemand kann heute sagen, wie viele Voithianer es im Lauf der 150 Jahre tatsächlich gewesen sind. Viele Zehntausende. Und jeder von ihnen hat einen – seinen – Beitrag geleistet. Hierfür sind wir dankbar! Wir widmen dieses Buch deshalb allen, die sich für das Haus Voith in den letzten 150 Jahren engagiert, für das Unternehmen Voith eingesetzt haben – im Gang der Zeiten.

Die Familiengesellschafter der Familien Hanns Voith im Juli 2017

Einleitung

Voith ist aus einer kleinen Schlosserei in Heidenheim im Brenztal der Schwäbischen Alb hervorgegangen. Obwohl dieser Handwerksbetrieb in der Hinteren Gasse bis ins 18. Jahrhundert zurückverfolgt werden kann, setzte sich in der Voith-Tradition als Gründungsdatum das Jahr 1867 durch. Es ist das Jahr, in dem Friedrich Voith den Betrieb von seinem Vater Johann Matthäus übernahm. Es ist auch der Auftakt zur Entwicklung vom Handwerksbetrieb zum weltweit agierenden Konzern. Friedrich Voith selbst sah 1867 keineswegs als Gründungsjahr seiner Firma. Das sieht man schon am Namen, unter dem er das Unternehmen 1870 ins Handelsregister eintragen ließ: J.M. Voith, mit den Initialen seines Vaters. Friedrich Voith machte lediglich seine Dienstjubiläen an diesem Datum fest. Die nächste Generation übernahm dies als Tradition, und so wurde nicht 1822 zum Gründungsdatum (Johannes Caspar Voith erwirbt die Schleifmühle auf dem heutigen Werksgelände), nicht 1825 (Übernahme der Schlosserei durch Johann Matthäus Voith) und auch nicht 1837 (Verkauf der Hinteren Gasse und Umzug der Familie auf das heutige Werksgelände), sondern das Jahr 1867.

Seit 150 Jahren liefert Voith Ingenieurskunst von der Ostalb. Das Unternehmen ist heute in der vierten und fünften Generation im Besitz der Familie Voith. Wenn ein Unternehmen einen solchen runden Geburtstag feiern kann, dann muss es in seiner Historie vieles richtig gemacht haben. Was aber waren die Erfolgsfaktoren, die Voith bis in unsere Gegenwart so erfolgreich gemacht haben? Bei der Arbeit an diesem Buch kamen wir, die Historiker, mehrfach an den Punkt, an dem wir dachten, den einen roten Faden gefunden zu haben, der den Erfolg des Unternehmens über die Jahrzehnte hinweg ausmacht und erklärt. Und jedes Mal wurden wir eines Besseren belehrt. Statt des einen, gab es gewissermaßen mehrere rote Fäden. Tatsächlich basiert die Geschichte von Voith auf vielen unterschiedlichen Faktoren, die alle zu ihrer Zeit einen entscheidenden Beitrag geleistet haben. Das brachte uns im nächsten Schritt zum Problem des passenden Buchtitels. Sollten wir ein einzelnes wichtiges Element herausgreifen und in den Vordergrund stellen? Würde das nicht die Darstellung der eigentlichen Entwicklung konterkarieren? Wir entschieden uns letztlich für den nüchternen Titel »Voith. 150 Jahre deutsche Wirtschaftsgeschichte«, da Voith archetypisch für viele deutsche Industrieunternehmen steht und der Blick auf Voith aufgrund der vielfältigen persönlichen, dynastischen und organisatorischen Verflechtungen mit vielen anderen bedeutenden Industrie- und Wirtschaftsunternehmen gleichsam wie der Blick durch ein Prisma der deutschen Wirtschaftsgeschichte wirkt.

1_1803 – 1867

Ein Schlossermeister schreibt Technikgeschichte

Voith und Heidenheim an der Brenz

Die Geschichte der Familie sowie des Unternehmens Voith war und ist eng mit der Geschichte Heidenheims an der Brenz verknüpft. Hier hat das Familienunternehmen Voith seine Wurzeln und bis heute seinen Firmensitz.[1] Die Beziehung zwischen Stadt und Familie beschränkte sich nicht allein auf den ökonomischen Bereich. Vielmehr existierten auch soziale wie politische Verbindungen, die die besondere Verknüpfung zwischen beiden Partnern prägten. Dabei ließ die Lage der Stadt, an der östlichen Peripherie Württembergs und verkehrstechnisch nicht unbedingt gut erschlossen, eine solche Entwicklung zunächst kaum erwarten. Um 1800 lebten etwa 1.700 Menschen in Heidenheim, bedeutende industrielle oder vorindustrielle Unternehmen existierten nicht. Zudem waren im Zuge der Napoleonischen Kriege zwischen 1797 und 1815 mehrmals Heere durch die Stadt gezogen, was nicht zuletzt ein tiefes Loch in den städtischen Haushalt gerissen hatte.[2] In diesem wirtschaftlich marginalisierten Heidenheim besaß der 1773 geborene Schlosser Johannes Caspar Voith, dessen »Väter und Vorväter [...] schwäbischen Stammes«[3] bereits Schlosser und Handwerker waren,[4] zu Beginn des 19. Jahrhunderts eine Werkstatt, die gewissermaßen die historische Wiege des heutigen Weltkonzerns darstellt.

Die Werkstatt sicherte Johannes Caspar Voith, der Mitglied im Bürgerausschuss war und das wichtige Feuerwehramt des Spritzenmeisters[5] bekleidete, den Unterhalt für sich und seine Familie. Er hatte am 15. Oktober 1799 die drei Jahre ältere Anna Ursula Moser geheiratet und wohnte mit ihr in einem Haus in der unterhalb des Schlosses Hellenstein gelegenen Hinteren Gasse, das Wohnung und Arbeitsplatz zugleich war.[6] In diesem Haus kam am 29. April 1803 Johann Matthäus Voith zur Welt. Er war das zweitälteste von drei Kindern, die aus der Ehe hervorgingen. Seine ältere Schwester Catharina heiratete später einen Tuchmacher, der jüngere Bruder Daniel verstarb mit erst 24 Jahren.[7] Da Werkstatt und Familie wuchsen und beides im selben Gebäude untergebracht werden musste, reichten die Räumlichkeiten in der Hinteren

---

1 Der »erste« Voith in Heidenheim hieß Benjamin und war Schlossermeister. 1696 in Aalen geboren, verstarb er 1742 in Heidenheim, WABW B 80 (noch ohne Signatur), Buch Stammfolge Voith, S. 260.

2 Michael Krüger: Heidenheim – die Stadt und ihre Industrie im 19. Jahrhundert, Heidenheim 1984, S. 19.

3 Paul Gehring: Johann Matthäus Voith und Friedrich Voith, in: Hermann Haering (Hg.): Schwäbische Lebensbilder, 5. Band, Stuttgart 1950, S. 293–313, hier: S. 293. Ein Buch über die »Stammfolge Voith« nennt als »1. Generation« der Familie Voith bzw. als ältesten »Ahnherr« einen »Hanns Vaut, Ratsherr zu Stuttgart, um 1387«. Nach dieser Zählung war Friedrich Voith ein Abkömmling des Hanns Vaut in der dreizehnten Generation, WABW B 80 (noch ohne Signatur), Buch Stammfolge Voith, S. 254 ff.

4 Der erste Handwerker bzw. »Schlosser« war der 1618 geborene Caspar Voith. Er traf diese Berufswahl, sein Vater war noch »wohlbekannter Amtmann«, angeblich, um »die Lücken im Handwerkerstand auszufüllen«, die in seiner damaligen Heimatstadt Aalen durch den Dreißigjährigen Krieg gerissen wurden, WABW B 80 (noch ohne Signatur), Buch Stammfolge Voith, S. 259 f.

5 Ein zeitgenössisches Lexikon definiert den Spritzenmeister als denjenigen, »welcher die Aufsicht über die öffentlichen Feuerspritzen und deren Gebrauch führt«, Spritzenmeister, in: Johann Georg Krünitz: Ökonomisch-technologische Enzyklopädie, Band 13 (1778), S. 19–157, hier: S. 143. Zudem müssen die »Spritzenmeister [...] bey gemachtem Feuerlärm, sofort die Oerter, wo die Stadtspritzen verwahrt stehen, öffnen, und, wenn sie abgehohlt [sic!] werden, mit denselben zum Feuer eilen, und Acht haben, daß daran nichts zerbrochen oder verderbet, noch unrein Wasser, wodurch sie unbrauchbar werden, eingegossen werde. Sie müssen den Befehlshabern Parition [Folge] leisten in Richtung der Röhren, wie zu Minderung der Gefahr es am dienlichsten erachtet wird. Von den Spritzen darf niemand ohne Befehl abgehen, oder andere unverständige Leute aufstellen, bis der Brand gelöscht ist.« Feuer=Anstalten, in: Krünitz: Ökonomisch-technologische Enzyklopädie, S. 105.

6 Heute liegt das Geburtshaus An der Stadtmauer 6, u.a. Helmut Weimert: Heidenheimer Häuserbuch, Band 2: Die Hintere Gasse 1618–1830, Heidenheim 2002 (= Veröffentlichungen des Stadtarchivs Heidenheim an der Brenz 12), S. 82 f.

7 Karl Bachmann: Johann Matthäus Voith. 1803–1874, in: Voith-Mitteilungen 11/1950, S. 121–125, hier: S. 121.

Gasse mit der Zeit nicht mehr aus. Daher erwarb Johannes Caspar Voith, mittlerweile auch Mitglied im Rat der Stadt Heidenheim, im April 1822 für 800 Gulden die stillgelegte Schleifmühle an der Brenz. Das damals noch außerhalb von Heidenheim liegende Gebäude war 1766 errichtet und 1804 um eine Wohnung erweitert worden. Vormaliger Besitzer war der Waffenschmied Andreas Gösele.[8] Mit dem Kauf der Mühle konnte Johannes Caspar Wasserkraft nutzen, ein nicht unerheblicher Vorteil für den Betrieb einer Schlosserwerkstatt, zumal der Energieträger Holz knapp war und Kohle teuer nach Heidenheim befördert werden musste.[9] Andere Betriebe mussten allein mit Muskelkraft auskommen. Die Finanzierung des Kaufs erfolgte mangels ansässiger Banken oder Kreditanstalten in Heidenheim vermutlich aus eigenen Mitteln oder mithilfe von Freunden oder Verwandten.[10]

Gut drei Jahre nach dem Kauf der Schleifmühle, am 23. Oktober 1825, verstarb Johannes Caspar Voith. Daraufhin übernahm der 22-jährige Johann Matthäus Voith, erst im Sommer von seinen Lehrjahren zurückgekehrt, den Betrieb. Der Familientradition folgend hatte er zunächst in der väterlichen Werkstatt die Ausbildung zum Schlosser absolviert und war dann auf die für den Berufsstand übliche Wanderschaft gegangen. Zuerst arbeitete er in einem Schlossereibetrieb in Stuttgart, ab 1823 als Schlossergeselle in der damals noch preußischen Hauptstadt Berlin. Zuletzt nahm er eine Stelle bei einer Blech- und Eisenwarenhandlung in Guben in der Niederlausitz an. Der Zeitpunkt für die Übernahme war günstig. Eine progressive Zollpolitik und eine liberale Gewerbeordnung ließen im damaligen agrarisch geprägten Königreich Württemberg[11] viele industrielle Zentren entstehen.[12] Wirtschaftlich ging es also zumindest etwas aufwärts, nachdem das Jahrzehnt davor gerade im Südwesten Deutschlands von Hunger und Armut geprägt war, was viele Menschen zur Auswanderung gezwungen hatte. Die württembergische Wirtschaft profitierte besonders von den Zollverträgen mit der Schweiz und Bayern.[13] Heidenheim entwickelte sich trotz der vermeintlich schlechten Ausgangslage zu einem Zentrum der frühen Industrialisierung.[14] Dem Heidenheimer Gewerbekataster des Jahres 1826 nach existierten zu diesem Zeitpunkt 74 Handwerksbetriebe, 36 Brauereien und Wirtschaften, 17 Handelsbetriebe sowie vier Fabriken in der Stadt.[15] Die Fabriken, vor allem die etablierte Textilfabrikation,

---

8   Ebd.; Gehring: Johann Matthäus Voith und Friedrich Voith, S. 293.

9   Krüger: Heidenheim, S. 18.

10   Ebd., S. 19. Erst im Jahr 1839 entstand eine private Spar- und Leihkasse, die allerdings einige Jahre später bereits in Konkurs ging. Viele Heidenheimer Unternehmer und Fabrikanten der frühen Industrialisierung mussten daher auf eigenes Kapital, etwa durch Reinvestition von Gewinnen, oder das von Freunden, Geschäftspartnern oder Verwandten zurückgreifen, ebd.

11   Das 1803 zum Kurfürstentum erhobene Herzogtum Württemberg war seit dem 1. Januar 1806 ein souveränes Königreich. Mit dem Thronverzicht des württembergischen Königs Wilhelm II. am 30. November 1918 endete dieses. Württemberg wurde »Volksstaat«. Zur wirtschaftlichen Entwicklung Württembergs u.a. Paul Gehring: Das Wirtschaftsleben in Württemberg unter König Wilhelm I. (1816–1864), in: Zeitschrift für Württembergische Landesgeschichte, IX. Jahrgang 1949/50, S. 196–257.

12   Anne Nieberding: Unternehmenskultur im Kaiserreich. J. M. Voith und die Farbenfabriken vorm. Friedr. Bayer & Co., München 2003, S. 25.

13   Krüger: Heidenheim, S. 25. Der Vertrag mit der Schweiz wurde 1825, der mit dem Königreich Bayern 1828 geschlossen, ebd.

14   Ebd., S. 25 ff.; zur wirtschaftlichen Entwicklung Heidenheims im 19. Jahrhundert auch: Christoph Bittel: Heidenheim im Umbruch. Eine württembergische Industriestadt im politischen Wandel 1918–1920, Heidenheim a. d. Brenz 2004 (= Veröffentlichungen des Stadtarchivs Heidenheim a. d. Brenz 13), S. 13 ff.

15   Krüger: Heidenheim, S. 23. Zur Familie Hartmann in Heidenheim: Reiner Flik: Die Hartmann, Heidenheim. Von der Baumwollspinnerei zur Verbandstoffabrikation, in: Willi A. Boelcke: Wege zum Erfolg. Südwestdeutsche Unternehmerfamilien, Leinfelden-Echterdingen 1996, S. 61–73.

waren es, die in den folgenden Jahren den wirtschaftlichen Aufschwung Heidenheims trugen. Zu den bedeutendsten Vertretern dieser Branche zählten Johann Gottlieb Meebold, der mit englischen Maschinen in Heidenheim die erste mechanische Kattunweberei in Deutschland errichtete und so den Grundstein für die 1856 gegründete Württembergische Cattunmanufaktur (WCM) legte, sowie die Familie Hartmann.[16] Der Unternehmer Ludwig (von) Hartmann war seit 1802 in Heidenheim tätig. 1843 gingen seine Unternehmen, zwei Baumwollspinnereien und eine Bleicherei, auf die drei Söhne Karl, Paul und Eduard über, die die Geschäfte zunächst gemeinsam, später dann getrennt voneinander führten.[17] Weitere wichtige Firmen waren die auf den Hugenotten Christoph Friedrich Ploucquet zurückgehende gleichnamige Textilfabrik sowie das Unternehmen der Brüder Jacob und Georg Zoeppritz, die 1828 eine Fabrik für Wolldecken in Mergelstetten vor den Toren Heidenheims gegründet hatten.[18]

Neben der Textilindustrie zählte die Papierindustrie zu den wichtigen und ältesten Wirtschaftszweigen der Stadt. Bereits im 16. Jahrhundert wurde in Heidenheim Papier hergestellt. Zu den Papierherstellern zu Beginn des 19. Jahrhunderts gehörte Heinrich Voelter senior, der die auf der »Papierinsel« in der Brenz gelegene Papiermühle seines Schwiegervaters Christian Friedrich Rau übernommen hatte. Voelter produzierte neben Heidenheim auch in Gerschweiler. Die Papiermühle Rau und Voelter zählte dann auch zu den ersten wichtigen Kunden von Johannes Caspar Voith, nachdem nach einem Brand in der Heidenheimer Mühle Anfang der 1820er Jahre neue Maschinen benötigt wurden.[19] Zunehmend gewann damals auch die Metallindustrie für die Heidenheimer Wirtschaft an Bedeutung. Die Eisenverhüttung, die in Heidenheim dank des eigenen Bohnerzvorkommens eine jahrhundertelange Tradition hatte, kam dagegen wegen der billigeren Konkurrenz 1819 zum Erliegen. Heute existieren die Schwäbischen Hüttenwerke noch als Nachkommen dieser Tradition in der Nachbarschaft von Heidenheim.

In der Produktion vieler Betriebe fanden jetzt die ersten Maschinen Verwendung, meist teure Importe aus dem Ausland, wie etwa aus England. Hier hatte die Industrialisierung wesentlich früher begonnen, weswegen von dort auch viele technische Innovationen kamen.[20] In Deutschland herrschte diesbezüglich noch Nachholbedarf, der schrittweise abgebaut werden konnte.[21] Frühe Versuche, Maschinenbauer in Heidenheim anzusiedeln, scheiterten allerdings. Viele Fabrikanten bauten daher notgedrungen auch in Eigenregie Maschinen und Werkzeuge.[22] Zugleich bot das Fehlen einer etablierten Maschinenbauindustrie in Heidenheim ortsansässigen Handwerkern die Chance, diese Lücke zu schließen. Sie reparierten und warteten die in den Fabriken eingesetzten Maschinen oder versuchten sich im Nachbau. Eine besondere Spezialisie-

---

16 Anneliese Hermann: Meebold, Johann Gottlieb, in: Neue Deutsche Biographie 16 (1990), S. 604 f.
17 Paul Gehring: Hartmann, Ludwig von, in: Neue Deutsche Biographie 7 (1966), S. 734 f.
18 Vgl. Krüger: Heidenheim, S. 27 f. Zur Familie Ploucquet in Heidenheim: Karl Erich Born: Die Ploucquet, Heidenheim, in: Willi A. Boelcke: Wege zum Erfolg. Südwestdeutsche Unternehmerfamilien, Leinfelden-Echterdingen 1996, S. 74–83.
19 Raitelhuber, Ernst: Vor 100 Jahren Brand der Völterschen Papierfabrik, in: Voith-Mitteilungen 5/1964, S. 8–9, hier: S. 8; 100 Jahre Voith, Band 1: Erfahrung aus der Vergangenheit, o. O. u. J., S. 61.
20 In London wurde z. B. durch den Mechaniker Bryan Donkin im Jahr 1804 die erste Papiermaschine in Gang gesetzt. Erst 1817 gelangte die Papiermaschine nach Deutschland. In Süddeutschland ging fünf Jahre später in Heilbronn die erste Papiermaschine in Betrieb. Joachim-Felix Leonhard, Hans-Werner Ludwig, Dietrich Schwarze, Erich Straßner: Medienwissenschaft. Ein Handbuch zur Entwicklung der Medien und Kommunikationsformen, 1. Teilband, Berlin, New York 1999 (= Handbücher zu Sprach- und Kommunikationswissenschaft, Band 15.1), S. 394.
21 Willi Boelcke: Wirtschaftsgeschichte Baden-Württembergs. Von den Römern bis heute, Stuttgart 1987, S. 195 f.
22 Gehring: Johann Matthäus Voith und Friedrich Voith, S. 294; dazu auch Krüger: Heidenheim, S. 32 f.

rung fand dabei noch nicht statt. Gebaut wurde, was der Kunde benötigte.[23] Auch zahlreiche neue handwerkliche Schlossereien und mechanische Werkstätten entstanden.[24] Heidenheim indessen wuchs zu einem industriellen Zentrum der Schwäbischen Alb heran. Die Gewerbestatistik von 1831 zählte nun schon 15 Fabriken auf, in denen zwischen 600 und 900 Menschen beschäftigt waren.[25] Bei diesen neu gegründeten Fabriken handelte es sich meistens nicht um gewachsene Betriebe, die etwa die Entwicklung von einer Werkstatt zu einer Fabrik vollzogen hatten. Es waren vielmehr Betriebe, die dank des Kapitals reicher Kaufleute oder Verleger gleich als solche gegründet worden waren.[26] Der wirtschaftliche Aufstieg Heidenheims war auch im Bevölkerungswachstum erkennbar. Im Vergleich zu 1800 hatte sich die Zahl 50 Jahre später fast verdoppelt.[27] Die aufstrebende Industrie der Stadt mit ihrem Arbeitskräftebedarf zog die Leute aus der Umgebung an.

In der Voith'schen Schlosserwerkstatt arbeiteten 1825 etwa fünf Arbeiter. Von einer Fabrik konnte noch nicht gesprochen werden. Zur Kundschaft zählten vor allem die Handwerksbetriebe vor Ort, wie die »Hammerschmieden, Drahtziehereien, Papier-, Getreide- und Lohmühlen«, die in der Regel mit Wasserkraft arbeiteten.[28] Doch man lieferte auch schon an größere Kunden. Für den Fabrikant Meebold etwa baute Voith im Jahr 1828 20 Webstühle nach. Als Vorbild dienten zwei aus Frankreich stammende Webstühle.[29]

Am 22. April 1833 heiratete Johann Matthäus Voith Johanna Dorothea[30] Mundigel, die Tochter eines Heidenheimer Metzgermeisters. Vier Jahre später starb Johann Matthäus' Mutter im Alter von 62 Jahren. Erst mit ihrem Tod erbte Johann Matthäus die Schleifmühle.[31] Johanna sorgte sich nicht nur um den Haushalt, sondern unterstützte ihren Ehemann auch bei seinen Geschäften. Als sich Johann Matthäus im Sommer 1837 wegen eines Beinleidens auf Badkur in Wildbad befand, leitete sie den heimischen Betrieb. Über Briefe hielten sich die beiden Eheleute auf dem Laufenden. »Dem Apotheker Welter haben wir einen Ofen, wie unseren muntiert mit einem sehr schönen Bogen, nach Mergelstetten dem Deisinger auch einen, und diese Woche für Frau Amtmänne drei große Bögeleisen. Ludwigsburger (wohl der erste Geselle) war in Mergelstetten, wo ein Fallenzug [...] gemacht werden soll, die Modell aber sind schon in Wasseralfingen zum Gießen. [...] Solltest Du einen ordentlichen Drehergesellen finden, so gib ihm Arbeit und bring ihn mit«, informierte Frau Voith beispielsweise ihren Mann.[32]

---

23   Nieberding: Unternehmenskultur, S. 26.
24   Boelcke: Wirtschaftsgeschichte Baden-Württembergs, S. 196.
25   Krüger: Heidenheim, S. 26; dazu auch Nieberding: Unternehmenskultur, S. 25.
26   Krüger: Heidenheim, S. 27.
27   Nieberding: Unternehmenskultur, S. 25, Anmerkung 5; dennoch klagten viele Betriebe in Heidenheim über Arbeitskräftemangel, ebd. Dazu auch Krüger: Heidenheim, S. 25 f.
28   Sonderheft der Voith-Mitteilungen zum 100jährigen Firmenjubiläum, 20.5.1967, S. 25.
29   Ein bei Meebold beschäftigter Schlossergeselle beschwerte sich über die Qualität der Webstühle von Johann Matthäus Voith. Das ließ sich Voith nicht bieten und klagte im August 1829 beim Stadtschultheißamt gegen den Gesellen, WABW B 80 Bü 86, Kopie aus dem Stadtschultheißen Amts-Protokoll vom 1. Januar 1828 – ulti. Dezember 1839, Eintrag 11. August 1829 (?); dazu auch: Alexandra Braunmiller: Mythenbildung in Festschriften – Das Gründungsdatum der Firma J.M. Voith Maschinenfabrik in Heidenheim, [Masterarbeit] 2012, S. 28.
30   In den Quellen findet sich gelegentlich auch der Name Johanna Katharina Mundigel. Im Kirchenbuch des Jahres 1833 der Stadt Heidenheim wird als Frau von Johann Matthäus Voith allerdings »Johanna Dorothea« angegeben, Landeskirchliches Archiv Stuttgart, Dekanat Heidenheim an der Brenz.
31   Braunmiller: Mythenbildung in Festschriften, S. 27.
32   Bachmann: Johann Matthäus Voith, S. 122.

Der Lebens- wie Arbeitsmittelpunkt verlagerte sich in den folgenden Jahren zunehmend in die Mühle, weshalb das Wohnhaus in der Hinteren Gasse im Jahr 1837 verkauft wurde.[33] In der Schleifmühle kam am 3. Juli 1840 Friedrich Voith zur Welt. Er war das dritte von vier Kindern. Seine beiden älteren Schwestern hießen Johanna und Catharina. Sein jüngerer Bruder verstarb wenige Monate nach der Geburt. Der Vater setzte große Hoffnungen in Friedrich, der später den Familienbetrieb weiterführen sollte. Gleichzeitig erkannte der Senior, dass eine fundierte Ausbildung vonnöten war, um den wachsenden Betrieb auch in Zukunft leiten zu können. Entsprechend viel Wert legte Johann Matthäus Voith auf Bildung und Ausbildung seines Sprösslings. Nach dem Besuch der Volksschule sowie der vereinigten Latein- und Realschule arbeitete der 13-jährige Friedrich Voith zwei Jahre lang als Lehrling im väterlichen Betrieb. Nach diesen Lehrjahren kam Friedrich Voith 1855 mit 15 Jahren nach Stuttgart an das Polytechnikum, wo »Fritz« vier Jahre Mechanik studierte. Das Studium war nicht billig und musste vom Vater bezahlt werden – ein Indiz für die gestiegene soziale Stellung von Johann Matthäus Voith, denn ein einfacher Handwerksmeister hätte sich dies nicht leisten können. Der dortige Schullehrer namens Schittenhelm verlangte für Kost und Logis jährlich 180 Gulden. Dazu kam das Schulgeld in Höhe von 30 Gulden pro Jahr.[34] Doch trotz des Erfolgs des Betriebs belastete Johann Matthäus Voith diese finanzielle Bürde, weswegen er bei der Stadt Heidenheim 1857 ein Stipendium für seinen Jungen beantragte.[35]

Im Anschluss an das Studium vermittelte Senior Voith 1859 dem Sohn eine Stelle als Ingenieur für die Züricher Maschinenfabrik Escher Wyss in deren jungen Ravensburger Filiale. Hier erhielt er erste Kenntnisse auf dem Gebiet der Wasserturbinen, wie etwa über die Henschel-Jonval-Turbine oder das »Zuppinger-Rad«.[36] Im Jahr 1861 wechselte Friedrich Voith in das technische Büro von Heinrich Voelter nach Heidenheim. Für diesen unternahm er mehrere Reisen ins Ausland und konnte dort Erfahrung im Bereich des Papiermaschinenbaus und der Papierfabrikation sammeln. 1863 ging er zum Maschinenbauer Henschel in Kassel. In der mit über 350 Arbeitern für damalige Verhältnisse sehr großen Fabrik verschaffte Friedrich sich auch im Maschinenbau wichtige Einblicke.[37]

Das Kapital aus dem Verkauf des Hauses in der Hinteren Gasse investierte Johann Matthäus Voith in den Ausbau der Werkstatt in der Schleifmühle. Die gute Auftragslage machte diesen Schritt notwendig. Voith hatte sich einen guten Ruf als Schlosser und Handwerker erarbeitet und war nicht mehr nur »Mühlenarzt«, auch wenn die Werkstatt weiterhin bescheiden blieb. Er sollte nun für die damalige Papiermühle von Rau und Voelter Bauteile für eine importierte Papiermaschine liefern.[38] 1837 gelang ihm zudem der erste eigene Nachbau einer Papiermaschine.[39] Auch die Stadt Heidenheim – er reparierte zum Beispiel im städtischen Auftrag eine

---

33 Vgl. u. a. Gehring: Johann Matthäus Voith und Friedrich Voith, S. 293 f.
34 WABW B 80 Bü 59, Auszüge aus dem Konzeptheft 1855/56; Gehring: Johann Matthäus Voith und Friedrich Voith, S. 298.
35 Krüger: Heidenheim, S. 83. Ob diesem Antrag auch entsprochen wurde, ist unklar. Allerdings blieb Friedrich Voith bis 1859 auf dem Polytechnikum. Dazu Braunmiller: Mythenbildung in Festschriften, S. 38.
36 Erfahrung aus der Vergangenheit, S. 12. Bei der Henschel-Jonval-Turbine handelte es sich um eine 1837 von Carl Anton Henschel entwickelte und 1843 von Nicolas Jonval patentierte Wasserturbine. Das »Zuppinger-Rad« war ein nach seinem Erfinder, Walter Zuppinger, benanntes Wasserrad.
37 Vgl. Erfahrung aus der Vergangenheit, S. 12.
38 Krüger: Heidenheim, S. 83.
39 Boelcke: Wirtschaftsgeschichte Baden-Württembergs, S. 196.

»Schießrahme« und eine Brückenwaage –[40] sowie Textilfabrikanten zählten zu den Kunden. Im Jahr 1842 stellte er eine Papierschneidemaschine sowie eine »Ausbreitmaschine« zum Breiten von Baumwollwaren auf einer frühen Heidenheimer Industrieausstellung aus. Zwar fehlt der Name Voith in der zwei Jahre später erschienenen Oberamtsbeschreibung,[41] doch zwei Punkte sind in diesem Zusammenhang von Bedeutung: Zum einen war Johann Matthäus Voith auf der Industrieausstellung erstmals als eigenständiger Maschinenbauer präsent, also nicht mehr bloß als Monteur oder »Reparateur« von importierten Maschinen. Zum anderen zeigten die präsentierten Maschinen die beiden Bereiche, in denen sich Voith ein Geschäftsfeld suchte: Papier und Textil.[42]

In einem Gemeinderatsprotokoll des Jahres 1849 wurde das Vermögen von Johann Matthäus Voith mit 7.000 Gulden angegeben. Ein einfacher Handwerker und Schlossermeister hätte diese Summe kaum aufbringen können, zumal der Betrieb ja stetig vergrößert worden war.[43] Sie ist außerdem ein Indiz für die erfolgreiche Betriebsführung von Johann Matthäus Voith. Auf der Heidenheimer Bezirksgewerbeausstellung des Jahres 1853 präsentierte Voith dann eine Papierschneidemaschine. Im Jahr darauf erhielt die Firma J.M. Voith im von der Zentralstelle für Gewerbe und Handel herausgebrachten Adressbuch für Württemberg einen Eintrag als »mechanische Werkstätte« in der Kategorie »fabrizierender Gewerbe«. Zum Voith'schen Produktionsprogramm wurden unter anderem Spinnmaschinen und Pressen gezählt.[44]

Parallel zum unternehmerischen Erfolg wuchs die lokale Reputation. Von seinem Vater hatte er 1825 bereits das Amt des städtischen Spritzenmeisters »geerbt«. Im Jahr 1845 wurde Johann Matthäus Voith erstmals in den Bürgerausschuss, später auch in den Gemeinderat von Heidenheim gewählt. Allerdings bat er bald schon um die Entlassung aus dem Amt des Gemeinderats. »[W]eil nicht nur seinn [sic!] Beruf als Geschäftsmann bei 7 Arbeiter, die er in Dienstarbeit habe, seine Aufmerksamkeit voll in Anspruch nehme, sondern öftere Abwesenheit von Hausse [sic!], bei der er oft wochenlang auf Reisen zuzubringen habe, ihm die Sitzungen nur spärlich zu besuchen erlaube«, wie das Protokoll der Gemeinderatssitzung Ende November 1853 vermerkt.[45] Nichtsdestotrotz wurde er später erneut in beide Gremien gewählt.[46] Anfang Dezember 1854 trat Voith zudem dem 1832 gegründeten Heidenheimer Gewerbeverein bei, der sich unter anderem für einen Bahnanschluss Heidenheims engagierte.[47] Vor diesem hatte er Jahre zuvor bereits Vorträge gehalten, 1843 über seine Versuche mit einer neu entwickelten Dampfwäsche, 1848 über seine Arbeiten an einem Gewehr. Der Gewerbeverein hatte nämlich die Absicht,

---

40   Krüger: Heidenheim, S. 81.
41   WABW B 80 Bü 1813, Wochenblatt für Land- und Hauswirtschaft, Gewerbe und Handel, 25. Juni 1842. Bericht über die im April 1842 zu Heidenheim abgehaltene Industrieausstellung. Dazu auch: Gehring: Johann Matthäus Voith und Friedrich Voith, S. 295; Krüger: Heidenheim, S. 148, Tab. 2.
42   Vgl. Gehring: Johann Matthäus Voith und Friedrich Voith, S. 295.
43   WABW B 80 Bü 52, Abschriften aus den Gemeinderats-Protokollen der Jahre 1812 bis 1908, Stadtratsprotokoll 28.9.1849. Diese Summe bezog sich wahrscheinlich allein auf das reine Geldvermögen, sprich ohne Gebäude und Grundstücke, Braunmiller: Mythenbildung in Festschriften, S. 37 ff.
44   Gehring: Johann Matthäus Voith und Friedrich Voith, S. 295 f.
45   WABW B 80 Bü 52, Abschriften aus den Gemeinderats-Protokollen der Jahre 1812 bis 1908, Protokoll der Gemeinderatssitzung vom 11.7.1852 und vom 22.11.1853; Gehring: Johann Matthäus Voith und Friedrich Voith, S. 297 schreibt zudem, dass Johann Matthäus Voith 1859 eine Wahl zum Stadtrat öffentlich abgelehnt hätte.
46   Nieberding: Unternehmenskultur, S. 26, Anm. 11.
47   Krüger: Heidenheim, S. 40 f., S. 81. Es dauerte allerdings mehr als drei Jahrzehnte, ehe 1864 Heidenheim an den Schienenverkehr angeschlossen wurde.

1_Ein Schlossermeister schreibt Technikgeschichte

eine Gewehrfabrikation in Heidenheim zu etablieren.[48] Die revolutionären Unruhen des Jahres 1848 sowie die wirtschaftlich schwierigen Jahre ließen die Fabrikation von Gewehren wohl sinnvoll erscheinen. Neben Pressefreiheit und mehr politischer Mitbestimmung forderten die Revolutionäre auch die Volksbewaffnung, was eine steigende Nachfrage an Gewehren erwarten ließ.[49] Doch Voith stand der Gewehrfabrikation ablehnend gegenüber. Inwieweit er und sein Betrieb von den sozialen Unruhen des Jahres 1848 sowie der in Württemberg wie Heidenheim grassierenden Wirtschaftskrise zwischen 1844 und 1855[50] betroffen waren – die Maschinenbauer hatten zu dieser Zeit mit stockenden und wegfallenden Geschäften zu kämpfen – ist nicht bekannt. Er scheint aber keine größeren Probleme gehabt zu haben.

Im Jahr 1855 kam dann die große Chance, über den nationalen Tellerrand zu blicken: Die Württembergische Zentralstelle für Gewerbe und Handel vergab fünfzig Reisestipendien zu je 40 Gulden für die Weltausstellung in Paris.[51] Die Zentralstelle erhoffte sich durch diese Reise einen Lerneffekt, der das technische Niveau im eigenen Land heben und die Abhängigkeit von ausländischem Know-how reduzieren sollte. Johann Matthäus Voith bewarb sich – und erhielt die Unterstützung. Bei seiner Bewerbung, die vom Heidenheimer Gewerbeverein unterstützt wurde, nannte er sich selbst »Mechanikus« und »Schlosser« und verwies auf seine mechanische Werkstätte, in der er sieben bis zehn Arbeiter beschäftigte.[52] In der französischen Hauptstadt konnte Johann Matthäus Voith unter anderem die Schlosserarbeiten der Franzosen und die Maschinen der Engländer begutachten. Er erkannte die hohe Qualität der ausländischen Konkurrenz.[53] In einem Bericht über die Weltausstellung kommt er zu einem nüchternen Fazit, das aber auch seine Weitsicht und Sachkenntnis zeigt: »Es geht daraus hervor, daß man die gleiche Arbeit bei uns billiger machen könnte (nur müßte man den Wert der guten Schloß erst kennen lernen [sic!]), wenn sich mehrere Meister aneinander anschließen würden, um die gehörigen Werkzeuge herbei zu schaffen. Nur auf diese Art, glaube ich, kann sich dieses Gewerbe vor gänzlichem Ruin schützen. Überhaupt, bei der Unzahl von Werkzeugen, die man dort ausgestellt sieht, muß Jedem klar werden, daß das Ende der kleinen Gewerbe sehr nahe ist, wenn sie nicht vereint oder allein ihr Geschäft mit den neuesten besten Werkzeugen (Maschinen) fabrikmäßig betreiben.«[54] In dieser Aussage dringt mehr der Unternehmer als der Handwerker Johann Matthäus Voith durch, der in den folgenden Jahren diese Erkenntnis in der Praxis umzusetzen begann.

---

48 WABW B 80 Bü 87, Abschrift Auszug aus dem Protokoll-Buch des Gewerbevereins Heidenheim (Brenz) Mai 1842, vom 23.9.40; Bachmann: Johann Matthäus Voith, S. 123.

49 Thomas Nipperdey: Deutsche Geschichte 1800–1866. Bürgerwelt und starker Staat, München 1998, S. 595.

50 Krüger: Heidenheim, S. 45. Sichtbar wird dies in Heidenheim v.a. durch die Abnahme des Gewerbesteuerkapitals in diesen Jahren, ebd. Auch die Auswanderung nahm in den 1850er Jahren wieder zu.

51 Ebd., S. 81 schreibt von »50 württembergische[n] Gewerbetreibenden«, die ein solches Stipendium erhalten hätten. Gehring: Johann Matthäus Voith und Friedrich Voith, S. 296 dagegen nennt fünf »Schlosser[...] und Mechaniker[...] des Landes«. Nieberding: Unternehmenskultur, S. 26 f. wiederum schreibt von insgesamt zehn Heidenheimer Unternehmern, die zur Weltausstellung eingeladen wurden.

52 WABW B 80 Bü 89, Schreiben der Württ. Archivdirektion an die Bibliothek der Technischen Hochschule Stuttgart vom 11. Februar 1943 betr. Akten der Zentralstelle für Gewerbe und Handel; Gehring: Johann Matthäus Voith und Friedrich Voith, S. 296.

53 Erfahrung aus der Vergangenheit, S. 10; Wilhelm Schneider: Die Wirtschaftsgeschichte der Stadt Heidenheim und der Ostalb, Heidenheim an der Brenz 1983, S. 173.

54 WABW B 80 Bü 89, Bericht des Mechanikus u. Schloßers Voith über seine Reise zur Pariser Ausstellung, 2. November 1855; Erfahrung aus der Vergangenheit, S. 11.

Die Unternehmensgrundlage: der Holzschleifer

Bis ins 19. Jahrhundert hinein blieb das Grundprinzip der industriellen Papierherstellung quasi unverändert. Stoffreste beziehungsweise abgetragene Textilien wurden in Papiermühlen zerkleinert, entfärbt und mit Wasser versetzt. Aus der so gewonnenen Zellstofffasermasse wurde das Blatt geschöpft. Angesichts des steigenden Papierbedarfs und der durch die zunehmende Mechanisierung höheren Papierproduktion verteuerte sich allerdings der rar werdende Textilrohstoff. Die Papierindustrie suchte nach Ersatzrohstoffen. Bereits zu Beginn des 18. Jahrhunderts kam die Idee auf, Holz zu verwenden.[55] Vorbild dafür war die Natur: Wespen konnten aus Pflanzenfasern eine Substanz produzieren, die dem Papier sehr ähnlich war.[56] Doch es dauerte über 100 Jahre, ehe den Menschen Ähnliches glückte. Dem sächsischen Weber und Blattbinder Friedrich Gottlob Keller gelang es Anfang der 1840er Jahre, Holz so fein zu zerfasern, dass daraus Papier gewonnen werden konnte. Keller entwarf einen Apparat, mit dem er zwei Kilogramm »Holzbrei«, als Rohstoff für Papier, in der Stunde herstellen konnte. Doch Kellers bahnbrechende Erfindung war noch nicht ausgereift. Der gewonnene Holzschliff war zu grob und hatte zu viele Splitter. Für die Weiterentwicklung fehlten ihm aber die finanziellen Mittel. Keller verkaufte daher 1846 sein Patent für den Holzschliffapparat an den Papierfabrikanten Heinrich Voelter.[57] Der gebürtige Heidenheimer Voelter, Jahrgang 1817, war nach Sachsen gegangen, um in der Papierfabrik von Carl Friedrich August Fischer zu arbeiten, die er seit 1842 als Direktor leitete. Durch einen Werbebrief, gedruckt auf »Holzpapier«, war er im Mai 1846 auf Kellers Erfindung aufmerksam geworden. Im Jahr 1848 kehrte Voelter in seine Heimatstadt zurück, um mit seinem Bruder Christian die Papiermühle des verstorbenen Vaters zu übernehmen – im Gepäck den Holzschliffapparat.[58]

Entscheidend für die weitere Entwicklung des Holzschleifers war die Zusammenarbeit zwischen Heinrich Voelter und Johann Matthäus Voith. Gemeinsam tüftelten sie an den aus Sachsen mitgebrachten Maschinen und bauten schließlich die ersten Holzschleifer-Maschinen. Beide Unternehmer kannten sich spätestens seit dem Jahr 1837, als Johann Matthäus Voith für Voelter eine importierte Papiermaschine montierte, aber die Familien kannten sich im damals noch sehr überschaubaren Heidenheim schon länger.[59] Und bereits 1823 hatte Voith nach einem Brand der Papiermühle Maschinen an Voelter senior geliefert. Johann Matthäus Voith wird dabei und bei späteren Gelegenheiten sein technisches Verständnis und praktisches Geschick bewiesen haben, weswegen ihn Voelter bei den Problemen mit dem Holzschleifer zurate zog. Denn Voelter erkannte durchaus die Mängel des noch relativ primitiven Holzschliffapparates: »Das Schleifen mittels eines so unvollkommenen Apparates konnte mich selbst weder in qualitativer wie quantitativer Beziehung befriedigen. Da aber von der Methode des Schleifens allein ein gutes und vorteilhaftes Resultat nicht abhängt, so mußte neben der Verbesserung des Zerfaserungsapparates auch ein zweckmäßiger Sortierer und Verfeinerungsapparat erfunden und dies

---

55 Des Weiteren wurde mit Stroh, »Schilf, Hopfenschößlingen und Baumblätter, ferner Algen, Zuckerrohrabfällen und Bananenschalen« sowie Spargel als Ersatzrohstoff experimentiert, Lothar Suhling: Heinrich Voelter – Papier aus Holz, in: Jörg Baldenhofer (Hg.): Schwäbische Tüftler und Erfinder, Leinfelden-Echterdingen 1989, S. 47 – 53, hier: S. 48.
56 Wilhelm Sandermann: Papier. Eine spannende Kulturgeschichte, Berlin, Heidelberg 1992, S. 162 ff.
57 Bachmann: Hundert Jahre Holzschliff, S. 7 f.; Sandermann: Papier, S. 164.
58 Suhling: Heinrich Voelter, S. 49 f.; Nieberding: Unternehmenskultur, S. 27; Krüger: Heidenheim, S. 80.
59 Nieberding: Unternehmenskultur, S. 27.

alles neben verschiedenen Hilfsmaschinen möglichst selbstständig miteinander verbunden werden.«[60] Tatsächlich gelang es den beiden Männern, den Holzschleifer schrittweise zu verfeinern. Voith baute 1852 verbesserte Zerfaserungsapparate, sogenannte »Defibreure«, für Voelter, die eine bessere Holzzufuhr ermöglichten.[61] Als Voelter im selben Jahr den Auftrag für die »ersten Schleifereieinrichtungen« erhielt, wurden diese bei Voith in Heidenheim gebaut.[62] Auf der Deutschen Industrieausstellung 1854 in München erfolgte dann erstmals die öffentliche Auszeichnung des bis dato verschmähten Holzpapiers.[63] Im Januar 1856 unterzeichneten Voelter und Voith den ersten Holzschleifervertrag. Damit waren Voith für sechs Jahre die alleinigen Lieferrechte für Holzschleifer garantiert.[64] Das sorgte für volle Auftragsbücher, zumal sich die Wirtschaft von den vorangegangenen schwierigen Jahren erholt hatte. Im Königreich Württemberg hatte seit 1855 die Industrialisierung Einzug gehalten. Das wurde besonders beim Maschinenbau deutlich. Auch Heidenheim erfuhr einen erneuten Aufschwung. Ausschlaggebend waren mehrere Faktoren, wie die erhöhte Auslandsnachfrage, der vermehrte Kapitaleinsatz sowie der Eisenbahnbau.[65]

Johann Matthäus Voith indessen konzentrierte sich auf die Weiterentwicklung des Holzschleifers. Ein Zufall brachte ihn dann auf den entscheidenden Weg. Beim Besuch einer nahegelegenen Mühle, so berichtet es sein Sohn Friedrich Voith, sah Johann Matthäus Voith, wie »Kreide in nassem Zustand gemahlen wurde«.[66] Beim plötzlichen Anblick »der weißen, breiartigen, dem Holzstoff ähnlichen Masse« sei dem Vater die Idee gekommen, dass sich der »nasse Holzstoff wohl ebenso gut« mahlen lassen müsste.[67] Mehrere Versuche folgten, ehe Johann Matthäus Voith mit dem sogenannten Raffineur 1859 eine Maschine präsentieren konnte, die die Holzschlifftechnik maßgeblich verbesserte. Dank dieser Mahlmaschine konnte der splitterreiche Grobstoff des Holzschleifers verfeinert und eine bessere Papierqualität sowie Holzausnutzung erreicht werden.[68] Die Maschine war aber zugleich Ausgangspunkt für eine Auseinandersetzung zwischen den Geschäftspartnern Voith und Voelter. Denn der Papierfabrikant beanspruchte ein eigenes Patent auf den Raffineur, ohne auf Johann Matthäus Voiths Leistung Rücksicht zu nehmen. Voith erhielt zwar von Voelter das Versprechen, dass die Maschinen bei Voith gebaut werden würden, doch das Verhältnis zwischen beiden Männern blieb getrübt.[69]

Der Holzschleifer bedeutete einen revolutionären Fortschritt für die Papierherstellung. Die Holzstoff- beziehungsweise Holzschlifffabrikation entwickelte sich zu einem eigenen Industriezweig. Papier wurde Massenprodukt und konnte nun erstmals in großer Menge für das wachsende Zeitungs- und Zeitschriftenwesen produziert werden.[70] Der Bedarf an den neuar-

---

60 Zitiert nach: Karl Bachmann: 1844–1944. Hundert Jahre Holzschliff, in: Voith-Mitteilungen 1/1948, S. 7–10, hier: S. 8.
61 Suhling: Heinrich Voelter, S. 52. Dazu auch: Schneider: Wirtschaftsgeschichte Heidenheim, S. 173; Bachmann: Hundert Jahre Holzschliff, S. 8.
62 Friedrich Voith in seinen Notizen über Holzschleifmaschinen, zitiert nach: Bachmann: Hundert Jahre Holzschliff, S. 8; Erfahrung aus der Vergangenheit, S. 10.
63 Suhling: Heinrich Voelter, S. 52.
64 Nieberding: Unternehmenskultur, S. 27, Anm. 15.
65 Krüger: Heidenheim, S. 66.
66 Friedrich Voith in seinen Notizen über Holzschleifmaschinen, zitiert nach: Bachmann: Hundert Jahre Holzschliff, S. 8.
67 Ebd.
68 Suhling: Heinrich Voelter, S. 52.
69 Bachmann: Johann Matthäus Voith, S. 124. Dazu vor allem der Briefwechsel zwischen Voelter und Voith in WABW B 80 Bü 685.
70 Suhling: Heinrich Voelter, S. 53; Schneider: Wirtschaftsgeschichte Heidenheim, S. 173.

Das im Osten von Baden-Württemberg gelegene Heidenheim an der Brenz in einer frühen Darstellung.

Das Geburtshaus von Johann Matthäus Voith in Heidenheim.

_links: Anna Ursula Voith (1770–1833), geb. Moser, die Ehefrau von Johannes Voith und Mutter von Johann Matthäus Voith.

_rechts: Johannes Voith (1773–1825), der Vater von Johann Matthäus Voith.

_Johann Matthäus Voith (1803–1874) auf einem Gemälde aus dem Jahr 1870.

_1844 erfand Friedrich Gottlob Keller den Holzschleifer. Hier ein Handschleif-Exemplar aus dem Jahr 1845.

_Ein stehender Raffineur von Voith, hier aus dem Jahr 1861.

_Ein Fünfpressen-Spindelschleifer von Voith mit einer Leistung von 60 Kilowatt aus dem Jahr 1867.

_Der »Erfinder des Holzstoffes und Ehrenbürger der Stadt Hainichen« Friedrich Gottlob Keller (1816–1895).

_Der junge Heinrich Voelter (1817–1887) auf einem Gemälde von 1855.

_Eine Voelter'sche Holzstoffmaschine auf der Pariser Weltausstellung 1867. Oben links der Voith-Holzschleifer.

Lage-Plan

über das Voith'sche Anwesen im Jahr 1867.

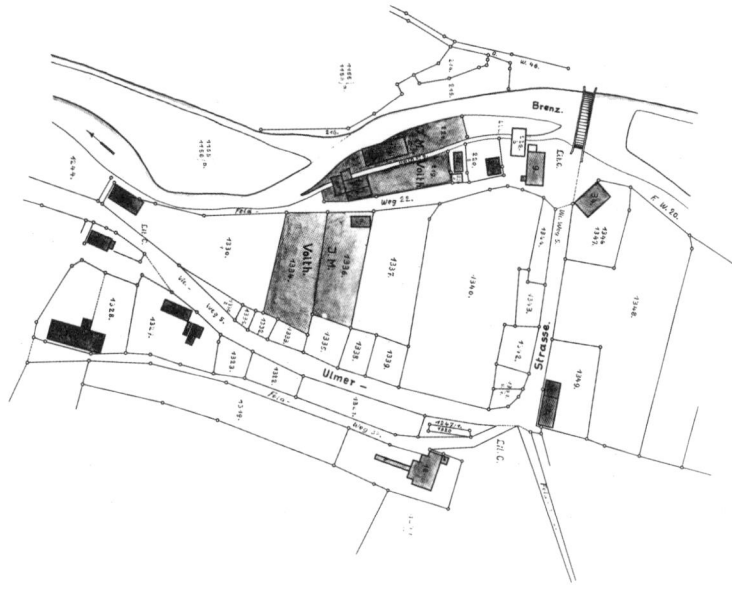

_Das Voith-Firmengelände zwischen Brenz und Ulmerstraße im Jahr 1867.

_Mehrere Verträge regelten die Übergabe zwischen Vater und Sohn.

Johann Matthäus Voith unterzeichnete die Verträge am 27. Januar 1867.

Friedrich Voith setzte erst am 6. August 1867 seine Unterschrift unter die Verträge.

tigen Raffineuren war entsprechend groß. Dank seiner Bekanntschaft mit Voelter, aber auch dank seines Engagements und technischen Verständnisses konnte er mit dem Holzschleifer ein innovatives Produkt anbieten, das ihn von der Konkurrenz unterschied. Zwar bot Voith auch andere Maschinen für die Papierherstellung an, doch der mechanische Holzschleifer war das »Paradeprodukt«.[71] Es entstand eine eigene Abteilung für Papiermaschinen, die in den folgenden Jahrzehnten stetig wuchs. Die steigende Nachfrage machte den Ausbau der Voith'schen Werkstatt nötig. Im Jahr 1863 errichtete Johann Matthäus Voith eine Gießerei sowie eine Schlosserei, beide angetrieben durch eine eigene Dampfmaschine mit sechs PS.[72] Die Gießerei war nötig geworden, um den Betrieb mit dem notwendigen Gusseisen zu versorgen, das ansonsten hätte aufwendig und teuer herangebracht werden müssen.[73] Voith beschäftigte bald darauf vier Gießer, die zweimal in der Woche »Guß wie in Königsbronn« gossen.[74] 1864 erwarb Johann Matthäus Voith von der »Roth- und Weißgerbermeisterschaft das Loh- und Walkmühlengebäude« mit zwei Wasserrädern für etwa 3.600 Gulden sowie die »Wasserkraft an der Ulmerstraße«.[75] Dies kann auch als eine Konsequenz seines Besuchs in Paris gewertet werden: als der Versuch, das Geschäft um einen höheren Grad »fabrikmäßig« zu betreiben.

Übernahme des väterlichen Unternehmens

Friedrich Voiths Anstellung bei Henschel in Kassel war nur von kurzer Dauer. Nach etwa einem Jahr kehrte er nach Heidenheim zurück. Dort gab es viel zu tun. Die Papierfabrik von Voelter in Heidenheim war im Herbst 1864 erneut abgebrannt und für den Neubau in Gerschweiler waren Maschinen notwendig, die Voith liefern sollte.[76] Die Ausführung des Auftrags für Voelter übernahm Friedrich Voith, der durch verschiedene Ausbildungsstätten und Anstellungen bereits Erfahrungen und Wissen als Ingenieur gesammelt hatte. Zudem war er mit dem Sohn von Heinrich Voelter befreundet.[77] Friedrich Voith schilderte die Situation Jahrzehnte später in einer Rede: »[J]etzt hielt ich die Zeit für gekommen, heimzukehren, um dem väterlichen Betrieb meine Kräfte zu widmen; denn jetzt war Gelegenheit, beim Neubau der Papierfabrik in Gerschweiler größere Aufträge zu bekommen, und damit war notwendig verbunden, aus der kleinen mechanischen Werkstätte eine kleine Maschinenfabrik zu machen. Mein Freund Julius Voelter übertrug mir resp. dem väterlichen Geschäft in der Tat den Bau von acht Holländern und der Transmissionen.«[78] Um diesen Auftrag – Voelter plante die Konstruktion, Voith übernahm den Bau der Holländer[79] – auszuführen, musste allerdings zunächst die Werkstatt in der Schleifmüh-

---

71 Krüger: Heidenheim, S. 86.
72 Schneider: Wirtschaftsgeschichte Heidenheim, S. 173.
73 Vgl. Nieberding: Unternehmenskultur, S. 27 f.
74 Gehring: Johann Matthäus Voith und Friedrich Voith, S. 297. Die Eisenerzeugnisse aus dem benachbarten Ort Königsbronn genossen überregionale Bekanntheit.
75 Bachmann: Johann Matthäus Voith, S. 124.
76 Gehring: Johann Matthäus Voith und Friedrich Voith, S. 301.
77 Ebd.
78 Karl Bachmann; Friedrich Voith. 1840–1913, in Voith-Mitteilungen 13/1950, S. 141–144, hier: S. 142. Anlass der Rede war das 25-jährige Geschäftsjubiläum. Bei einem »Holländer« handelt es sich um eine Maschine zur Papierherstellung, die den Textilrohstoff zerkleinert.
79 Nieberding: Unternehmenskultur, S. 30.

le erweitert werden. Dazu Friedrich Voith weiter: »Den Auftrag hatte wir, aber noch kein Lokal und keine Werkzeugmaschinen, um ihn auszuführen. Es stand die alte sogenannte Schleifmühle mit dem Südbau – oben Wohnung, unten Werkstatt –, dann die Gießerei [...]; an Werkzeugmaschinen war vorhanden: eine alte Holzdrehbank, Kraffts Wellendrehbank und eine kleine Schraubendrehbank. Jetzt wurde flugs ein Anbau gemacht [...] und in demselben noch eine große Drehbank, um die Holländerwalzen zu drehen, und eine Scheibenbank aufgestellt. Die Zahl der Arbeiter hat ca. 25 betragen.«[80]

Die Mitarbeit von Friedrich Voith im Betrieb war nicht frei von Konflikten mit dem Vater. Auch scheint Friedrich mit dem Gedanken gespielt zu haben, in die USA auszuwandern. 1866 stellte er einen entsprechenden Antrag, der ihm auch gewährt wurde.[81] Doch er blieb in Heidenheim und schlug den traditionellen schwäbischen Weg ein: Er verlobte sich und übernahm den Betrieb seines Vaters. 1867 heiratete Friedrich Voith mit 26 Jahren Adelheid Hartmann. Sie war die Enkelin des Heidenheimer Textilfabrikanten Ludwig Hartmann. Die Familien Voith und Hartmann knüpften über diese Ehe engere Beziehungen, die auch dann noch Bestand hatten, als Adelheid nur eineinhalb Jahre nach der Hochzeit verstarb.[82] Friedrich Voith vermählte sich später erneut. Helene Crusius stammte aus einer alten sächsischen Pastorenfamilie. Die beiden lernten sich durch Albert Niethammer kennen, einen Papierfabrikanten, der in erster Ehe mit Johanna Voith, Friedrichs ältester Schwester, verheiratet gewesen war. Seine zweite Frau war eine Schwester von Helene Crusius. Friedrich und Helene Voith bekamen sieben Kinder, die drei Söhne Walther, Hermann und Hanns sollten die väterliche Firma einmal übernehmen.

Rückwirkend zum 1. Januar übergab Johann Matthäus Voith im Januar 1867 den Betrieb mit mittlerweile etwa 30 Arbeitern[83] an seinen 26-jährigen Sohn. Ob dies ein gezielter Schachzug war, um den Sohn im Land zu halten, oder umgekehrt Friedrich gar seinen Vater mit der Auswanderung unter Druck setzen wollte, lässt sich nicht mehr nachvollziehen. Beides ist aber denkbar. Das Jahr 1867 wurde und wird seither als Geburtsjahr des Voith-Konzerns angesehen, obwohl die Voiths mit ihrer Werkstatt schon auf eine lange Tradition zurückblicken konnten und Friedrich Voith seinen Vater als Gründer betrachtete.[84] Ein Vertrag mit Zusätzen regelte die Übergabe zwischen Vater und Sohn. Danach erhielt Friedrich Voith an Gebäuden: »Wohnhaus mit Maschinenfabrik (Anbau nebst den mit dem Gebäude zusammenhängenden Maschi-

---

80   Bachmann: Friedrich Voith, VM 13/1950, S. 142.
81   WABW B 80 Bü 52, Abschriften aus den Gemeinderats-Protokollen der Jahre 1812 bis 1908, Gemeinderats-Protokoll vom 28.6.1866 und 26.4.1867. Dazu auch Krüger: Heidenheim, S. 83; Nieberding: Unternehmenskultur, S. 56.
82   Sie starb am 20. November 1868. Die Todesanzeige im Schwäbischen Merkur lautet: »Heidenheim den 21. Nov. 1868. Gestern Abend nach 7 Uhr starb meine geliebte Frau, Adelhaide, geborene Hartmann, nach nur 1½-jähriger glücklicher Ehe, was im Namen der Hinterbliebenen entfernten Freunden und Bekannten mittheilt der tiefgebeugte Gatte Friedrich Voith.«
83   Die Angaben über den Personalstand im Jahr 1867 schwanken. In der Archivchronik werden z.B. Zahlen zwischen 28 und 31 Beschäftigten angegeben.
84   Dazu u.a.: Bachmann: Johann Matthäus Voith, S. 121. Für die eigene, Voith-interne Wahrnehmung nach Friedrich Voith war die juristische Übergabe von Vater auf Sohn das entscheidende Kriterium, um ein Gründungsdatum zu fixieren. So wird u.a. in der Publikation zum 100-jährigen Bestehen von Voith der 1. Januar 1867 als »Geburtsstunde unserer Firma« bezeichnet, Erfahrung aus der Vergangenheit, S. 5. Dass der Betrieb schon wesentlich länger existierte, sich mit der Übergabe quasi bereits in der dritten Generation befand, spielte keine Rolle. Auch der erst Jahre später erfolgte Eintrag in das Handelsregister blieb bei der Datierung unberücksichtigt. Zu der Frage der Voith'schen Firmengründung: Braunmiller: Mythenbildung in Festschriften, S. 54 ff. Dass Friedrich Voith seinen Vater als eigentlichen Gründer betrachtete, wird an anderer Stelle mit dem »lauteren und bescheidenen Charakter des Sohnes« begründet, WABW B 80 (noch ohne Signatur), Buch Stammfolge Voith, S. 262.

nen) samt Wasserkanal, Gießerei mit Schreinerei u. Modellmagazin u. 2 Cupolöfen, Magazin mit Plattendach u. Anbau mit Pappdach, Locomobile- und Sandmühle-Gebäude, Garten u. Wiese« für 10.400 Gulden, von denen 3.000 Gulden als »Heiratsgeld« abgezogen wurden.[85] Eine Abrechnung, die noch »Maschinen, Werkzeuge u. Vorraethe«, »Geschäftsausstände«, »Kaßenbestand« sowie »Geschäftsschulden« berücksichtigte, taxierte außerdem die Summe von »Fünfzehntausend Einhundert Vierzig Sechs Gulden u. Zwanzig Vier Kreuzer«, die der Sohn an den Vater zu zahlen hatte.[86] Mit dem von Johann Matthäus Voith am 27. Januar und von Friedrich Voith erst am 6. August 1867 unterzeichneten Vertrag war die Nachfolge rechtlich geregelt.

---

85 Erfahrung aus der Vergangenheit, S. 12. Dazu auch Braunmiller: Mythenbildung in Festschriften, S. 58 f.
86 WABW B 80 Bü 66, Übergabevertrag sowie Abrechnung zwischen J. M. Voith und Friedrich Voith 1867.

2_1867 – 1913

Ein Weltkonzern entsteht

Vom Vater auf den Sohn

Unter dem neuen Alleininhaber Friedrich Voith wuchs die Werkstatt zu einer Maschinenfabrik mit mehreren hundert Arbeitern heran. Dem Vater, der dem Sohn weiterhin beratend zur Seite stand und noch einige Jahre im selben Haus wohnte, ging dieser Umbau zu rasch vonstatten. Denn anders als der vorsichtige Handwerker Johann Matthäus Voith strebte Friedrich Voith bald nach Größerem. Ein Zeitgenosse erinnert sich: »Der Vater Voith, der als Gemeinderat etc. ein sehr angesehener Mann war, konnte sich doch nicht recht mit dem raschen Vorwärtsschreiten einverstanden erklären, und machte ihm der ganze Werdegang viel Sorgen.«[1] Nichtsdestotrotz nennt Friedrich Voith das Unternehmen, als er es 1870 in das Handelsregister eintragen lässt, in Erinnerung an seinen Vater »Maschinenfabrik und Eisengießerei von J. M. Voith«.[2]

Tatsächlich fiel es dem alten Mann aber doch nicht so leicht, sich aus allem herauszuhalten. Er beäugte die rasante Entwicklung der Firma unter der Leitung seines Sohnes mit Argwohn und mahnte zur Zurückhaltung. Als sein Sohn 1871 daran ging, die alte Gießerei auszubauen, kam Johann Matthäus Voith eines Morgens ins Büro gestürmt, um Friedrich Voith zur Rede zu stellen. »Fritz, hoscht du Stoi bschtellt? Zu was hoscht du Stoi bschellt, do fährt eba a Stoifuhrwerk zum Hof rei?« Die Erklärung seines Sohns konnte ihn nicht beruhigen: »Aber Fritz, du hoscht ja koi Geld zum Stoi zahla! Fritz! I sag dir, du wurscht no a G[r]andlump!«[3] Doch auch wenn es Friedrich Voith nicht gelang, die Zweifel seines Vaters zu zerstreuen – der Erfolg gab ihm recht. Er hatte den Betrieb mit rund 30 Mitarbeitern übernommen und sollte ihn 1913 mit knapp 3.000 Mitarbeitern an seine Söhne weitergeben.[4] Johann Matthäus Voith starb vier Jahre nach dem Umbau, 70-jährig am 22. April 1874.[5] Er hatte mit der kleinen Werkstatt, die er von seinem Vater übernommen hatte, die Basis für einen Weltkonzern geschaffen.

Ab dem Beginn der 1870er Jahre führte Friedrich Voith die Firma allein. Er beschrieb sich später als »Chef, Ingenieur, Buchhalter, Kassier und Werkführer in einer Person«.[6] Robert Reiser, ein Freund der Familie, der seit 1871 bei Voith Praktikant war, äußerte sich später über Friedrich Voiths Anfangsjahre: »Ich erkannte schnell die hervorragenden Eigenschaften dieses akademisch hochgebildeten, selbständigen Ingenieurs, dessen Auftreten eigentlich nicht mehr so recht in den damaligen Heidenheimer Thyp paßte. Man konnte damals schon vermuten, daß diesem Manne für seine Kenntnisse bald der Umfang und die Grenzen des Geschäftes zu klein werden müßten.«[7] Sein erstes großes Projekt als Firmenchef war der Bau einer vollständigen

---

1   WABW B 80 Bü 106, Erinnerungen Robert Reiser, März 1925.
2   Erfahrung aus der Vergangenheit, S. 12; Krüger: Heidenheim, S. 84.
3   WABW B 80 Bü 106, Erinnerungen Robert Reiser, März 1925. Dieses Zitat wurde häufig verwendet, ohne dass der Ursprung geprüft wurde. Anscheinend hat sich schon im ursprünglichen Dokument von Robert Reiser ein Tippfehler eingeschlichen, der dann jahrzehntelang weitergegeben wurde, denn das Wort »Gandlump« konnten wir im Schwäbischen nicht nachweisen und vermuten, dass es sich um »Grandlump« (großer Lump/Betrüger) handeln müsste, ein in der damaligen Zeit verwendeter Begriff.
4   Vom »Schlosser Voith« zur Weltfirma, in: Sonderheft zum 100-jährigen Jubiläum, S. 9 und Gehring: Johann Matthäus Voith und Friedrich Voith, S. 310.
5   WABW B 80 Bü 17. Die Todesanzeige, die Friedrich Voith im Ingenieur-Kalender 1874 schaltete, lautete: »Verwandten u. Freunden widme ich zugleich im Namen der Hinterbliebenen die traurige Nachricht, daß mein lieber Vater heute, wenige Tage vor Vollendung seines 71. Lebensjahres in Folge einer Lungenentzündung sanft verschieden ist.«
6   WABW B 80 Bü 99, Friedrich Voith: Rede anlässlich des 25-jährigen Betriebsjubiläums, 1. Januar 1892, (S. 5).
7   WABW B 80 Bü 2387, Robert Reiser: Erinnerungen an meine Praktikantenzeit bei der Firma J. M. Voith Heidenheim a. Brenz vom Herbst 1871 – Frühjahr 1875, Cannstatt 1925, S. 3.

Holzschleiferei. Die Produktion erfolgte auf eigene Rechnung und war eine Eigenkonstruktion für eine Fabrik im württembergischen Uhingen. In den kommenden Jahren baute Friedrich Voith gemeinsam mit seinem Schwager Albert Niethammer auf den Arbeiten seines Vaters zum Holzschleifer und Raffineur auf und entwickelte die Maschinen weiter. So erkannte er, dass der Raffineur nicht für alle Holzfasern gleichermaßen geeignet war. Friedrich Voith entwickelte 1882 ein dreistufiges Schüttelsieb, das die Holzfasern nach Größen trennte, sodass jede Fasergröße entsprechend ihren Anforderungen raffiniert werden konnte.[8] Doch sowohl Holzschleifer als auch Raffineur und Schüttelsieb musste für den Betrieb Energie zugeführt werden. 1870 ging Friedrich Voith daran, sich Gedanken über den geeigneten Antrieb einer solchen Anlage zu machen. Es war der Grundstein für die spätere Turbinenabteilung von Voith.

Turbinen von der Schwäbischen Alb

Heidenheim liegt in einer rohstoffarmen Gegend und litt im 18. und 19. Jahrhundert zwischenzeitlich unter Holzmangel. Die einzige wirklich zuverlässige Energiequelle der Stadt war seit jeher der Fluss Brenz. Das wurde von Handwerk und Industrie weidlich ausgenutzt, die sich nach Möglichkeit alle an den Ufern der Brenz niederließen und ihre Maschinen über Wasserräder mit Energie speisten.[9] Auch Johann Matthäus Voith baute in seiner Werkstatt schon früh Wasserräder und auch mit Turbinen kam das Unternehmen 1860 zum ersten Mal in Berührung. Damals bekam Voith den Auftrag zum Bau einer »Turbine mit Tangentialrad« für ein Pumpwerk zur Wasserversorgung des Schlosses Burgberg bei Giengen an der Brenz. Johann Matthäus Voith wandte sich dafür an seinen studierten Sohn, der während seiner Ausbildung bereits mit Turbinen gearbeitet hatte.[10] Näheres über Art und Leistung dieser Turbine ist nicht bekannt.

Die nächste Turbine baute Friedrich Voith erst 1870. Eine Schleiferei im böhmischen Schlettau hatte eine Henschel-Jonval-Turbine bestellt. Sie war ausgelegt auf ein Gefälle von 4,8 Meter und hatte eine Leistung von 100 PS (73,55 kW).[11] Die Henschel-Jonval-Turbine war zu diesem Zeitpunkt keine ganz neue Technik mehr. Schon 1837 hatte der deutsche Ingenieur Carl Anton Henschel diese Überdruckturbine erfunden. Er wollte seinen »Wassermotor« in Hessen zum Patent anmelden, wurde aber abgewiesen. Im Jahr 1840 ging die erste Henschelturbine in einer Steinschleiferei in Holzminden in Betrieb. Nur ein Jahr später baute der Franzose Nicolas Jonval den Turbinentyp nach und ließ ihn sich in Frankreich patentieren. International setzte sich deshalb der Name Jonvalturbine durch, während in Deutschland der deutsche Erfinder Henschel auch in der Namensnennung gewürdigt wird.[12] Für Voith war der Auftrag in Böhmen der Anstoß, das Geschäft mit Turbinen auszubauen. Es folgten weitere Kunden, für die das Unternehmen Henschel-Jonval-, Girard- oder Schwamkrugturbinen baute.

Drei Jahre und sechs Turbinen später sorgte Friedrich Voith für eine Neuheit auf dem deutschen Turbinenmarkt.[13] Er war 1873 der Erste, der in Deutschland eine Francisturbine baute.

---

8   Bachmann: Hundert Jahre Holzschliff, S. 9.
9   Krüger: Heidenheim, S. 18.
10   Ebd., S. 87.
11   Fritz Hartmann: Die 15 000. Turbine. Ein Rückblick auf 80 Jahre Turbinenbau, in: Voith-Mitteilungen 13/1950, S. 147.
12   Heinrich Samter (Hg.): Das Reich der Erfindungen, Berlin 1901, S. 69 – 72.
13   Burkhard Riering: Schwäbische Pioniere. Von der Werkstatt zum Weltunternehmen, Biberach 2012, S. 87.

Bereits 1849 hatte der britisch-amerikanische Ingenieur James Bicheno Francis eine neue Turbine entworfen, die er als »centre-vent-water-wheel« bezeichnete. Erst später setzte sich der einfachere Name »Francisturbine« durch. Der Aufbau der Turbine sah einen Ringkanal vor, der das Wasser über einen Leitapparat seitlich dem Laufrad zuführte, um dem Wasser die günstigste Strömungsrichtung zu geben. Das Laufrad hatte gekrümmte Schaufeln, »die fast den gesamten Raum zwischen Leitapparat und Laufradaustritt ausfüllten«.[14] Die weltweit ersten beiden Exemplare dieses neuen Turbinentyps wurden in einer amerikanischen Baumwollspinnerei eingesetzt und lieferten bis zu 100 kW (136 PS), was zur damaligen Zeit kein schlechtes Ergebnis war. Sie hatten nur einen Nachteil: Sobald die Wassermenge abfiel, fiel auch der Wirkungsgrad rapide ab.[15] Der klare Vorteil der Francisturbine gegenüber ihren Vorgängern war ihr breites Einsatzspektrum. Sie konnte sowohl auf große als auch auf kleine Wassermengen und Gefälle eingestellt werden.[16] Das erkannte auch Professor Wilhelm Kankelwitz vom Stuttgarter Polytechnikum, der dort den Lehrstuhl für Pumpen, Wassermotoren und Fabrikanlagen innehatte. Als die Heidenheimer Textilfirma C. F. Ploucquet über den Einbau einer Turbine nachdachte, riet er dem Unternehmen zu einer Francisturbine und regte die Zusammenarbeit mit Voith an. Friedrich Voith nahm die Herausforderung an und begründete damit zugleich die Zusammenarbeit seines Unternehmens mit der Wissenschaft.[17] Die erste Voith-Francisturbine wurde für ein Gefälle von 1,73 Meter konstruiert und hatte eine Leistung von 25 PS (18 kW). Dadurch, dass Voith die Schaufeln des Leitrades verstellbar angeordnet hatte, konnte die Turbine reguliert werden und man war in der Lage, auf Wasser- und Belastungsschwankungen zu reagieren. Damit beseitigte Voith zugleich eines der größten Mankos der Francisturbine – ihren geringen Wirkungsgrad bei Niedrigwasser.[18] Die Turbine blieb bis 1904 bei C. F. Ploucquet in Gebrauch und befindet sich heute im Deutschen Museum in München.[19] Schon bald verdrängte die Francisturbine alle früheren Turbinentypen aus dem Produktprogramm.

Die neue Produktsparte führte auch dazu, dass sich Voith ohne größere Verluste über die Gründerkrise in den 1870er Jahren retten konnte. Die Geschäftsübernahme 1867 fiel genau in die beginnende Gründerzeit. Im jungen deutschen Kaiserreich florierte die Wirtschaft, vor allem, nachdem die französischen Reparationszahlungen nach dem Krieg von 1870/71 zusätzliches Geld ins Land brachten. Überall sprossen neue Unternehmen aus dem Boden, insbesondere Aktiengesellschaften erfreuten sich großer Beliebtheit. Die rege Tätigkeit an den Börsen bei gleichzeitig fehlender staatlicher Regulierung führte jedoch zu einer gigantischen Spekulationsblase, die 1873 platzte. Viele der eben erst gegründeten Aktiengesellschaften mussten Konkurs anmelden und auch das Bankenwesen wurde in Mitleidenschaft gezogen.[20] Friedrich Voith hatte den Vorteil, nicht von den Börsen abhängig zu sein. Seine Fabrik war solide aufgestellt und mit den Turbinen konnten nun zusätzliche Kundenkreise bedient werden. Tatsächlich gelang es ihm sogar, sein Geschäft mitten in der Krise so gut zu entwickeln, dass viele der Um- und Neubauten

---

14 Georg Küffner (Hg.): Von der Kraft des Wassers, München 2006, S. 51.
15 Ebd.
16 Ebd., S. 55.
17 Erfahrung aus der Vergangenheit, S. 16.
18 Küffner: Wasser, S. 51 f. und 125 Jahre Voith, in: Voith-Report 12/1992, S. 6.
19 Hermann Pflieger-Haertel: Friedrich v. Voith und sein Werk. Gründung und Entwicklung der Firma J. M. Voith, Heidenheim (Brenz) und St. Pölten, Heidenheim 1935, S. 9.
20 Volker Berghahn: Das Kaiserreich 1871–1914. Industriegesellschaft, bürgerliche Kultur und autoritärer Staat (= Gebhardt: Handbuch der deutschen Geschichte, Band 16), Stuttgart 2003, S. 56 f.

unter Friedrich Voith im Heidenheimer Werk in diese Zeit fallen. Die weltweite Rezession gegen Ende des 19. Jahrhunderts bewirkte aber trotz allem, dass Voith noch einige Jahre warten musste, bis neben dem Inlands- auch das Auslandsgeschäft in Schwung kam.

Unterdessen trat die Turbinenentwicklung bei Voith in eine neue Phase. Professor Kankelwitz, der schon die Entwicklung der Francisturbine angestoßen hatte, trat nach zwei Jahren, 1875, noch einmal an Friedrich Voith heran. Er empfahl dem Unternehmen die Einstellung des 24-jährigen Ingenieurs Adolf Pfarr. Dieser hatte bei Kankelwitz in Stuttgart studiert. Als Pfarr 1875 nach Heidenheim zu Voith kam, beschäftigte er sich zuerst mit der technischen Verbesserung der Francisturbine. Dank seiner Forschungsergebnisse konnte der Wirkungsgrad der Turbinen optimiert und damit auch die Beliebtheit der Francisturbine als Wasserkraftantrieb gesteigert werden. Ein Meilenstein im Turbinenbau war Pfarrs »selbsttätiger Geschwindigkeitsregler«, den er 1879 konstruierte.[21] Der sogenannte Turbinenregler sorgte dafür, dass sich Schwankungen im Stromverbrauch nicht auf die Drehzahl auswirkten. Stattdessen konnte die Wasserzufuhr an der Turbine korrigiert und dem Energiebedarf angepasst werden.[22] Pfarrs Erfindung hatte 1891 einen ersten großen Auftritt, als anlässlich der Internationalen Elektrotechnischen Ausstellung in Frankfurt am Main zum ersten Mal hochgespannter Drehstrom aus einem weit entfernten Kraftwerk zum Ausstellungsort transportiert wurde. Im Wasserkraftwerk Lauffen am Neckar wurde mit einer Turbine die Energie erzeugt, die in Frankfurt 1.000 Glühbirnen und einen Springbrunnen speiste. 3.000 Strommasten waren nötig, um die Drahtverbindung über die 178 Kilometer lange Strecke zu gewährleisten.[23] Im Kraftwerk sorgte ein automatischer Turbinenregler von Voith dafür, dass auch im Falle eines Defekts auf der Strecke nichts heiß lief.

22 Jahre lang arbeitete Adolf Pfarr bei Voith als Oberingenieur, später dann als Direktor, in den Bereichen Turbinenbau, Papiermaschinen- und Holzschleiferbau. 1897 folgte er – sehr zum Leidwesen Friedrich Voiths – einem Ruf an die Technische Hochschule Darmstadt als Professor für Wasserkraftmaschinen. Anlässlich einer Feier zum 25. Jubiläum der Geschäftsübernahme im Jahr 1892 würdigte Friedrich Voith seinen Chefingenieur als »eine Autorität im Turbinenbau [...], ein[en] geistreich[en] Konstrukteur mit seinen Regulatoren und ein[en] gesuchte[n] Berater meiner Kunden in allen sonstigen technischen Angelegenheiten.«[24]

Nach Pfarrs Weggang blieb bei Voith die Entwicklung keineswegs stehen. Im Unternehmen arbeiteten begabte Ingenieure und man war offen für Neues. Anfang des 20. Jahrhunderts machte neben der Francisturbine ein neuer Turbinentyp von sich reden. Der US-Amerikaner Lester Allan Pelton entwickelte in den 1870er und 1880er Jahren ein Turbinenlaufrad, das den ursprünglichen Wasserrädern erstaunlich ähnlich sah. Die Schaufeln der Peltonturbine bestanden aus jeweils zwei elliptischen Bechern, die in der Mitte durch eine Schneide getrennt wurden. Anders als die Francisturbine ist die Peltonturbine nur teilbeaufschlagt, das heißt, das Triebwasser trifft immer nur auf einen Teil der Laufradschaufeln. Pelton fand heraus, dass die Turbine am leistungsstärksten ist, wenn das Wasser aus den zuführenden Düsen auf die Schnei-

---

21 Karl Bachmann: Direktor Georg Adolf Pfarr, in: Voith-Mitteilungen 22/1951, S. 269.
22 Alfred Stucky: Druckwasserschlösser von Wasserkraftanlagen, Berlin 1962, S. 46.
23 Hanno Trurnit: Die Geschichte von Gas und Strom in Frankfurt und der Region, in: FITG-Journal Zeitschrift des Förderkreises Industrie und Technikgeschichte e. V. 2/2007, S. 11.
24 Bachmann: Friedrich Voith, S. 142.

de der Schaufeln trifft und von den Schaufeln in einem Winkel von fast 180 Grad abprallt.[25] Voith beschäftigte sich seit 1902 mit der Peltonturbine. Wo diese ersten technischen Versuche stattfanden, ist heute unbekannt, klar ist nur, dass die damalige Versuchsanstalt Bleiche mit einer Fallhöhe von 1,85 Metern nicht die nötigen Voraussetzungen erfüllte. Am 19. Februar 1903 wurde bei Voith die erste Peltonturbine von der Mühlbauanstalt G.N. Gaubitz im bayerischen Mainbernheim bestellt. Sie erhielt die Nummer 1306. Wahrscheinlich bekam der Kunde in diesem Fall einfach die Versuchsturbine, denn die Lieferzeit betrug lediglich sechs Wochen. Das Laufrad lieferte bei einer Fallhöhe von 49 Metern 9,3 Kilowatt und hatte unter Volllast einen Wirkungsgrad von 78 Prozent. Nach diesem Auftrag ließen die ersten Großaufträge nicht lange auf sich warten. 1904 erreichten Voith Aufträge für Peltonturbinen, die in Japan bei einer Fallhöhe von 185 Metern 920 Kilowatt leisten sollten, und für ein Wasserkraftwerk in Brasilien wurden fünf Turbinen mit je 3.000 Kilowatt für 629 Meter Fallhöhe bestellt.[26] Die Peltonturbine wurde offensichtlich von den Kunden gut angenommen und war ein voller Erfolg.

»Tausend Pferd ischt viel, und Spanien ischt fern.«

Letztlich waren es genau diese Großaufträge, die Friedrich Voith dazu veranlassten, eine größere Versuchsanstalt einzurichten. Der erste Versuchsstand in einer früheren Leinenbleicherei auf dem Werksgelände an der Brenz verfügte über zwei Turbinen und war von Oberingenieur Carlos Schmitthenner, dem Nachfolger Pfarrs, eingerichtet worden. Die Nutzungsmöglichkeiten der Bleiche waren aber recht begrenzt. Bremsversuche an großen Turbinen, mit deren Hilfe die Leistung und der Wirkungsgrad der Turbine festgestellt wurde, waren hier von vornherein ausgeschlossen.[27] Gleichzeitig zog das Turbinengeschäft bei Voith Anfang des 20. Jahrhunderts besonders im Ausland kräftig an. Doch je größer die Turbinen wurden, desto schwieriger wurde es für die Voith-Ingenieure, sicher einzuschätzen, wie sich die Kolosse später verhalten würden. Es fehlte die Erfahrung aus praktischen Versuchen. Die einzigen größeren Versuchsreihen hatten die Heidenheimer bislang hin und wieder bei Kunden durchführen können. Doch das konnte kein Dauerzustand bleiben. Deshalb erschien es Friedrich Voith auch als ein großes Risiko, als sein Ingenieur Albert Ungerer im Jahr 1900 dafür plädierte, einen Großauftrag aus Spanien anzunehmen. Der Kunde hatte zwei 1.000-PS-Turbinen (735,5 kW) für 200 Meter Gefälle bestellt. Für damalige Verhältnisse waren das enorme Ausmaße. Etwas besorgt wandte sich Friedrich Voith an seinen Ingenieur und fragte ihn: »Ja, Herr Ungerer, wolle Sie des riskiere? Tausend Pferd ischt viel, und Spanien ischt fern.« Ungerer blieb standhaft und das Projekt wurde ein Erfolg.[28] Friedrich Voith war wohl nicht länger der junge, ungestüme Unternehmer, der er noch kurz nach der Übernahme gewesen war. Er wurde vorsichtiger und lernte aus dem Projekt in Spanien eine entscheidende Lektion: Er baute in den folgenden Jahren seine Versuchsstände aus.

1907 erwarb Friedrich Voith zwei Grundstücke mit ehemaligen Mühlen an der Brenz. Das eine lag in Hermaringen, das andere in unmittelbarer Nähe zum Werk in Heidenheim. In

---

25 Küffner: Wasser, S. 60.
26 Hans Häckert: 75 Jahre Voith-Peltonturbine, in: Voith-Mitteilungen 1/1979, S. 6.
27 Hans Faic Canaan: 40 Jahre Versuchsanstalten Hermaringen und Brunnenmühle, in: Voith-Mitteilungen 6/1949, S. 3.
28 WABW B 80 Bü 106, Brief Albert Ungerer an Firma Voith vom 30. Januar 1940, Betreff: Firmengeschichte.

_Friedrich Voith führte die Arbeiten seines Vaters am Holzschleifer fort. 1873 stellten Voith und Voelter ihren aktuellen Pressenschleifer auf der Wiener Weltausstellung aus.

_1873 verließ die erste Voith-Francisturbine die Werkhalle. Sie war durch ihre verstellbaren Leitradschaufeln gut auf unterschiedliche Wasserstände justierbar.

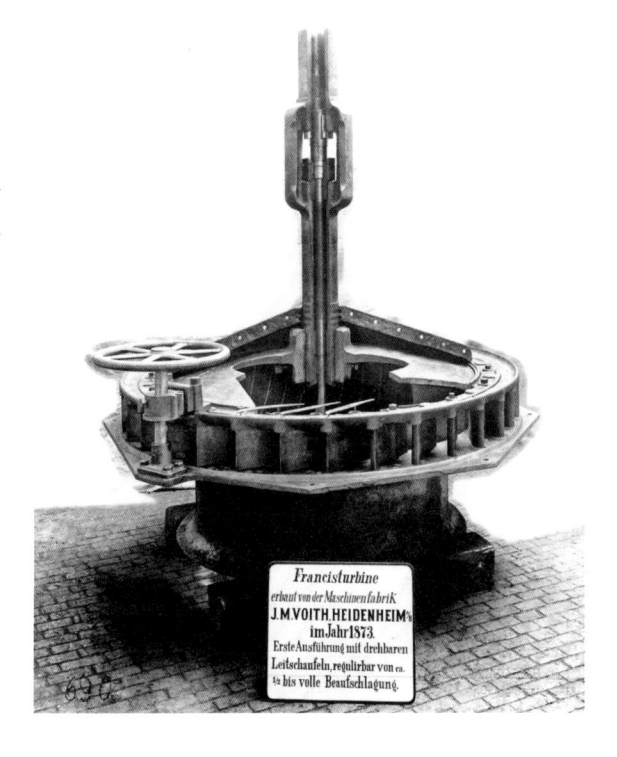

_Die Peltonturbine gehört zu den Hochdruckturbinen und sieht mit ihren Schaufeln einem herkömmlichen Wasserrad sehr ähnlich. Mit dem neuen Turbinentyp konnte Voith Aufträge mit vorher nicht erreichten Fallhöhen annehmen und umsetzen.

_Je größer die Turbinen wurden, desto schwieriger wurde die genaue Vorhersage über ihre Leistung. Deshalb beschloss Friedrich Voith den Bau neuer Versuchsanstalten. Hier eine Aufnahme der Versuchsanstalt Hermaringen im Jahr 1910.

_Die Versuchsanstalt Brunnenmühle war eines der ersten Speicherkraftwerke Europas. Auf dem Berg hinter der Brunnenmühle wurde ein 7.000 Kubikmeter fassendes Speicherbecken angelegt.

_Der erste Auftrag aus Übersee verlässt das Werk. Zwei Lokomotiven sind nötig, damit das Voith-Bähnle die großen Bauteile der Niagara-Turbinen transportieren kann.

_Im Maschinenhaus der Ontario Power Co. of Niagara Falls kommen die beeindruckenden Ausmaße der Turbinen voll zur Geltung.

_Zum großen Umbauprogramm Friedrich Voiths in den 1880er Jahren gehörte 1886 auch der Bau des ersten Bürogebäudes. Vorher war die Verwaltung in der Schleifmühle untergebracht, wo auch die Familie Voith lebte.

_Friedrich Voith war besonders stolz auf die Einrichtung des Zeichensaals für seine Ingenieure. Er selbst hatte die aufrechten Zeichentische konstruiert, die seinen Mitarbeitern eine gesündere Haltung beim Zeichnen ermöglichen sollten.

_oben: Schon seit den 1870er Jahren bildete Voith eigene Lehrlinge aus. Hier ein Blick in den Speisesaal für Lehrlinge im Jahr 1913.

_links: Paul Priem (1866–1928) arbeitete seit 1889 bei Voith als Ingenieur für Papiermaschinen. Er machte sich später als Erfinder des Stetigschleifers einen Namen und wurde 1904 ins erste Direktorium berufen.

_unten: Gottlob Raithelhuber kaufte 1881 die erste Papiermaschine bei Voith. Sie schaffte 34 Meter pro Minute und war für die Produktion von Tapeten vorgesehen.

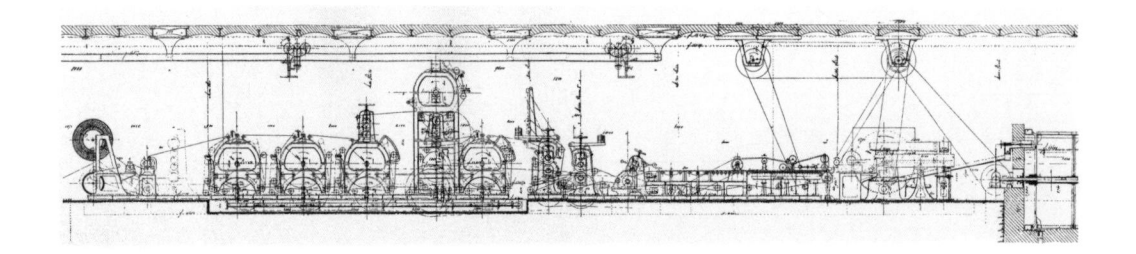

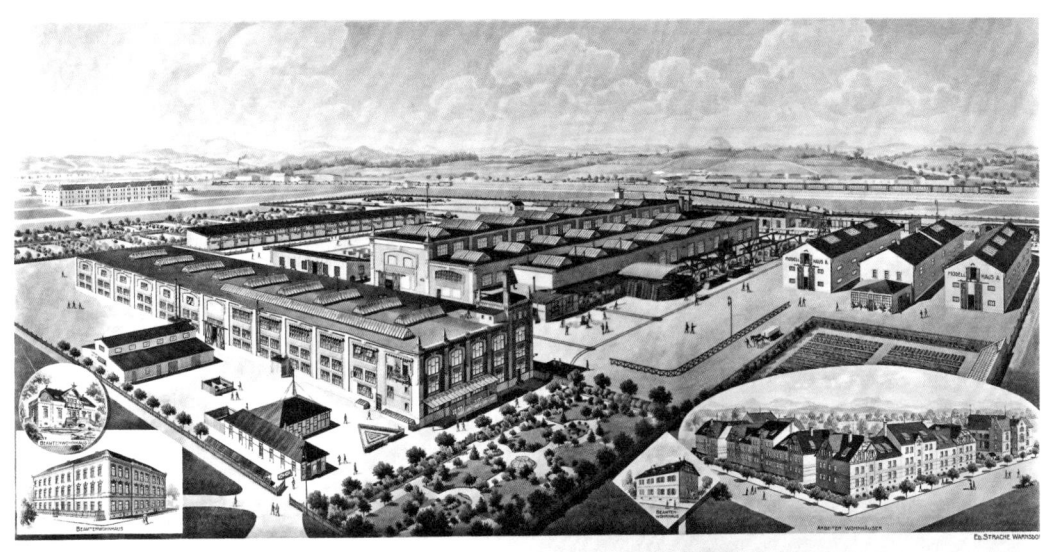

J. M. VOITH, MASCHINENFABRIK & GIESSEREI
ST. PÖLTEN, N.Ö.

_oben: Ansicht des Voith-Werks in St. Pölten, um 1912. In den Bildausschnitten sieht man die Beamten- und Arbeiterwohnhäuser, die den Mitarbeitern in Werksnähe zur Verfügung gestellt wurden.

_rechts: Familie Voith in ihrem Garten in den 1880er Jahren. Im Vordergrund Hermann, hinten links Walther. Beide werden das väterliche Unternehmen einmal erben. Der jüngste Sohn, Hanns, ist noch nicht auf dem Foto.

Friedrich Voith, um 1907. Er baute die väterliche Werkstatt zu einem Unternehmen aus, das bei seinem Tod 1913 knapp 3.000 Mitarbeiter hatte.

1900 ließ sich Friedrich Voith ein neues Wohnhaus bauen. Die »Villa Eisenhof« entsprach den Anforderungen an ein standesgemäßes Domizil für einen Fabrikinhaber.

Hermaringen, etwa zwölf Kilometer von Heidenheim entfernt, richtete Voith ein kleines Wasserkraftwerk und eine Versuchsanstalt für Niederdruckturbinen ein. Das Nutzgefälle lag bei etwa 5,40 Metern. Hauptsächlich wurden hier Versuche mit Francis-Niederdruckturbinen durchgeführt. Die im Kraftwerk erwirtschaftete Elektrizität wurde ins Voith-Werk geleitet und dort genutzt.

Die zweite Versuchsanstalt war die Brunnenmühle in Heidenheim. Hier baute Friedrich Voith eines der ersten europäischen Pumpspeicherkraftwerke. Auf der hinter der Brunnenmühle gelegenen Albhochfläche wurde ein Speicherbecken mit einem Fassungsvermögen von 7.000 Kubikmetern angelegt. Das so entstandene Gefälle von 100 Metern nutzte Voith für Versuche mit Hochdruckturbinen. Außerhalb der Arbeitszeiten, abends und am Wochenende, diente die in Hermaringen erzeugte Energie dazu, das Speicherbecken vollzupumpen, in Zeiten hohen Energiebedarfs wurde das Becken dann wieder abgelassen und lieferte zusätzliche Energie. Die Versuchsanstalt erlaubte nach ihrer Einweihung im November 1908 Bremsversuche mit Hochdruckturbinen von bis zu 500 PS (368 kW).[29]

Bereit für den Weltmarkt

Mit den Versuchsanstalten war Voith gerüstet für neue Großaufträge aus aller Welt. Und die Aufträge kamen. Zu Beginn des 20. Jahrhunderts beschloss Kanada, stärker auf die Wasserkraft der Niagarafälle zurückzugreifen. Auf der US-amerikanischen Seite der Wasserfälle gab es zu diesem Zeitpunkt bereits größere Kraftwerke, die Kanadier hatten jedoch nur eine kleine, bereits veraltete Anlage zu bieten, die jetzt kräftig ausgebaut werden sollte. 1903 wurde ein kanadischer Ingenieur nach Europa entsandt, um sich nach einem geeigneten Unternehmen für diesen Auftrag umzusehen. Durch einen glücklichen Zufall befand sich Walther Voith, der älteste Sohn von Friedrich, zu diesem Zeitpunkt gerade in Amerika und bekam Wind von der Sache. Er schrieb nach Heidenheim, man möge den Ingenieur bitte ausfindig machen und zu Voith einladen. Walther Voith hatte richtig geschlossen, dass die damals im Ausland noch recht unbekannte Firma aus Heidenheim in der Reiseroute nicht vorgesehen war. Der Plan ging auf: Voith konnte nicht nur den Mann aufspüren, die Firma konnte ihn auch von ihren Turbinen überzeugen, und so kam es zu einem ersten Auftrag über eine Francisturbine von 6.100 PS (4.487 kW) bei 79,50 Meter Fallhöhe für die Hamilton Cataract Power Light and Traction Co. Noch im selben Jahr wurden drei weitere Turbinen baugleichen Typs nachbestellt. Durch den Auftrag aus Hamilton wurde auch die Ontario Power Co. of Niagara Falls auf Voith aufmerksam. Das kanadische Unternehmen bestellte im Oktober 1903 eine Turbine von historischen Ausmaßen bei Voith: Bei einer Fallhöhe von guten 53 Metern sollten 12.000 PS (8.824 kW) erreicht werden. Das war ein neuer Rekord – nicht nur in Heidenheim, sondern weltweit. Nach sechs weiteren Turbinen dieses Typs konnten diese Werte 1912 sogar noch übertroffen werden, als die Kanadier zwei weitere Turbinen mit 16.400 PS (12.062 kW) orderten.[30] 1925 erreichte Voith ein Folgeauftrag der Ontario Power Co.

---

29 Fritz Oesterlen: Die Turbinenversuchsanstalten und die Wasserkraftwerke mit Wasserkraftspeicher der Firma J. M. Voith, in: Zeitschrift des Vereins Deutscher Ingenieure 48 (1909), S. 1958–1961.
30 Max Rudert: Voith-Turbinen am Niagara, in: Voith-Mitteilungen, 53/1958, S. 62 f.

Flussabwärts war ein neues Kraftwerk gebaut worden, dem die Turbinen des alten Kraftwerks nicht das Wasser abgraben sollten. Aus diesem Grund wurden die 24 Laufräder der zwölf Zwillingsturbinen ausgetauscht. Die neuen Laufräder verfügten über eine geringere Kapazität, hatten aber einen besseren Wirkungsgrad als ihre Vorläufer, weil in der Zwischenzeit die Technik verbessert worden war. Auch in dem neuen Kraftwerk tauschte Voith vier Laufräder aus. Diese waren von einem Konkurrenzunternehmen geliefert worden und wiesen schon nach wenigen Jahren starke Korrosionsschäden auf.[31] Noch über 40 Jahre später liefen die Voith-Turbinen an den Niagarafällen tadellos, wie sich Hanns Voith, Friedrichs jüngster Sohn, bei einem Besuch persönlich überzeugen konnte. Lediglich die Firmenschilder mit dem Voith-Schriftzug waren wohl schon während des Ersten Weltkriegs entfernt worden.[32] Und als der damalige Bundespräsident Theodor Heuss 1958 bei einem Staatsbesuch vor dem kanadischen Parlament sprach, nahm er stolz Bezug auf die Ingenieurskunst aus seiner schwäbischen Heimat. Er hatte sich in Vorbereitung dieses Besuchs extra bei Hanns Voith nach den Niagara-Turbinen erkundigt, um »drüben ein bißchen mit der Heimat renommieren« zu können.[33]

Voith wächst

Mit dem Auftrag aus Kanada war es Voith endgültig gelungen, sich als Maschinenfabrik auf dem Weltmarkt zu etablieren. Seit der Übernahme im Jahr 1867 hatte das Unternehmen eine gewaltige Entwicklung durchlaufen. Als Friedrich Voith in die Fußstapfen seines Vaters trat, hatte Voith 5.000 Quadratmeter Grund, wovon 532 Quadratmeter überbaut waren. 1913, als die nächste Voith-Generation ihr Erbe antrat, war das Werksgelände auf 39.160 Quadratmeter gewachsen, von denen 4.620 Quadratmeter bebaut waren.[34]

Friedrich Voiths erste Investition war 1871 der Ausbau der Gießerei, der bei seinem Vater auf so viel Widerstand gestoßen war.[35] Es folgten der Bau einer Modellschreinerei (1872) und einer Montagehalle (1875), die erneute Vergrößerung der Gießerei (1883), der Bau einer Kantine (1885), einer weiteren Montagehalle mit Laufkran und Galerie (1886) und einer größeren Schlosserei (1886). Im selben Jahr wurde auch das erste Verwaltungsgebäude errichtet.[36] Zuvor fanden alle Büroarbeiten noch in einem Anbau des Wohnhauses der Familie Voith statt.[37] 1896 investierte Friedrich Voith in ein neues Maschinenhaus, 1908 baute er die erwähnten Versuchsanstalten Hermaringen und Brunnenmühle aus. Es folgten das neue Verwaltungsgebäude an der Ulmerstraße (1905), das endlich Platz für einzelne Abteilungen bot,[38] ein Modellhaus (1910), eine neue Großgießerei (1911), eine weitere Lagerhalle (1912), eine Modellschreinerei (1913) und eine Großputzerei (1913).[39] Im gleichen Maß wie sich das Werksgelände veränderte und wuchs, nahm auch

---

31 WABW B 80 Bü 647, Laufräder für Nord-Amerika, in: Voith-Mitteilungen 3/1925, S. 38 ff.
32 WABW B 80 Bü 37, Brief Hanns Voith an Bundespräsident Theodor Heuss vom 15.5.1958.
33 WABW B 80 Bü 37, Brief Bundespräsident Theodor Heuss an Hanns Voith vom 6.5.1958.
34 Krüger: Heidenheim, S. 122.
35 WABW B 80 Bü 210, Anscheinend begann Friedrich Voith mit dem Bau der Gießerei, bevor er das Baugesuch bei der Stadt stellte. Das geht aus seinem Schreiben an die Stadt hervor.
36 Krüger: Heidenheim, S. 122 f.
37 Direktor Hermann Gottschick, in: Voith-Mitteilungen 35/1954, S. 473.
38 Ebd.
39 Krüger: Heidenheim, S. 122 f.

die Mitarbeiterzahl bei Voith stetig zu. War 1882 noch knapp die Hälfte aller Industriearbeiter in Heidenheim in der Textilindustrie beschäftigt, lief die aufstrebende Maschinenbauindustrie dem traditionellen Heidenheimer Branchenkönig zum Ende des Jahrhunderts langsam, aber sicher den Rang ab.[40] 1908 war Voith schließlich der größte Arbeitgeber der Stadt, die zu diesem Zeitpunkt etwa 12.500 Einwohner hatte. Damals beschäftigte das Unternehmen 1.600 Personen.[41]

Viele Arbeiter bedeuten auch viel Verantwortung. Zwar herrschte in Heidenheim, anders als in einigen deutschen Großstädten, kein chronischer Wohnungsmangel, trotzdem freuten sich die Familien über günstigen Wohnraum. Und so liegen die Wurzeln der späteren Voith-Siedlung im 19. Jahrhundert. Schon 1865 besaß Johann Matthäus Voith ein Wohnhaus mit vier Wohnungen, die er Betriebsangehörigen zur Verfügung stellte. Sein Sohn Friedrich baute 1891 und 1894 drei weitere Wohnhäuser mit insgesamt zwölf Wohnungen für Angestellte, Meister und Arbeiter. Die Wohnungen hatten drei bis fünf Zimmer und waren mit fließend Wasser und einem Garten ausgestattet. Die Hälfte der Wohnungen wurde den Betriebsangehörigen kostenlos überlassen, für die Übrigen wurden Mieten in Höhe von 150 bis 200 Mark im Jahr erhoben. Um die Jahrhundertwende gab Voith knapp 50 Grundstücke »zu billigem Preise« an Werksangehörige ab, die dort dann auf eigene Kosten ihre Häuser bauen konnten.[42] Besonders in seinen letzten Jahren, als er aus Altersgründen in der Firma kürzertreten musste, beschäftigte sich Friedrich Voith mit Vorliebe mit dem Planen von Fabrik- und Wohngebäuden und überwachte die Umsetzung.[43]

Eine weitere Entwicklung in der Heidenheimer Industrie war die Einführung von betrieblichen Krankenkassen. Je größer die Fabriken wurden, desto schwieriger war es, das alte System der individuellen Hilfe im Krankheitsfall aufrechtzuerhalten. Stattdessen führten die Unternehmer jetzt ein von den Arbeitern mitgetragenes System ein, und auch die Höhe der Hilfen wurde genau geregelt.[44] Bei Voith gab es spätestens seit 1871 eine betriebliche Krankenversicherung. Es war die einzige Fabrikkrankenkasse in Heidenheim, die auch werkfremde Arbeiter aufnahm, solange sie »von anderen Geschäften als solid bekannte, in der Nähe wohnende Berufsgenossen« zwischen 25 und 30 Jahren waren. Darüber hinaus musste sich jeder Arbeiter vor seinem Beitritt in die Versicherung vom Vereinsarzt untersuchen lassen. Verwaltet wurde die Voith'sche Krankenkasse von gewählten Vertretern der Arbeiter.[45] Dass sich die Krankenkasse nur an Männer richtete, war allein der Tatsache geschuldet, dass bis 1897 keine Frauen bei Voith arbeiteten.[46] Es gab in dieser ersten Form der Versicherung noch keinen fest geregelten Arbeitgeberbeitrag. Vielmehr steuerte das Unternehmen je nach Bedarf Geld bei.[47] Das änderte sich mit der Einführung der verpflichtenden Krankenversicherung unter Reichskanzler Otto von Bismarck 1883. Ab diesem Zeitpunkt zahlten sowohl Arbeitnehmer als auch Arbeitgeber einen festen Beitragssatz,

---

40   Nieberding: Unternehmenskultur, S. 28.
41   Krüger: Heidenheim, S. 104. Zur Bevölkerungsentwicklung Heidenheims ebd., S. 150, Tab. 4.
42   Christoph Bittel: Arbeitsverhältnisse und Sozialpolitik im Oberamtsbezirk Heidenheim im 19. Jahrhundert. Ein Beitrag zur Sozialgeschichte einer württembergischen Industrieregion, Band 1, Tübingen 1999, S. 160.
43   Erfahrung aus der Vergangenheit, S. 24.
44   Bittel: Arbeitsverhältnisse und Sozialpolitik, S. 233.
45   Ebd., S. 239 f.
46   Direktor Hermann Gottschick, in: Voith-Mitteilungen 35/1954, S. 473.
47   Bittel: Arbeitsverhältnisse und Sozialpolitik, S. 244.

der sich an der Höhe des Lohns bemaß. Im Jahr 1899, als Voith – vermutlich nach einer Grippewelle – mit einem starken Schrumpfen seines Betriebsfonds konfrontiert war und sich gezwungen sah, die Beiträge zu erhöhen, lag der Beitragssatz bei vier Prozent, wovon jeweils die Hälfte von der Firma und von den Arbeitern gezahlt wurde. In Heidenheim verlangte Voith damit die höchsten Krankenkassenbeiträge. Umgekehrt waren aber auch die Leistungen entsprechend besser. So zahlte Voith beispielsweise ein deutlich höheres Sterbegeld. Während sich das Sterbegeld bei den anderen Krankenkassen nach Geschlecht und Alter der Verstorbenen richtete und zwischen 20 und 45 Mark betrug, zahlte Voith abhängig von der Dauer der Betriebszugehörigkeit zwischen 24 und 64 Mark.[48]

Auch in der Ausbildung ging Voith früh eigene Wege. Für eine Maschinenbaufabrik recht ungewöhnlich, nahm das Unternehmen bereits seit den 1870er Jahren Lehrlinge an. Friedrich Voith war bewusst, dass die Ausbildung seiner künftigen Arbeiter eine lohnende Investition war. Und das lange bevor die Facharbeiterausbildung in der Industrie flächendeckend etabliert war. Das mag aber auch von der Tatsache beeinflusst worden sein, dass Heidenheim ohnehin unter einem chronischen Facharbeitermangel litt. Mit den Jahren erhöhte sich die Zahl der Lehrlinge bei Voith, bis sie schließlich über das ganze Werk in den einzelnen Werkstätten verteilt arbeiteten. Die Jungen waren jeweils Gesellen in den unterschiedlichen Abteilungen zugewiesen und die Ausbildung variierte je nach Lust und Fähigkeiten des Gesellen. 1907 wurde die Ausbildung bei Voith zum ersten Mal in geordnete Bahnen gelenkt, als in der Maschinenhalle eine Lehrecke eingerichtet wurde. Hier wurden alle 34 Schlosserlehrlinge an 32 Schraubstöcken gemeinsam von einem Meister angeleitet. Die Lehrmethoden waren aus heutiger Sicht nicht immer pädagogisch wertvoll. So erinnerte sich ein ehemaliger Lehrling: »Die Ausbildung war sehr hart, und es gab viel Schläge, verdient und unverdient!« 1910 zog die Lehrecke auf die Galerie der Maschinenhalle um und wurde erweitert. Die Lehrlinge fertigten jetzt Modellturbinen und Schleifer. Eine eigene Lehrwerkstatt wurde erst nach dem Ersten Weltkrieg eingerichtet und 1927 wurde die Werkschule eingeweiht und ein Lehringenieur eingestellt, der die Meister im Unterricht unterstützte.[49]

In der Führungsebene standen bei Voith zu Beginn des 20. Jahrhunderts große Veränderungen an. Friedrich Voith leitete seine Firma nicht länger im Einmannbetrieb, sondern berief 1904 das erste Voith-Direktorium, das den damals 64-Jährigen in geschäftlichen Dingen unterstützen sollte. Mitglieder dieses ersten Direktoriums wurden Paul Priem, Erhard Closs und Hermann Gottschick. Alle drei waren zu diesem Zeitpunkt verdiente, langjährige Mitarbeiter. »Vater Priem« arbeitete seit 1889 für Voith und hatte sich besonders um den Papiermaschinenbau verdient gemacht. Der spätere Erfinder des Stetigschleifers wurde deshalb auch als Direktor für die Sparte Papiermaschinen ins Direktorium berufen.[50] Der Zweite im Bunde war Erhard Closs. Wie Adolf Pfarr war auch er ein ehemaliger Student von Wilhelm Kankelwitz. Closs kam 1891 als Ingenieur zu Voith und unterstützte die Firma im Turbinenbau. Noch in seinem ersten Jahr überwachte er den Einbau des Pfarr'schen Turbinenreglers im Neckarkraftwerk Lauffen. Später war er viel als Vertreter für Turbinen im In- und Ausland unterwegs. Als Angestellter war Closs so pflichtbewusst und eifrig, dass Friedrich Voith ihn einmal zur Erholung in Zwangsur-

---

48 Ebd., S. 374 f.
49 50 Jahre Lehrwerkstatt, in: Voith-Mitteilungen 62/1960, S. 45 und Nieberding: Unternehmenskultur, S. 113 f.
50 Direktor Dr.-Ing. E. h. Paul Priem, in: Voith-Mitteilungen 33/1954, S. 418 f.

laub schicken musste. Er erlebte noch die Geschäftsübergabe 1913, bevor er sich 1914 aus gesundheitlichen Gründen zur Ruhe setzte.[51] Die kaufmännische Seite vertrat im Direktorium Hermann Gottschick. Dieser wurde 1883 als »Kassier« bei Voith eingestellt, später übernahm er auch die Buchhaltung und Korrespondenz.[52]

PM 1

Friedrich Voith baute nicht nur neue Produkte auf, er besann sich auch auf die Vorarbeiten seines Vaters und investierte weiterhin in Maschinen für die Papierindustrie. Die erste Papiermaschine war in Heidenheim schon 1830 von Heinrich Voelter für seine Papierfabrik in Auftrag gegeben worden. Gebaut wurde sie von Johann Jakob Widmann, dem ersten deutschen Papiermaschinenbauer. Johann Matthäus Voith ging ihm bei der Installation der riesigen Anlage zur Hand. Ab 1848 arbeiteten Voelter und Johann Matthäus Voith zusammen an der Realisierung von Papier aus Holzbrei, und Friedrich trat nach der Firmenübernahme in die Fußstapfen seines Vaters. Und das äußerst erfolgreich: Zahlreiche Patente in der Papier- und Stofftechnik gehen auf ihn zurück. Dazu gehört die Weiterentwicklung von mechanischen Holzschleifern zu leistungsfähigen Großschleifern, die Erfindung von Reglern für Schleifer, der Bau von Magazinschleifern mit automatischer Holznachfüllung zur Erzeugung großer Holzschliffmengen und die bereits erwähnte Verbesserung des Schüttelsortierers für höhere Papierqualität.[53] Darüber hinaus baute Voith Holländer, also die Maschinen, die die Papiermühlen brauchten, um den traditionellen Rohstoff Hadern zu zerkleinern.[54] 1879 arbeiteten allein in Deutschland 340 Holzschleifereien mit Schleifmaschinen von Voith.[55]

Die erste komplette Papiermaschine baute Voith 1881. Käufer der 70.000 Mark teuren Maschine war der Papierfabrikant Gottlob Raithelhuber aus Gemmrigheim am Neckar. Die für damalige Verhältnisse mit 2,35 Metern recht breite Langsiebmaschine bestand aus Stoffbütte, Knotenfänger, Siebpartie, Gautsche, zwei Nasspressen, Trockenpartie, Längsschneider und Rollapparat. Sie leistete 34 Meter in der Minute und war für die Produktion von Tapetenpapier gedacht.[56] Die PM 1 wurde in nur neun Monaten entworfen und gebaut. An den Plänen war maßgeblich Adolf Pfarr beteiligt, doch auch Professor Wilhelm Kankelwitz stand Voith wieder mit Rat und Tat zur Seite. Als Vorlage für die PM 1 diente eine ähnliche Papiermaschine, die in der Papierfabrik von Friedrich Voiths Schwager Albert Niethammer seit einigen Jahren erfolgreich lief.[57] Die Montage in der Papierfabrik Raithelhuber, Benzner und Cie. nahm weitere drei Monate in Anspruch.[58]

---

51   Direktor Erhard Closs, in: Voith-Mitteilungen 35/1954, S. 472.
52   Direktor Hermann Gottschick, in: Voith-Mitteilungen 35/1954, S. 473.
53   Bachmann: Friedrich Voith, S. 142–144 und in Voith-Mitteilungen 14/1950, S. 158–162.
54   Sonderheft zum 100-jährigen Jubiläum, S. 18 ff., 125 Jahre Voith, S. 3.
55   Wolfgang König, Wolfhard Weber: Netzwerke unter Strom. 1840 bis 1914, Berlin 1997. (= Propyläen der Technikgeschichte, Band 4), S. 225.
56   90 Jahre Voith, Nürnberg 1957, S. 15; WABW B 80 Bü 643, Hermann Schweickert: Georg Adolf Pfarr – Wegbereiter der Wasserkraftnutzung und Papierfabrikation, Stuttgart o. J., S. 30.
57   WABW B 80 Bü 210, Ernst Raithelhuber: Voiths Rabenhof und die erste Papiermaschine, in: Heidenheimer Land 11/1975, (S. 3).
58   Sonderheft zum 100-jährigen Jubiläum, S. 22 f.; 125 Jahre Voith, S. 7.

Voith streckt seine Fühler aus

Seit den 1890er Jahren erhielt Voith zunehmend Auslandsaufträge für Turbinen und zur Jahrhundertwende nahm das Auslandsauftragsvolumen immer weiter zu.[59] Vor allem aus Österreich-Ungarn kamen immer häufiger Kundenanfragen. Die Bearbeitung dieser Aufträge wurde aber immer weniger lukrativ, nachdem die Habsburgermonarchie neue Zollbestimmungen und damit einhergehend höhere Einfuhrzölle eingeführt hatte.[60] Friedrich Voith sah nur eine praktische Lösung, um sich den wichtigen österreichischen Markt langfristig zu erhalten: Er musste einen österreichischen Produktionsstandort aufbauen. Da die Hauptstadt Wien als Standort zu teuer war, entschied er sich für das etwa 50 Kilometer entfernte St. Pölten. Hier existierten gute Verkehrsanbindungen und es gab billige Arbeitskräfte. Das neue Werk wurde als moderne Kopie des Heidenheimer Stammwerks konzipiert. Es bestand aus einer Maschinenfabrik mit angeschlossener Gießerei. Das Werk St. Pölten nahm Mitte April 1904, nach nur neun Monaten Bauzeit, den Betrieb auf. Etwa 200 Menschen arbeiteten hier am Anfang. Die Leitung des neuen Werks übernahm Walther Voith. Friedrichs ältester Sohn wurde dafür 1903 eigens von einem längeren Amerika-Aufenthalt nach Hause gerufen.[61] Per Telegramm wurde der Nichtsahnende nach Heidenheim beordert, wo ihm sein Vater einige Mappen mit Bauplänen präsentierte.[62] Walther Voith wurde vor vollendete Tatsachen gestellt, sein Leben von heute auf morgen umgekrempelt. Entsprechend widerstrebend stand der 29-Jährige seinem neuen Betätigungsfeld anfangs gegenüber. Doch als pflichtbewusster ältester Sohn nahm er die Aufgabe an. Das Werk in St. Pölten sollte sich zu seinem Lebenswerk entwickeln, dem er sich bis kurz vor seinem Tod im Jahr 1947 mit aller Kraft widmete.

Zu Beginn produzierte Voith in St. Pölten dieselben Maschinen, die auch das Heidenheimer Portfolio ausmachten. Noch im Jahr der Eröffnung wurde beispielsweise die erste Francisturbine ausgeliefert.[63] Es folgten zehn Großschleifmaschinen und zwei Papiermaschinen. Doch schon bald wurde in St. Pölten das Produktionsangebot ausgebaut. 1908 wurde der erste Zündholztunkautomat gebaut. Im selben Jahr konnte die erste Asbestzementanlage nach Vöcklabruck geliefert werden und im Jahr 1913 begann die Produktion von Zylindergussteilen für die Auto-, Lastwagen- und Motorradindustrie. Trotzdem blieb das wichtigste Standbein in St. Pölten nach wie vor der Turbinenbau. Das Werk war an zahlreichen Kraftwerksbauten in Österreich beteiligt und lieferte beispielsweise die Turbinen für die Kraftwerke Offensee, Achensee und Partenstein.[64]

Das Werk in St. Pölten war ein erster vorsichtiger Schritt in ausländische Märkte gewesen. Doch es stand außer Frage, dass Voith weltweit noch viel erreichen könnte. Um den US-amerikanischen Markt sukzessive zu erschließen, eröffnete Voith 1912 ein Verkaufsbüro in New York. Damals waren die Aufträge für die Turbinen an den kanadischen Niagarafällen so gut wie abgeschlossen und es galt auf den soeben erworbenen guten Ruf aufzubauen. Leider wollte es die Ge-

---

59   Krüger: Heidenheim, S. 120.
60   Erfahrung aus der Vergangenheit, S. 24; Ernst Brandstetter: Von der Traisen zum Huang Pu Jiang. 100 Jahre St. Pölten, St. Pölten 2003, S. 12.
61   Brandstetter: Traisen, S. 26.
62   Ebd., S. 41.
63   Ebd., S. 26.
64   Ebd., S. 198.

schichte anders. Mit Eintritt der USA in den Ersten Weltkrieg 1917 wurde die Filiale beschlagnahmt und geschlossen.[65] Erst in den 1920er Jahren reiste Walther Voith erneut in die USA und gründete eine neue Niederlassung. So entstand 1922 die American Voith Contact Company, New York. Die Gesellschaft sollte nicht nur den Verkauf von Voith-Produkten fördern, sondern vielmehr eine Plattform für den Erfahrungsaustausch zwischen US-amerikanischen Firmen und Voith sein.[66]

Friedrich Voith, der Familienvater

Friedrich Voith war nicht nur Patriarch einer großen Fabrik, er war auch Familienoberhaupt einer – für heutige Verhältnisse – sehr großen Familie. Zusammen mit seiner Frau Helene zog er sechs Kinder groß, drei Töchter und drei Söhne.[67] Die Familie lebte lange Zeit noch in der Schleifmühle, in der schon Friedrich aufgewachsen war. Der Spielplatz der Kinder war das Werksgelände. Hanns Voith erinnerte sich in seinen Memoiren, wie sie früher sonntags durch die menschenleeren Maschinenhallen tobten und die Drehbänke und Kräne für ihre Spiele zweckentfremdeten. Da wurde das Führerhaus des Krans zur Straßenbahn und die Schraubenschneidmaschine verwandelte sich in das Steuerrad eines Schiffes.[68] Das alternative Sonntagsprogramm sah die von Friedrich Voith geliebten »Suiten« vor. Das waren Überlandpartien in der Familienkutsche. Doch für die jüngeren Kinder waren die Entdeckungsreisen in der Fabrik das größere Abenteuer. Sie ließen die Erwachsenen nur zu gerne ziehen.[69]

Friedrich Voith gelang der gesellschaftliche Aufstieg vom Handwerkssohn zum bürgerlichen Fabrikanten. Doch die Bodenhaftung hat er dadurch nie verloren. In seiner Freizeit ging er Tontauben schießen, in dem Schützenverein, dem auch viele seiner Arbeiter angehörten.[70] Und auch seine Kinder pflegten natürlichen Umgang mit den Arbeitern, denen sie jeden Tag begegneten. Hanns Voith erinnerte sich an einen Heizer und an einen Maschinisten, die in der kleinen Kraftanlage direkt neben der Schleifmühle arbeiteten und mit denen er gelegentlich spielte. Auch mit einem alten Schmied, den Friedrich Voith schon seit jungen Jahren kannte und mit dem er per Du war, unterhielt die Familie ein engeres Verhältnis. In der Werkschmiede entstanden nicht nur Maschinenteile, sondern hier wurde auch die Schaukel der Kinder gebaut oder eine Wäschemangel für den Voith'schen Haushalt.[71]

Doch brachten die veränderten wirtschaftlichen Verhältnisse in der Familie Voith auch anderweitige Veränderungen. Während Johann Matthäus Voith noch Probleme bei der Finanzierung der Ausbildung seines Sohnes hatte, stand bei den drei Söhnen Walther, Hermann und Hanns außer Frage, dass sie einmal studieren würden.

Von der Vereinstätigkeit abgesehen, suchte Friedrich Voith privat die Nähe zu anderen Heidenheimer und württembergischen Unternehmern. So standen sich beispielsweise die Fami-

---

65 Hanns Voith: Im Gang der Zeiten. Erinnerungen, Stuttgart 1980, S. 210.
66 Hans Faic Canaan: Walther Voith. 1874–1947, in: Voith-Mitteilungen 19/1951, S. 226.
67 Eine vierte Tochter starb noch im Jahr ihrer Geburt 1872.
68 Voith: Im Gang der Zeiten, S. 30.
69 Ebd.
70 Ebd., S. 35.
71 Ebd., S. 59.

2_Ein Weltkonzern entsteht

lien Voith und Daimler nah und unternahmen gemeinsame Ausflüge. Auch der Lebensstandard wurde nach und nach an das wachsende Familienvermögen angepasst. Im Jahr 1900 erfüllte sich Friedrich Voith den Wunsch von einem für einen Fabrikanten angemessenen Wohnsitz. Die Familie zog kurz vor Weihnachten 1901 in die auf dem Werksgelände errichtete Villa Eisenhof. Das Haus wurde von dem Münchner Architekten Gabriel Seidl entworfen, der unter anderem das Gebäude für das Deutsche Museum entwarf.[72] Helene Voith wurde mit dem neuen herrschaftlichen Haus anscheinend nicht recht warm. Ihr war die gemütliche Schleifmühle mit den kleineren Zimmern lieber als die schlossähnliche Villa mit ihren Salons. Mit dem Eisenhof zog auch die Moderne bei den Voiths ein. Zwar hatte Friedrich Voith – ganz Ingenieur – auch in der Schleifmühle schon mit elektrischen Lampen experimentiert, das Ganze blieb aber recht rudimentär. In den Räumen wurden blanke Kupferdrähte an den Wänden entlang genagelt, Sicherungen gab es nicht und die Lichtschalter erzeugten bei jeder Berührung Funken.[73] Im Eisenhof waren elektrisches Licht und fließend Wasser selbstverständlich.

Die nächste große familiäre Anschaffung nach dem Hausbau war 1908 das erste Auto der Familie. Es hatte einige Jahre gedauert, bis sich Friedrich Voith mit dem Gedanken angefreundet hatte, aber nachdem er einmal in einem Auto gesessen war, bestieg er bis zu seinem Lebensende keinen Zug mehr.[74]

Im Laufe der Jahre wurden Friedrich Voith viele Ehrungen zuteil. Die Technische Hochschule Berlin-Charlottenburg verlieh ihm die Ehrendoktorwürde, in Heidenheim wurde er Ehrenbürger, er erhielt vom österreichischen Kaiser das Kommandeurkreuz des Franz-Joseph-Ordens und vom württembergischen König die Titel Kommerzienrat und Geheimer Kommerzienrat. Außerdem erhielt er das Ritterkreuz des Ordens der württembergischen Krone. Der gesellschaftliche Aufstieg Friedrich Voiths erreichte kurz vor seinem Tod, im Februar 1913, den Höhepunkt, als Wilhelm II. von Württemberg ihm das Ehrenkreuz des Ordens der württembergischen Krone verlieh.[75] Zugleich erhielt er den persönlichen Adel. Am 17. Mai 1913 starb Friedrich von Voith im Alter von 72 Jahren und seine Söhne Walther, Hermann und Hanns Voith traten ihr Erbe an.

---

72 Sonderheft zum 100-jährigen Jubiläum, S. 43.
73 Voith: Im Gang der Zeiten, S. 36.
74 Ebd., S. 41. Der Besitz eines Privatautos war zu dieser Zeit noch der Oberschicht vorbehalten. In der Großstadt Berlin hatte das erste Privatauto 1892 eine Zulassung erhalten, in Göttingen 1896 und in Buxtehude 1903. Vgl. dazu auch Ruth Glatzer: Das Wilhelminische Berlin: Panorama einer Metropole 1890–1918, Berlin 1997, S. 84; Günther Meinhardt: Die Universität Göttingen: ihre Entwicklung und Geschichte von 1734–1974, Göttingen 1977, S. 71; Bernd Utermöhlen: Margarete Winter. Eine Automobilistin aus Buxtehude, in: Technik und Gesellschaft, Jahrbuch 10, Frankfurt/Main 1999, S. 272.
75 WABW B 80 (noch ohne Signatur), Dokumentenmappe Maria Voith, Dr. Hermann Voith, Persönliches: Liste mit biografischen Angaben u.a. zu Friedrich Voith, S. 1.

3_1913 – 1937

Mit Partnern zu großen Innovationen

Die nächste Generation

Friedrich Voith ließ sich lange Zeit, die Nachfolge in seinem Unternehmen zu regeln. Über vierzig Jahre leitete er Voith, bevor er das Heft aus der Hand gab. Während sein Vater Johann Matthäus keine große Wahl bei der Suche nach einem Nachfolger gehabt hatte, hatte Friedrich drei gut ausgebildete Söhne, von denen jeder einzelne fähig war, in seine Fußstapfen zu treten. Der älteste, Walther, war Jahrgang 1874 und leitete seit 1903 das Voith-Werk in St. Pölten. Er hatte in Berlin und Stuttgart Maschinenbau studiert und an der Technischen Hochschule Stuttgart promoviert. Bevor er in den väterlichen Betrieb eintrat, hatte er einige Zeit für die AEG in Berlin gearbeitet. Seine ersten Aufgaben bei Voith waren Vertreterreisen zu Papierfabriken. Im Jahr 1902 schickte Friedrich Voith seinen Sohn auf eine ausgedehnte Bildungsreise in die USA, wo er den dortigen Markt erkunden und die Chancen für Voith ausloten sollte.[1] Die Reise endete für Walther Voith mit der Gründung des Werks in St. Pölten, dessen Geschäftsleitung er auf Wunsch seines Vaters übernahm.[2]

Der zweitälteste Sohn, Hermann, wurde 1878 geboren und konzentrierte sich in seiner Ausbildung weniger auf den technischen Bereich als auf das Kaufmännische. Er studierte Rechtswissenschaften in Tübingen, Straßburg, Kiel und Heidelberg und promovierte 1903. Nach seinem abgeleisteten Militärdienst stieg er bei Voith ein und arbeitete in der kaufmännischen Abteilung. Der kaufmännische Direktor Hermann Gottschick zählte ihn bald zu seinen besten Mitarbeitern. Um seine Erfahrungen in der Geschäftswelt zu erweitern, arbeitete er mehrere Monate als Voith-Vertreter in Manchester und reiste wie sein Bruder Walther vor ihm für längere Zeit durch die USA und Kanada.[3] Kurz nach seinem 30. Geburtstag erhielt Hermann Voith im August 1908 Prokura. Gleichzeitig wurde Walther Voith Einzelprokura erteilt.[4]

Der jüngste Bruder, Hanns Voith, war das Nesthäkchen der Familie. Er wurde 1885 geboren und war zu der Zeit, als seine Brüder schon in Heidenheim und St. Pölten für die Firma arbeiteten, noch mit seiner Ausbildung beschäftigt. Nach dem Abitur hatte Hanns Voith in Vorbereitung auf sein Maschinenbaustudium einen Teil seines Praktischen Jahres in der Turbinenabteilung in Heidenheim verbracht. Er arbeitete hier unter anderem an den Turbinen, die für die Niagarafälle in Kanada gedacht waren. Nach weiteren Stationen als Arbeiter in einer Werkzeugmaschinenfabrik in Düsseldorf und auf Montage bei einer Papierfabrik in der Steiermark, ging er zum Studium nach Dresden an die Technische Hochschule. Er blieb bis nach dem Vordiplom und leistete dann 1912/13 als Einjährig-Freiwilliger seinen Wehrdienst beim Dragoner-Regiment Königin Olga in Ludwigsburg. Im Frühjahr 1913 absolvierte er gerade seine ersten Offiziersübungen, als sein Vater Friedrich Voith am 17. Mai starb. Hanns kehrte nach Heidenheim zurück und stieg am 23. Juni als gleichberechtigter Gesellschafter neben seinen Brüdern in die Firma ein. Er übernahm die Rolle des Technischen Leiters im Werk Heidenheim.[5]

---

1   Nieberding: Unternehmenskultur, S. 62; Hans Faic Canaan: Walther Voith. 1874 – 1947, in: Voith-Mitteilungen 19/1951, S. 225 ff.
2   Walther Voith: Kurzer Rückblick und Rechtfertigung über meine Tätigkeit als Seniorchef der Firma J.M. Voith in Heidenheim/Brenz und St. Pölten, Pruggern o. J., (S. 1 f.).
3   Nieberding: Unternehmenskultur, S. 62; Hugo Rupf: Hermann Voith. 1878 – 1942, in: Voith-Mitteilungen 25/1953, S. 309 ff.
4   Voith-Chronik, S. 40.
5   Ebd., S. 44 – 49.

Übernahme mit Hindernissen – Der Erste Weltkrieg

Die drei Voith-Brüder waren bestens auf ihre Aufgaben vorbereitet und im wahrsten Sinne des Wortes in das Unternehmen hineingeboren worden – das spätere Betriebsbüro war zugleich das Geburtshaus der drei.[6] Doch auf die Weltpolitik hatten sie natürlich keinen Einfluss. In Europa brodelte es zu Beginn des 20. Jahrhunderts. Besonders auf dem Balkan wurde die politische Lage aufgrund der wachsenden Spannungen zwischen den in zwei verfeindete Blöcke zerfallenen europäischen Großmächten immer unsicherer. Am 28. Juni 1914 eskalierte die Situation als serbische Separatisten den österreichischen Thronfolger Erzherzog Franz Ferdinand und seine Frau Sophie in Sarajevo erschossen. Einen Monat später erklärte Österreich-Ungarn mit deutscher Schützenhilfe Serbien den Krieg. Innerhalb weniger Tage traten auf beiden Seiten die großen Bündnispartner in den Konflikt ein und der lokale Krieg entwickelte sich zum Weltkrieg. Europa stand in Flammen.

Voith war vom Kriegsgeschehen in vielerlei Hinsicht unmittelbar betroffen. Walther und Hermann Voith wurden noch im Herbst 1914 einberufen. Hermann nahm unter anderem an den Schlachten an Maas und Marne als stellvertretender Führer einer Kraftwagenkolonne teil.[7] Hanns Voith erlebte sein eigenes Abenteuer fern der Front. Er war bei Kriegsausbruch gerade mit seiner amerikanischen Frau auf Hochzeitsreise in den USA unterwegs und suchte nun nach einem Weg in die Heimat. Bis zu seiner Heimkehr sollten fünf Monate vergehen und er musste zu einer List greifen: Er besorgte sich einen falschen Schweizer Pass, um eine Schiffspassage zu ergattern. Zu seinem Leidwesen war sein Alias nicht nur zehn Jahre jünger, sondern hatte rote Haare und ein Anker-Tattoo. Vor der Abreise färbte sich Hanns Voith deshalb die blonden Haare mit Henna und ließ sich ein Tattoo stechen. Auf dem Schiff Richtung Italien trafen die Voiths auf einen weiteren »Schweizer« und dessen amerikanische Ehefrau. Nach wenigen miteinander gewechselten Sätzen konnte Hanns Voith den »Landsmann« als Österreicher enttarnen. Sie taten sich zusammen und lernten mithilfe von einem Baedeker alle wichtigen Daten zu ihrer angeblichen Heimat auswendig. Seine echten Ausweispapiere hatte Hanns Voith an die Voith-Vertretung in Mailand geschickt, wo er sie wie geplant abholen und ohne weitere Zwischenfälle nach Heidenheim weiterreisen konnte.[8] 1915 wurde er zum aktiven Dragonerregiment eingezogen und musste mit Unterbrechungen bis 1918 wahlweise bei der Kavallerie oder der Infanterie seinen Kriegsdienst leisten.[9]

Damit die Firma in Heidenheim nicht plötzlich ganz ohne Geschäftsführer dastünde, mussten immer nur zwei der drei Brüder gleichzeitig Wehrdienst leisten, während der dritte sich allein um die Geschäfte kümmerte. Die Arbeit »beim Voith« änderte sich durch den Krieg von Grund auf. Durch den Verlust der ausländischen Kunden brach das Turbinen- und Papiermaschinengeschäft ein. Gleichzeitig schrumpfte die Heidenheimer Belegschaft. Im März 1917 schrieb Voith an die Kriegsarbeitsstelle in Stuttgart, dass 80 Prozent der Facharbeiter bereits eingezogen worden waren. Sie wurden durch Arbeiterinnen der Heidenheimer Textilfabriken ersetzt, die die Rüstungsaufträge für das deutsche Heer bearbeiteten.[10] Voith baute die Ferti-

---

6 Hanns Voith zum 65. Geburtstag, in: Voith-Mitteilungen 12/1950, S. 137.
7 Hugo Rupf: Hermann Voith 1878 – 1942, in: Voith-Mitteilungen 25/1953, S. 310.
8 Voith: Im Gang der Zeiten, S. 146 – 149.
9 Ebd., S. 152.
10 Staatsarchiv Ludwigsburg, E 391, Bü 26, Bericht aus dem Jahre 1917 über Erfahrungen bei Voith auf dem Gebiet des

gung auf Kriegsproduktion um. Das Unternehmen hatte etwa »in den Gebäuden Ulmerstraße 46 b und c anfangs 1915 ein Füllwerk für Granaten eingerichtet«.[11] Im Juli 1915 lautete der Lieferstand: eine vollständige Schiesswollfabrikseinrichtung für die Pulverfabrik bei Ingolstadt, 70.000 gepresste Stahlgranaten für die Geschossfabrik Spandau, 36.000 Wurfminen für das Ingenieur- und Pionierkorps Berlin, 24 Minenwerfer und 7.200 Minen für das Armee-Oberkommando der 7. Armee.[12] Dazu kamen weitere Rüstungsprodukte, etwa Graugruss-Granaten und die Pulverfabrikation.[13] Voith produzierte nahezu ausschließlich für den Krieg, ab Sommer 1916 sogar in einigen Werkstätten rund um die Uhr.[14]

Nach dem Krieg musste Voith an vielen Stellen von vorne anfangen. Das amerikanische Verkaufsbüro in New York war verloren gegangen,[15] 199 Mitarbeiter des Heidenheimer Werks waren gefallen, viele weitere waren verwundet oder galten noch als vermisst.[16] Neben dem persönlichen Leid der Familien hatte das ganze Deutsche Reich nach dem verlorenen Krieg mit einer wirtschaftlichen Rezession zu kämpfen, die sich unter anderem in einer schwindelerregenden Inflation äußerte. Lebensmittel waren für einfache Arbeiterfamilien zum Teil kaum noch erschwinglich. Als 1920 selbst während der Erntezeit die Preise für frisches Obst und Gemüse nicht sanken, wollten die Frauen von Heidenheim diese Situation nicht länger hinnehmen. Am Kirschenstand eines Händlers namens Schimmel eskalierte die Situation am 23. Juni, als dieser die versammelten Frauen mit einem Revolver bedrohte. Doch die entrüsteten Heidenheimerinnen wussten sich zu helfen: Sie zogen vor die Werktore von Voith und holten ihre Männer aus den Fabrikhallen. Einem zeitgenössischen Bericht zufolge »verliessen gegen 9 Uhr die Giesser die Fabrik, gegen 10 Uhr leerten sich auch die Werkstätten. Die Arbeiterschaft zog in die Stadt und gab zunächst Schimmel einen Denkzettel, sodass er schwer verletzt ins Krankenhaus gebracht werden musste.«[17] Danach zog die aufgebrachte Menge weiter zum Rathaus, wo ein Aktionsausschuss gebildet wurde, der mit dem Oberbürgermeister über eine städtische Subvention der Lebensmittel verhandelte. Als am nächsten Tag eine Delegation im Ernährungsministerium in Stuttgart vorsprach und mit ihrer Forderung nach einer Senkung der Lebensmittelpreise scheiterte, wurde in Heidenheim der Generalstreik ausgerufen. Vor der Wohnung Hermann Voiths hielten die Streikenden kommunistische Versammlungen ab. Am 26. Juni marschierten schließlich Reichswehrtruppen in Heidenheim ein und verhängten den Belagerungszustand über die Stadt.[18] Erst am 29. Juni wurde der Generalstreik beendet und bei Voith wurde die Arbeit wieder aufgenommen. Vielleicht auch um in Zukunft solche Ereignisse zu verhindern, versorgte Voith seine Mitarbeiter in den folgenden Jahren mehrere Male mit Lebensmitteln, die im Ausland eingekauft und zu Vorzugspreisen, in festen Kontingenten an die Beleg-

---

	Arbeitereinsatzes und der Betriebsvereinfachung während des Kriegs, 1.3.1917.
11	Staatsarchiv Ludwigsburg, E 175, Bü. 5114, Bl. 1, Kgl. Württ. Oberamt Heidenheim an die k. Regierung des Jagstkreises Ellwangen, 16.3.1916.
12	Staatsarchiv Ludwigsburg, E 391, Bü 26, Bl. 90: Mitteilung vom 17.7.1915.
13	Staatsarchiv Ludwigsburg, E 391, Bü 26, Verzeichnis des Auftragsbestandes zum 29.12.1915.
14	Staatsarchiv Ludwigsburg, E 175, Bü. 5114, Bl. 4, Der k. Württ. Gewerbeinspektor für den IV. Bezirk an die k. Zentralstelle für Gewerbe und Handel, 30.9.1916.
15	Hans Faic Canaan: Walther Voith. 1874–1947, in: Voith-Mitteilungen 19/1951, S. 226.
16	90 Jahre Voith, S. 24.
17	WABW B 80 Bü 2285, Bericht über die in Heidenheim infolge der Erhöhung der Lebensmittelpreise entstandenen Unruhen (»Kirschenaufstand«).
18	WABW B 80 Bü 2285, Heidenheimer Tagblatt, Nr. 146, 26.6.1920.

schaft abgegeben wurden. Im Dezember 1922 erhielt Voith eine Lieferung amerikanisches Schweinefett, das über die American Voith Contact Company organisiert worden war.[19] Auch im Oktober 1923 – auf dem Höhepunkt der Hyperinflation – erreichte Heidenheim noch einmal eine Fettlieferung. Für unschlagbare 90.000.000 Mark konnte ein verheirateter Arbeiter ein Kilo Schweinefett erwerben. Das ebenfalls zu Vorzugspreisen herausgegebene Brotmehl war für 3.200.000 Mark das Pfund zu haben.[20]

Zwischenzeitlich hatte Voith versucht, der Geldentwertung mit eigenem Notgeld entgegenzuwirken. Im Oktober 1922 zahlte Voith seinen Arbeitern den Lohn in Gutscheinen zu 500 Mark aus, die in den Heidenheimer Geschäften gegen Waren eingetauscht werden konnten. Zu dieser Zeit zirkulierten rund vier bis fünf Millionen Mark Voith-Geld in Heidenheim.[21] Schon ein halbes Jahr später erreichten Voith Briefe von Sammlern, die um die Zusendung von mittlerweile ungültigen Notgeldscheinen baten. Das Unternehmen entsprach keiner dieser Bitten, weil man dagegen war, dass Sammler mit den Scheinen Reibach machten. Stattdessen wurden bis auf wenige Exemplare alle Geldscheine eingestampft.[22]

Das Tochterwerk in St. Pölten hatte nicht minder mit den Folgen des Krieges zu kämpfen. In Österreich mussten aufgrund der Wirtschaftskrise in der Nachkriegszeit acht Maschinenfabriken schließen.[23] Dass Voith sich halten konnte, dürfte zum einen daran gelegen haben, dass die Heidenheimer in schlechten Zeiten kurzfristig aushelfen konnten, aber vor allem, weil Walther Voith stets Augen und Ohren offenhielt, um das Unternehmen mit Innovationen weiterzubringen.

Turbinen einer neuen Generation

Zu Beginn des 20. Jahrhunderts stieg der Energiebedarf in Deutschland rapide an. Es war absehbar, dass diese Entwicklung nicht allein durch Kohleenergie getragen werden konnte. Eine sinnvolle Alternative schien der Ausbau der Wasserkraft entlang der deutschen Flüsse zu sein. Allerdings waren die zur Verfügung stehenden Turbinen für die relativ flachen Gewässer nicht sehr geeignet und konnten keine so hohen Wirkungsgrade erzielen, wie es sich die Kraftwerksbetreiber gewünscht hätten.

Da traf es sich gut, dass Viktor Kaplan, ein österreichischer Ingenieur, sich 1913 mit seiner neuesten Erfindung an Voith wandte. Er hatte ausgehend von der Francisturbine einen neuen Turbinentyp entwickelt, der bei höheren Drehzahlen und besseren Wirkungsgraden mit geringen Fallhöhen und schwankenden Wassermengen arbeiten konnte. Dafür hatte Kaplan die Anzahl der Schaufeln am Laufrad verringert und den Laufraddurchmesser vergrößert. Das Entscheidende war aber, dass die Schaufeln justierbar waren. So konnte man die Turbine optimal

---

19 WABW B 80 Bü 2453, Bestellung von Fett bei der American Voith Contact Company Inc., New York, Rundschreiben »Betr. Fettversorgung«, 21.12.1922.
20 WABW B 80 Bü 2453, Bestellung von Fett bei der American Voith Contact Company Inc., New York, Bekanntmachung vom 4.10.1923.
21 WABW B 80 Bü 615.
22 Ebd.
23 Brandstetter: Traisen, S. 40.

auf wechselnde Wassermengen einstellen.[24] Dass es trotz dieser unbestreitbaren Vorteile der Kaplanturbine noch neun Jahre bis zum Bau der ersten Voith-Kaplanturbine dauern sollte, lag zum großen Teil an Kaplans ungeschicktem Geschäftsgebaren. Zum einen hatte er seine Erfindung nicht nur Voith, sondern auch anderen Maschinenfabriken angeboten, die er – ohne Erfolg – versuchte, gegeneinander auszuspielen, zum anderen hielt er mit den entscheidenden Details seiner Turbine hinter dem Berg. Zum Beispiel war aus seinen Plänen nicht ersichtlich, dass die Schaufeln des Laufrades beweglich waren.

Schließlich schlossen sich die von Kaplan kontaktierten Firmen zu einer »Turbinenvereinigung« zusammen und traten nur noch geschlossen in Verhandlung mit dem Erfinder. 1915 kamen beide Seiten zu einer ersten Einigung: Nach Kaplans Zeichnungen und unter Voith'scher Leitung sollten zwei Modellturbinen gebaut werden. Mit der Leitung des Projekts wurde der junge Ingenieur Hans Faic Canaan beauftragt, der seit 1913 im »Laufradbüro« in Heidenheim arbeitete.[25] Das abschließende Gesamturteil der Turbinenvereinigung fiel einigermaßen vernichtend aus: »Die Kaplanturbine ist für heute und für absehbare Zukunft ein Embryo mit einer durchaus unsicheren Zukunft.«[26] Der Grund für die schlechten Ergebnisse war, dass Kaplan wiederum nur einen Propeller testen ließ, aber kein Laufrad mit verstellbaren Schaufeln. Bei Voith wurde das Projekt Kaplanturbine danach erst einmal auf Eis gelegt.

Erst nach dem Ende des Ersten Weltkriegs wurde das Thema wieder aufgegriffen. In Schweden und der damaligen Tschechoslowakei waren in der Zwischenzeit die ersten Kaplanturbinen gebaut und erfolgreich in Betrieb genommen worden – Voith drohte den Anschluss zu verlieren. Am Ende war es Walther Voith, der in Heidenheim Alarm schlug. Er schrieb: »[…] daß wir wohl keine Stunde länger mit verschränkten Armen dem Fortgang dieser Konstruktion gegenüberstehen dürfen.« Das Werk in St. Pölten hatte bereits einen Auftrag verloren, weil Voith den neuartigen Turbinentyp nicht im Programm hatte. »Die Sache geht geradezu rapid und drängt zu sofortigem Entschluß«, schloss er seinen Bericht.[27] Das Unternehmen setzte danach nicht länger auf eine Zusammenarbeit mit Kaplan, sondern trieb die Entwicklung eigenmächtig voran.

Dabei widmeten sich die Voith-Ingenieure auch einem Problem, das bei vielen der neuen Kaplanturbinen aufgetreten war. Aus bisher unerfindlichen Gründen waren innerhalb kürzester Zeit die Turbinenschaufeln beschädigt oder brachen sogar. Es stellte sich heraus, dass Kaplanturbinen besonders anfällig für Kavitation sind. Kavitation nennt man eine durch Druckveränderungen hervorgerufene plötzliche Dampfblasenbildung. Dabei entstehen Druckwellen mit hohen Druckspitzen, die sich in sogenannten Mikrojets entladen. Diese Flüssigkeitsstrahlen treffen mit hoher Geschwindigkeit auf die Laufräder und führen dort zu Materialabtragungen, dem »Kavitationsfraß«. In langwierigen Studien fanden die Ingenieure heraus, dass die Kavitation durch raue Schaufeloberflächen begünstigt wurde. Mit diesem Wissen konnten die Turbinen angepasst und das Problem behoben werden. Die erste Voith-Kaplanturbine verließ 1922 die Montagehalle. Sie ging an die Papierfabrik Steyrermühl in Roitham/Österreich, die damit ihr Kraftwerk Siebenbrunn betrieb. Diese erste Kaplanturbine erhielt die Nummer 7721,

---

24 Küffner: Wasser, S. 63 ff.
25 Hermann Schweickert: Der Wasserturbinenbau bei Voith zwischen 1913 und 1939 und die Geschichte der Eingliederung neuer Strömungsmaschinen, Heidenheim 2002, S. 58.
26 Zitiert nach ebd., S. 62.
27 Zitiert nach ebd., S. 67.

was bedeutet, dass Voith bis 1922 bereits über 7.000 Turbinen anderer Typen gebaut hatte.[28] Nachdem die ersten Voith-Kaplanturbinen erfolgreich angelaufen waren, im Betrieb alle Tests bestanden und die Erwartungen sogar übertrafen, mussten auch die Voith-internen Zweifler erkennen, was ein Fachmann in den Voith-Mitteilungen 1925 rekapitulierte: »Damit ist auf dem Weg der Entwicklung der Kaplanturbine vom Laboratoriumserzeugnis zu einer allen Anforderungen der Praxis genügenden Wasserkraftmaschine ein wichtiger Schritt getan. Das Ergebnis der erwähnten Prüfungen ist geeignet, der neuen Turbinenbauart das Vertrauen auch bisher ihr noch ablehnend gegenüberstehender Kreise zu gewinnen.«[29] Zwar war die Zusammenarbeit mit Kaplan nicht sehr erfolgreich verlaufen, Walther Voith hatte aber in jedem Fall den richtigen Riecher bewiesen, indem er das Projekt Kaplanturbine nach den ersten Verwicklungen nicht aufgegeben hatte.

Auf der Suche nach dem dritten Standbein

In den 1920er Jahren war es um die deutsche Wirtschaft nicht eben rosig bestellt. Für Voith bedeutete das einen Auftragseinbruch, denn in wirtschaftlich angespannten Zeiten sind gerade so kostspielige Investitionen wie der Kauf von Turbinen oder Papiermaschinen für ohnehin angeschlagene Unternehmen kaum mehr möglich. Zudem brauchen große Maschinen sehr viel Vorlaufzeit, zahlen sich für Voith also erst spät aus und sind sehr lange in Betrieb. Ein einmal belieferter Kunde wird sich also, selbst wenn er mit der erbrachten Leistung zufrieden war, erst wieder nach Jahren an Voith wenden. Alle diese Faktoren führten dazu, dass man bei Voith bemüht war, sich neben dem Geschäft mit Turbinen und Papiermaschinen ein drittes Standbein zu erschließen. Eine wichtige Anforderung dieses neuen potenziellen Produktes war, dass es in relativ hoher Stückzahl zu – verglichen mit Turbinen und Papiermaschinen – geringen Kosten verkauft werden müsste.

Genau diese Anforderungen schien der neuartige Schiffspropeller zu erfüllen, den der österreichische Ingenieur und Erfinder Ernst Schneider 1923 in St. Pölten vorstellte. Walther Voith stand dem Projekt durchaus aufgeschlossen gegenüber, doch verliefen die gemeinsamen Versuche so unbefriedigend, dass Voith das Projekt einstellte. Schneider ließ von seiner Idee nicht so schnell ab. 1925 bekam er einen Aufsatz über den Welsantrieb in die Hand, der ihn dazu inspirierte, seinen Schiffspropeller zu überarbeiten. Er baute ein kleines Modell, das wie eine Turbine von einem Luftstrom angetrieben werden konnte. Über Umwege gelangte es an Voith. Hanns Voith wurde das Modell während einer Zugfahrt im Fahrtwind demonstriert und er war so begeistert von der Technik, dass er seinem Bruder in St. Pölten empfahl, das Projekt noch einmal zu überdenken.[30] Das revolutionär Neue am Voith-Schneider-Propeller (VSP) – wie er später genannt wurde – war die Tatsache, dass Antrieb und Ruder in einer Maschine vereint waren. Die Flügel des Propellers haben die Form von Tragflächen und sind schwenkbar montiert, sodass sie immer optimal zur Fließrichtung stehen. Dadurch hat der VSP keine vorgegebene Schubrichtung, sondern ist frei in alle Richtungen steuerbar. Im Januar 1926 nahm Voith die Versuche mit

---

28 Ebd., S. 77.
29 Zitiert nach ebd., S. 78.
30 Günther Franz: Die Entwicklung des Voith-Schneider-Propellers und seine ersten Anwendungen, in: Voith Forschung und Konstruktion 18/1967, S. 1–6.

Schneiders Erfindung wieder auf. In der Schiffbautechnischen Versuchsanstalt Wien erzielte der Propeller Wirkungsgrade von bis zu 79 Prozent, was damals alle bekannten Schiffsantriebe übertraf.[31]

Drei Jahre später war die Entwicklung so weit gediehen, dass die Versuche vom Labor in die Praxis übertragen werden konnten. Voith stattete das erste Schiff, die Torqueo, mit einem VSP aus. Der Propeller wurde von einem 60-PS-Maybach-Bootsmotor angetrieben. Die Torqueo (lat. »ich drehe«) fuhr zu Vorführzwecken auf Donau und Bodensee und machte ihrem Namen alle Ehre: Sie konnte eine Drehung um die eigene Achse in revolutionären zehn Sekunden durchführen.[32] Die Fachwelt war begeistert von ihrem kleinen Wendekreis und dem mühelosen Wechsel der Fahrtrichtung. Der Bayerische Lloyd plante zu der Zeit gerade ein neues, wendiges Donauschiff, das mit Schrauben und zwei Motoren à 300 PS ausgestattet werden sollte. Nach den überzeugenden Demonstrationen der Torqueo wurde das Schiff auf VSP umgeplant. Leider verlief der Umbau nicht zum Besseren: Um die Planungskosten an anderer Stelle einzusparen, wurden die zwei Motoren durch einen 600-PS-Motor ersetzt, der zwei VSP gleichzeitig antrieb. Dafür war der VSP noch nicht bereit. Insgesamt hatte das Boot zu viele PS und einen Motor zu wenig. Zwar glänzte die Uhu, wie sie getauft wurde, bei allen Testfahrten, doch auf lange Sicht enttäuschte sie durch eine ganze Reihe von Defekten. Schlussendlich wurde die Uhu dann doch noch auf Schiffsschrauben umgerüstet.[33] Das »Abenteuer« Uhu kratzte für einige Zeit am guten Ruf des VSP, obwohl Voith zweifelsfrei belegen konnte, dass die Defekte nicht am Antrieb selbst lagen, sondern an der ungenügenden restlichen Ausstattung des Schiffes.

Glücklicherweise blieb der Bayerische Lloyd nicht der einzige VSP-Kunde. Noch 1930, im Jahr des Uhu-Debakels, wurde die Reichsbahn am Bodensee auf die Torqueo aufmerksam. Die Reichsbahn hatte Probleme mit ihren Bodenseefähren, weil die Schiffe mit Schiffsschrauben in den engen Häfen kaum manövrierfähig waren. Der Voith-Schneider-Antrieb sollte Abhilfe schaffen. Am 5. Juni 1931 wurden die neuen Bodenseefähren Kempten, Augsburg und Ravensburg in Dienst gestellt. Sie waren mit jeweils zwei VSP ausgestattet und fielen zur vollsten Zufriedenheit des Kunden aus.[34]

Die Wirtschaftskrise versetzte dem VSP Anfang der 1930er Jahre einen Dämpfer, der erst 1934 ausgeglichen werden konnte. Damals erhielt Voith die ersten Aufträge von der Reichsmarine, die ihre Minenräumboote und Patrouillenboote mit VSP ausrüsten ließ. Bis Kriegsende lieferte Voith 338 VSP an die deutsche Marine.[35] Es gab sogar Ende der 1930er, Anfang der 1940er Jahre Versuche, den VSP in U-Booten einzubauen.[36] Auch mit der italienischen, französischen und niederländischen Marine stand das Unternehmen in Verhandlungen. Den ersten Auslandsauftrag für einen VSP erhielt Voith aber aus Japan. Neben dem allgemein großen Interesse an deutschen Maschinen spielte sicher auch die Tatsache eine Rolle, dass der ehemalige VSP-Entwickler Hans Kreitner nach Japan ausgewandert war und dort Werbung für den Antrieb machte.

---

31 Ebd.
32 Birgit Jürgens, Werner Fork: The Fascination of the Voith-Schneider Propeller. History and Engineering, Hamburg 2002, S. 26.
33 Günther Franz: Die Entwicklung des Voith-Schneider-Propellers und seine ersten Anwendungen, in: Voith Forschung und Konstruktion 18/1967, S. 1–6.
34 Jürgens: Voith-Schneider Propeller, S. 33 f.
35 Ebd., S. 74.
36 Briefwechsel Walther Voith – Canaan, Schreiben von Walther Voith an Canaan, 27.11.1939.

_links: Walther Voith (1874–1947) führte seit 1903 das Werk St. Pölten. 1908 erhielt er Einzelprokura.

_unten links: Der mittlere Voith-Sohn, Hermann Voith (1878–1942), studierte Jura und begann seine Karriere im Unternehmen 1905 als Volontär in der kaufmännischen Abteilung.

_unten rechts: Hermann Voith diente im Ersten Weltkrieg als Oberleutnant in einer Kraftfahrtruppe.

_Hanns Voith (1885–1971) leistete gerade seinen Militärdienst, als sein Vater starb. Er kehrte nicht mehr zu seinem Ingenieurstudium zurück, sondern stieg 1913 als technischer Leiter bei Voith ein.

_Sein praktisches Jahr verbrachte Hanns Voith zum Teil im väterlichen Unternehmen. Er half als Praktikant beim Bau der Niagara-Turbinen. Im Bild ist er rechts in der Mitte zu sehen, direkt neben dem mit »Voith« beschrifteten Bauteil.

_oben: Im Ersten Weltkrieg wurden bei Voith unter anderem Granatwerfer für das Heer gebaut. Die zum Wehrdienst abgerufenen Mitarbeiter wurden oftmals durch Frauen ersetzt.

_Mitte: Viktor Kaplan (1876–1934) kommt einerseits das Verdienst zu, der Erfinder der nach ihm benannten Kaplanturbine zu sein, andererseits behinderte er durch seine ungeschickten Verhandlungen jahrelang die Realisierung der ersten Kaplanturbine.

_unten: Auf der Messe Basel präsentierte Voith eines seiner ersten Kaplan-Laufräder.

_links: Werbung und schematische Erklärung des VSP aus den 1930er Jahren.

_unten: Die Torqueo war das erste mit VSP ausgestattete Boot. Sie konnte in zehn Sekunden eine 360-Grad-Wendung vollführen.

_oben links: Ernst Schneider (1894-1975) wandte sich mit einem neuartigen Schiffsantrieb an Voith. Bis die Idee in die Tat umgesetzt werden konnte, war aber noch einiges an Forschungsarbeit nötig.

_oben rechts: Hermann Föttinger (1877-1945) war der Erfinder der hydrodynamischen Kupplung, die Voith im Speicherkraftwerk Herdecke einsetzte. Es war der Ausgangspunkt für die Sparte Turbo.

_Mitte: Um Platz für die neue Turbinenhalle zu schaffen, musste 1928 dieses Haus auf die andere Straßenseite umziehen.

_unten: Die Großturbinenhalle war 1929 der nächste logische Schritt im Ausbau des Werks Heidenheim. Längst waren die Turbinen zu groß für die bestehenden Montagehallen geworden.

_links: 1922 führte Voith als Bildmarke die Voith-Welle ein.

_Mitte: Die Karussellmaschine Herkules in der neuen Großturbinenhalle war seinerzeit die weltweit größte ihrer Art. Hier eine Aufnahme von der Einweihung im Jahr 1929.

_unten: Außenansicht der neugebauten Werkschule im Jahr 1927.

_Der Stetigschleifer war eine enorme Arbeitserleichterung im Papierherstellungsprozess, weil nicht mehr rund um die Uhr Mitarbeiter Holznachschub in die Maschine schieben mussten.

_oben: Nach der Machtübernahme der Nationalsozialisten 1933 wurde der 1. Mai als »Tag der nationalen Arbeit« begangen. Auch bei Voith fanden Feiern dazu statt, wie dieses Foto zeigt, auf dem Vertreter aller Voith-Zünfte vom Feuerwehrmann über den Schlosser bis zum Ingenieur ihre Profession vertreten.

_unten: In der Lehrlingsschlosserei fand der neue politische Geist Ausdruck im Wandschmuck.

Die vier VSP mit 75 PS (55 kW) und 300 PS (220 kW), die Voith 1934 auslieferte, waren für einen Schwimmkran und einen Schlepper gedacht. Bis zum Beginn des Kriegs blieb Japan ein wichtiger Kunde.[37]

Mit dem VSP war ein erster Schritt in Richtung drittes Standbein getan. Die zweite große Neuerung im Voith-Portfolio der 1920er Jahre kam mehr oder minder durch Zufall zustande. 1927 begann RWE am Hengsteysee nahe der Stadt Herdecke mit dem Bau eines großen Pumpspeicherkraftwerks. Voith wurde mit dem Bau der Pumpspeichersätze beauftragt. Mit einer Turbinenleistung von jeweils 45.000 PS (rund 33.000 kW) war das geplante Kraftwerk das größte Pumpspeicherwerk des Landes. Bislang war es gängige Praxis gewesen, die Turbinen zum Stillstand zu bringen, bevor die Pumpen mit einem Motor hochgefahren werden konnten. In Herdecke sollte es aber möglich sein, die noch laufenden Turbinen dazu zu nutzen, den Motor für die Pumpen auf die richtige Drehzahl hochzufahren. Um das bewerkstelligen zu können, brauchte man eine geeignete Kupplung. RWE hatte viele Kupplungssysteme durchdiskutiert, hatte aber bis zur Ausschreibung des Projektes noch keine Lösung gefunden.[38] Schließlich fand man in Heidenheim bei Voith einen Weg, die gigantischen Kräfte in den Griff zu bekommen. Man besann sich auf eine Erfindung Hermann Föttingers, die schon einige Jahre zurücklag. Der Nürnberger Ingenieur hatte bereits 1905 eine hydrodynamische Kupplung entwickelt, bei der ein Turbinenrad durch von einem Pumpenrad in Bewegung versetzte Flüssigkeit angetrieben wurde. Wilhelm Hahn, Leiter der Abteilung Turbinenkonstruktion und -entwicklung, kannte das Prinzip der Föttinger-Kupplung und griff darauf zurück. Im April 1929 schlossen Voith und Föttinger einen Lizenzvertrag ab, 1930 konnte die Kupplung bei der Einweihung des Kraftwerks ihr Können in Herdecke unter Beweis stellen.[39]

Voith konnte jetzt theoretisch und praktisch Kupplungen bauen, doch erst einige Jahre später kam dieses Wissen wieder zur Anwendung. 1932 kam man in St. Pölten auf die Idee, hydrodynamische Getriebe für Landfahrzeuge zu bauen. Walther Voith war zunächst zurückhaltend, ließ sich aber davon überzeugen, dass die Getriebeproduktion mit ihren im Verhältnis höheren Stückzahlen ein gleichmäßigeres Geschäft versprach als Turbinen und Papiermaschinen. Im Juli 1932 erhielt Voith die erste Turbogetriebe-Bestellung: Die Austro-Daimler-Puchwerke (ab 1934 Steyr-Daimler-Puch) orderten sechs Turbogetriebe für eine Leistung von 80 PS (59 kW), die für den Schienenbus der Österreichischen Bundesbahn gedacht waren. In Erwartung der zunehmenden Bedeutung von hydrodynamischen Getrieben und Kupplungen wurde noch im selben Jahr in Heidenheim innerhalb der Abteilung Turbinenbau die Abteilung Turbogetriebe (TG) gegründet. Die ersten Voith-Turbogetriebe bestanden aus einem Wandler und einer Kupplung. Das hierin umgesetzte Füll- und Entleerprinzip für den Gangwechsel, also ohne Zugkraftunterbrechung und mechanische Schaltorgane, entwickelte sich zum bis heute bestehenden Charakteristikum der Voith-Turbogetriebe.[40]

Die Föttinger-Kupplungen konnte Voith durch einen weiteren Lizenzvertrag verbessern: Harold Sinclair hatte eine stoßdämpfende Variante des Föttinger-Patents entwickelt, das Voith seit 1934 in Lizenz baute.[41] Gut zwei Jahre nach Auftragseingang lieferte Voith die bestell-

---

37 Jürgens: Voith-Schneider Propeller, S. 52.
38 Hermann Schweickert: Voith Antriebstechnik. 100 Jahre Föttinger-Prinzip, Berlin 2005, S. 15.
39 Ebd., S. 26 und 30 ff.
40 Ebd., S. 50.
41 WABW B 80 Bü 76, Die Betriebsgemeinschaft der Firma J. M. Voith Maschinenfabrik und Eisengießerei Heidenheim an

ten Turbogetriebe aus. Sie kamen im ersten dieselhydraulischen Schienenbus zum Einsatz. Die Österreichische Bundesbahn bescherte Voith auch den ersten Serienauftrag: Ende April 1933 wurden 24 Turbogetriebe geordert. Der erfolgreiche Einsatz in Österreich weckte das Interesse in anderen Ländern. So stattete die Deutsche Reichsbahn einen Großteil ihrer Dieselloks und Triebwagen mit Turbogetrieben von Voith aus.[42] 1935 verkaufte Voith bereits 210 Turbogetriebe, der Plan schien aufgegangen zu sein.[43] Ab dieser Zeit trugen die Turbogetriebe dazu bei, zumindest einen kleinen Teil der Einbrüche in den Bereichen Papier und Wasserkraft auszugleichen.

Firmenentwicklung in der Zwischenkriegszeit

Wären die Voith-Brüder nur auf das schnelle Geld aus gewesen, hätte es mit dem Familienunternehmen schon unmittelbar nach dem Ende des Ersten Weltkriegs vorbei sein können. Damals erhielt Voith mehrere lukrative Übernahmeangebote von Firmen aus dem Ruhrgebiet. Viele Stahlhütten gingen dazu über, sich stahlverarbeitende Industrie anzugliedern, um ihr Geschäftsfeld auszuweiten. Voith erhielt Angebote von Krupp, Thyssen und der Gutehoffnungshütte, die durchaus verlockend waren. Walther, Hermann und Hanns Voith besprachen sich mit ihren Betriebsdirektoren und kamen am Ende zu der Entscheidung, unabhängig bleiben zu wollen.[44] Als das Ruhrgebiet 1923 von französischen Truppen besetzt wurde, atmete man in Heidenheim erleichtert auf: Hätten sie sich für die Übernahme entschieden, wäre Voith von seinem Rohstofflieferanten abgeschnitten worden und hätte mitten in der Wirtschaftskrise neue Verbindungen knüpfen müssen. So war das Unternehmen unabhängig und alles konnte seinen Gang gehen.

Statt den Namen an einen potenziellen Mutterkonzern abzugeben, wurde die Marke Voith ausgebaut: Seit Anfang der 1920er Jahre suchte man bei Voith nach einem »Hauszeichen«, sprich einem Firmenlogo. Das Unternehmen beauftragte den Münchner Professor Ludwig Hohlwein mit den Entwürfen, der damals zu den führenden deutschen Grafikern und Plakatkünstlern zählte. Dieser ließ sich von dem japanischen Holzschnitt »Die große Welle von Kanagawa« des Künstlers Katsushika Hokusai inspirieren. Nach einigen Veränderungen entstand 1922 das neue Firmenlogo: eine geschwungene Welle in einem Kreis. Die Welle sollte im übertragenen Sinn »auf das Ringen der Kräfte aller derer hindeuten [...], die in unserem Werke an einer gemeinsamen Aufgabe guten Willens schaffen [...],« und nicht, wie viele glaubten, den Wasserturbinenbau darstellen.[45] Um eine einheitliche Gestaltung des Logos zu gewährleisten, wurden 1931 fünf Gestaltungsregeln über die Erscheinung und Verwendung der Welle eingeführt. Die Voith-Welle fand sich fortan auf allen Druckschriften wieder. Sie zierte unter anderem Briefpapier, Kundenfragebögen, Prospekte und das während der Hyperinflation 1923 von Voith ausgegebene Notgeld. Für die Verwendung der Wortmarke existierte dagegen noch keine einheitliche Regelung. Ab 1930 fielen nach und nach die Initialen »J.M.« im Logo beziehungsweise in den Schriftzügen weg und »VOITH« wurde immer häufiger in Versalien geschrieben.[46]

---

    der Brenz. Leistungsbericht zusammengestellt im Kriegsjahr 1941, S. 18. Im Folgenden als »Goldenes Buch« bezeichnet.

42   Fritz Kugel: Voith-Turbogetriebe, in: Voith-Mitteilungen 8/1949, S. 9.

43   Georg Haller: Voith-Turbogetriebe in aller Welt, in: Voith-Mitteilungen 41/1956, S. 12.

44   Voith: Im Gang der Zeiten, S. 207 f.

45   Hans Ress: Der Ursprung unseres Firmenzeichens, in: Voith-Mitteilungen 52/1958, S. 36.

46   Voith AG (Hg.): Die Geschichte der Marke Voith, Heidenheim 2009, S. 24.

Ausbau in Heidenheim

Die Geschäfte liefen gut, das Auftragsvolumen wuchs und ebenso die Größe der bestellten Turbinen und Papiermaschinen. 1928 war klar, dass der Platz in den Werkhallen nicht länger ausreiche, um solche Großprojekte zu stemmen. Die Voith-Brüder mussten nach einer Alternative suchen. Zu Beginn der Überlegungen stand im Raum, die neue Produktionshalle nicht im Heidenheimer Werk, sondern an einem verkehrsgünstigeren Ort zu bauen, doch davon nahm die Geschäftsleitung bald wieder Abstand. Die Unternehmensbereiche Forschung und Produktion sollten nicht räumlich getrennt werden.[47] Man hatte bei den Versuchsanstalten schon die Erfahrung gemacht, dass die zwölf Kilometer ins benachbarte Hermaringen als lästig empfunden wurden, da sollte nicht auch noch das Herzstück des Werkes ausgelagert werden. Schließlich wurde die neue Großturbinenhalle im Voith-Werk gebaut. Um den nötigen Platz zu schaffen, musste das Wohnhaus des Wirtschaftsverwalters des Zimmergeschäfts Langjahr weichen. Es wurde aber nicht abgerissen, sondern nach dem Rückgauer-Verfahren auf die südliche Seite der Alexanderstraße versetzt.[48] Die neue Halle war ursprünglich 134 Meter lang und 34 Meter breit. Erst bei Umbauten in den 1950er Jahren wurde sie auf 204 Meter Länge erweitert. Kern der Großturbinenhalle war die riesige Karusselldrehbank Herkules, die beim Bau weltweit größte ihrer Art. Acht Jahre konnte Voith diesen Weltrekord halten.[49] 1929 wurde die Großturbinenhalle fertiggestellt, gerade rechtzeitig, um den nächsten Großauftrag in der neuen Halle zu bearbeiten: die bereits erwähnten riesigen Maschinenteile für das Pumpspeicherwerk Herdecke.[50]

Voith als Arbeitgeber

Das Werk und die Belegschaft wuchsen und damit die Verantwortung, die Voith für seine Mitarbeiter übernahm. Je mehr Arbeiter bei Voith beschäftigt waren, desto knapper wurde der Wohnraum in Heidenheim. Um den eigenen Leuten hier ein wenig unter die Arme zu greifen, entstanden im Jahr 1919 im Südosten Heidenheims, »Hinter dem Stein«, Kleinwohnungen. Finanziert wurde der Bau von der »Voith-Stiftung von 1917«. Helene Voith hatte sie 1917 anlässlich des 50. Firmenjubiläums eingerichtet und stiftete 300.000 Mark, die dem »gemeinen Nutzen innerhalb der Stadt Heidenheim« dienen sollten.[51] Die Häuser, zunächst für Kriegsteilnehmer und kinderreiche Familien gedacht, bildeten den Anfang eines Wohngebiets, das sich durch mehrere Bauphasen schrittweise vergrößerte und später den Namen »Voithsiedlung« erhielt.[52] Doch die in der Siedlung errichteten Gebäude gehörten nicht nur Voith. Einige Häuser waren staatlich subventioniert oder im Besitz der Gemeinnützigen Baugesellschaft. Die Bewohner der Siedlung, in erster Linie Facharbeiter von Voith und deren Familien, konnten die Gärten der Grundstücke zum Gemüseanbau und sogar zur Kleintierhaltung nutzen.[53]

---

47 Erfahrung aus der Vergangenheit, S. 34.
48 Voith-Chronik, S. 72.
49 90 Jahre Voith, S. 27.
50 Erfahrung aus der Vergangenheit, S. 34.
51 Sonderheft zum 100-jährigen Jubiläum, S. 32.
52 WABW B 80 Bü 75, Beitrag zur neuen Stadtchronik 1911–1960, S. 2; Erfahrung aus der Vergangenheit, S. 45.
53 Holger Köhn: Die Lage der Lager. Displaced Persons-Lager in der amerikanischen Besatzungszone Deutschlands, Essen

In der Ausbildung der Lehrlinge musste das Unternehmen in den 1920er Jahren auch langsam umdenken. Immer mehr Lehrlinge fingen ihre Karriere bei Voith an und sollten gut ausgebildet werden, um später als fähige Facharbeiter für Voith arbeiten zu können. 1927 wurde die eigene Werkschule unter der Leitung von Ingenieur Gustav Digel eröffnet, die auch Lehrlingen der gleichen Fachrichtungen aus der Umgebung offen stand.[54] Das Gebäude an der Ulmer Straße trug die Aufschrift »Werkschule J.M. Voith« und war gewissermaßen die Erweiterung der 1907 eingerichteten »Lehrecke«. Fünf Klassen, ein Aufenthaltsraum und drei Räume für Lehrer, Lehrmittel und Hausmeister standen der Werkschule zur Verfügung.[55]

Eine weitere Bildungsinitiative bestand in der Einrichtung einer Werkbibliothek im Verwaltungsgebäude. Hier konnten sich die Mitarbeiter auf eigene Faust mithilfe von Fachliteratur weiterbilden oder auch einfach ihre Leselust befriedigen.[56]

Weltwirtschaftskrise und Machtübernahme der Nationalsozialisten

Das Deutsche Reich war durch den Ersten Weltkrieg hoch verschuldet und die Auflagen der Versailler Verträge verschärften die Lage zusätzlich. Um die zahlreichen im Ausland aufgenommenen Kredite bedienen zu können, war man unbedingt auf Warenexport angewiesen. Als im Oktober 1929 die amerikanische Wirtschaft zusammenbrach, hatte das auch unmittelbare Folgen für Europa. Die amerikanischen Banken zogen ihr Geld ein, gleichzeitig brach die Nachfrage auf den Exportmärkten zusammen. Die Folge waren Bankrotte von vielen deutschen Unternehmen und steigende Arbeitslosenzahlen. Auf dem Höhepunkt der Krise 1932 betrug die Arbeitslosenquote bis zu 30 Prozent, zahlreiche Familien verarmten. Die rigorose Sparpolitik der Regierung führte immer häufiger zu Aufständen in der Bevölkerung und war ein Faktor für das Erstarken extremistischer Parteien in der Weimarer Republik. Am 30. Januar 1933 wurde Adolf Hitler zum Reichskanzler ernannt. Damit war die Demokratie endgültig am Ende und der Nationalsozialismus konnte ungehindert um sich greifen.[57]

Die wirtschaftliche Krise traf Voith Anfang der 1930er Jahre mit aller Macht. In den Werkstätten wurde nur noch 24 Stunden die Woche gearbeitet, in den Büros waren es 30 Wochenstunden. Otto Rupp, zu dieser Zeit kaufmännischer Direktor, war im Sommer 1932 gezwungen, jede Woche sechs Angestellte in seiner Abteilung zu entlassen, um die Finanzen in den Griff zu bekommen.[58] Die verbliebenen Arbeiter und Angestellten mussten mit den aufgrund der Kurzarbeit verminderten Löhnen und Gehältern haushalten. Der tatsächliche Einbruch in Umsatz und Gewinn ist nur schwer einzuschätzen. Zahlen aus den Jahren vor der Krise konnten nicht recherchiert werden. Voith selbst betont, dass die Krise erst im Jahr 1937 bewältigt worden sei. Wenn man auf Basis dieser Aussage annimmt, dass der Umsatz des Jahres 1937 (31 Millio-

---

2012, S. 213.

54   Eberhard Meyer: Die neue Voith-Ausbildungsstätte, in: Voith-Mitteilungen 2/1965, S. 10.

55   Eberhard Meyer: 50 Jahre Lehrwerkstatt, in: Voith-Mitteilungen 62/1960, S. 48 f.

56   Nach 1933 wurde die Bibliothek im Sinne der Nationalsozialisten gesäubert, u. a. wurde Literatur jüdischer Autoren entfernt. WABW B 80 Bü 36, Streng vertrauliche Aktennotiz, Betr.: Lebensbild von Herrn Dr. jur. Hermann Voith. Besprechung mit Herrn Dipl.-Ing. Ernst Raithelhuber im Hause am 13.4.1949.

57   Zur Weltwirtschaftskrise in Baden-Württemberg siehe auch: Hansmartin Schwarzmaier, Meinrad Schaab (Hg.): Handbuch der Baden-Württembergischen Geschichte, 4. Band, Die Länder seit 1918, Stuttgart 2003, S. 118 – 120.

58   Hugo Rupf: Vom Glück verwöhnt, Stuttgart 2001, S. 28 f.

nen RM) dem Umsatz vor der Krise entspricht, halbierte sich der Umsatz von Voith durch die Weltwirtschaftskrise.⁵⁹

Es war nicht nur das rückläufige Auftragsvolumen, das Voith zu schaffen machte, sondern auch die zahlungsunfähigen Kunden. So hatte Voith am 13. Juli 1931 die Auftragsbestätigung für eine Papiermaschine im Wert von 391.000 RM von der Firma Ellern GmbH in Forchheim bekommen und diese auch geliefert. Im Verlauf der Weltwirtschaftskrise geriet Ellern in immer größere Schwierigkeiten, bis das Unternehmen schließlich am 10. Oktober 1932 die Zahlungen einstellen und Gläubigerschutz beantragen musste. Kurz darauf wurde ein Gläubigerausschuss gebildet, dessen Vorsitz Otto Rupp übernahm. Voith war mit Forderungen in Höhe von 305.000 RM der zweitgrößte Gläubiger nach den Vereinigten Papierwerken mit Forderungen in Höhe von 461.000 RM. Der Ausschuss kam zu keiner Einigung. Am 28. Januar 1933, also nur wenige Tage vor der Machtübernahme durch Hitler, verfasste Rupp einen Bericht für Hermann Voith: Die Vereinigten Papierwerke hätten es darauf abgesehen, Ellern in den Konkurs zu treiben, um für die Großgläubiger eine möglichst hohe Rückzahlung zu erreichen, so stellte es Rupp dar. Als es darum ging, ob Voith die von den Papierwerken erdachte Strategie unterstützen würde, empfahl Rupp Hermann Voith, davon Abstand zu nehmen. Zum einen, um die Kleingläubiger zu schützen und zum anderen, weil er einen Skandal für Voith befürchtete. Hermann Voith beherzigte Rupps Ratschlag – die Firma Ellern blieb erhalten und wurde weiterhin vom Gläubigerausschuss kontrolliert, von dessen Vorsitz Rupp wenig später zurücktrat.⁶⁰ In den folgenden Monaten gerieten sowohl die Firma Ellern als auch der größte Gläubiger, die Vereinigten Papierwerke, unter massiven Druck verschiedener Akteure, weil die Unternehmen jüdischen Eigentümern gehörten. Schon bald nach der Machtübernahme eignete sich Gustav Schickedanz, der Gründer des Quelle-Versandhauses, die Aktien der Vereinigten Papierwerke per »Arisierung« an, das heißt durch unrechtmäßige Entziehung. Seit Mitte 1933 hatte die örtliche NSDAP die jüdischen Eigentümer, die Familie Rosenfelder, erheblich unter Druck gesetzt, bedroht und erpresst, um sie zur Veräußerung des Unternehmens an Schickedanz zu zwingen. Anfang 1934 gaben die Rosenfelders auf, verkauften ihr Unternehmen an Schickedanz und flüchteten nach Belgien.⁶¹ Schickedanz arisierte damit den größten Gläubiger von Ellern und versuchte in den folgenden Jahren auch diese Firma von ihren jüdischen Besitzern zu übernehmen. Letzteres war aber ohne die Zustimmung von Voith und dem restlichen Gläubigerausschuss nicht möglich. Zuerst

---

59 »Goldenes Buch«, S. 99 zur Bewältigung der Krise 1937; ebd. S. 131: Von 1932 (mitten in der Weltwirtschaftskrise) bis 1937 verdoppelte sich der Umsatz mit einem besonders großen Sprung zwischen 1936 und 1937. Wenn 1937 nun wieder ein Normaljahr war, dann hätte sich im Rückschluss der Umsatz von vor der Weltwirtschaftskrise 1929 bis in die Weltwirtschaftskrise 1932 halbiert. Im Akt WABW B 80 Bü 281, »Erläuterungen zur Bilanz und Verlust-und Gewinn-Rechnung auf den 31.12.1945« sind die Umsätze nach Fabrikations-Abteilungen 1934/5 – 1945 aufgeschlüsselt (S. 43). Diese entsprechen weitgehend der prozentualen Entwicklung im »Goldenen Buch«. Für 1935 ist ein Umsatz von 17 Mio. RM ausgewiesen, der bis 1937 auf 31 Mio. steigt.

60 WABW B 80 Bü 124, Schreiben von Otto Rupp an Hermann Voith vom 2. Februar 1933, der Bericht datiert auf den 28.1.1933.

61 Vgl. u.a. Peter Zinke: »Er drohte wieder mit der Gauleitung«. Gustav Schickedanz und die »Arisierungen«, in: nurinst 2008, Schwerpunktthema: Entrechtung und Enteignung, 2008, S. 63–80; Gustav Schickedanz – Quelles düstere Vergangenheit, in: Cicero. Magazin für politische Kultur, (URL: http://www.cicero.de/kapital/quelles-d%C3%BCstere-vergangenheit/39923.); Vgl. allgemein zu Antisemitismus und »Arisierungen« im Nationalsozialismus: Avraham Barkai: Vom Boykott zur »Entjudung«. Der wirtschaftliche Existenzkampf der Juden im Dritten Reich 1933–1943, Frankfurt/Main 1988. Zu Voith: Bei Voith ist auf Basis der vorhandenen Quellen nicht nachweisbar, ob es überhaupt jüdische Mitarbeiter gab und wenn ja, wie mit diesen umgegangen wurde. Auch die Literatur gibt keinen Hinweis darauf, dass bei Voith Juden beschäftigt waren und wie mit ihnen nach 1933 umgegangen wurde. Vgl. bes. Alfred Hoffmann: Keine Volksgenossen. Die »Entjudung« Heidenheims in der Zeit des Nationalsozialismus, 2. Aufl., Heidenheim 1999.

machte Schickedanz das Angebot, nach dem Verkauf von Ellern den Gläubigern je 50 Prozent ihrer Forderungen zu ersetzen. Voith lehnte zunächst noch ab. Im Dezember 1936 änderte Schickedanz seine Strategie. Jetzt bot er an, den Gläubigern ihre Forderungen vor dem Verkauf zu 50 Prozent der Schuldsumme abzukaufen, um so im Gläubigerausschuss die Mehrheit zu haben und dann den Verkauf an sich selbst durchzusetzen. Diesem Angebot stimmte Voith schließlich zu und schied in der Folge aus dem Gläubigerausschuss aus. Dadurch wurde der Weg für die Arisierung frei und Schickedanz kaufte Ellern. Diese eigentliche Arisierung der Firma Ellern durch Schickedanz fand am 14. Dezember 1936 statt. Voith-Vertreter waren auf der Sitzung des Ausschusses zwar anwesend, da Voith aber keine Forderungen mehr hatte, nahmen sie laut der Protokolle der Sitzung nicht aktiv teil.[62] Aufgrund der Arisierung der Firma Ellern durch Schickedanz bekam Voith nun einen Teil der Ausstände erstattet, die Anfang der 1930er Jahre mit für die wirtschaftliche Krise von Voith verantwortlich waren.[63]

Die Krise Voiths wurde auch politisch verschärft. Nach der Machtübernahme durch die Nationalsozialisten 1933 änderten sich die wirtschaftlichen Rahmenbedingungen schrittweise. Durch die Weltwirtschaftskrise herrschte bereits große Devisenknappheit, was Rohstoffeinfuhren immer schwieriger machte. Die Nationalsozialisten setzten für die Wirtschaft auf möglichst große Autarkie, besonders auf eine möglichst weitreichende Unabhängigkeit von Rohstoffimporten. Die Papierindustrie war einer der Industriezweige, die diese Politik schon früh zu spüren bekam. Am 4. Dezember 1934 erging die Verordnung zur Gründung der Überwachungsstelle Papier. Zu diesem Zeitpunkt gab es bereits Regularien für andere Bereiche wie Holz, Kohle, Salz, Chemieprodukte, Milch, Eier oder Tabak. Die Überwachungsstelle Papier kontrollierte in erster Linie die Einfuhr von Zellstoff, Holzstoff, Papier und Druckwerken. Je schwieriger die Beschaffung, desto mehr änderte sich auch die Herstellung. Außerdem wurden Verwendungsverbote für bestimmte Papiersorten ausgesprochen.[64] Zum Beispiel sollte der Lebensmittelhandel auf Papiertüten verzichten und die Kunden dazu erziehen, ihre eigenen Gefäße für die lose verkaufte Ware mitzubringen. Alles in allem führte die Bewirtschaftung der Papierindustrie dazu, dass die Produktion einbrach. Das bekam auch Voith zu spüren, denn die Bestellungen für Schleifereianlagen und Papiermaschinen gingen spürbar zurück.

Dabei hatte Voith erst Ende der 1920er Jahre einen weiteren Meilenstein auf dem Schleifmaschinensektor erreicht. Die bisherigen Voith-Schleifmaschinen funktionierten so, dass einzelne Holzstämme an einen rotierenden Schleifstein angepresst wurden. Je nachdem über wie viele Pressen der Schleifer verfügte, konnten bis zu fünf Stämme gleichzeitig geschliffen werden. Die Bestückung der Pressen erfolgte manuell. Mit dem neuen Stetigschleifer änderte sich diese Arbeitsweise 1927 von Grund auf. Voith hatte ein System entwickelt, bei dem der Schleifstein am Fuße eines großen Holzmagazins saß und dort nach und nach die von oben nachrutschenden Stämme schliff. Das Magazin war nach oben offen und konnte mit einem Kran bestückt werden. Statt rund um die Uhr Mitarbeiter abzustellen, die den Schleifer mit Holz bestückten, konnte jetzt einmal am Tag das Magazin gefüllt werden und um den Rest

---

62 WABW B 80 Bü 2819, Protokolle zum 10.12.1936 und 14.12.1936.
63 Es ist auf Basis der aktuell vorhandenen Quellen nicht nachvollziehbar, ob Voith neben den wirtschaftlichen Erwägungen auch politische Ziele (im Sinne Ellerns oder gegen das Unternehmen) mit in die Entscheidung einfließen ließ.
64 Heinz Schmidt-Bachem: Aus Papier: Eine Kultur- und Wirtschaftsgeschichte der Papier verarbeitenden Industrie in Deutschland, Berlin 2011, S. 266.

kümmerte sich der Stetigschleifer allein. Die Voith-Erfindung erfuhr viel Beachtung und wurde auf der Ausstellung Deutscher Arbeit 1927 in Dresden ausgezeichnet.[65]

Ansonsten war die Papiermaschinenabteilung in diesen Jahren besonders darauf bedacht, schnellere und stromsparendere Druckpapiermaschinen zu entwickeln, weil die Amerikaner und Engländer auf diesem Gebiet einen Vorsprung herausgearbeitet hatten. Die Lösung war schließlich der Ersatz der einfachen Gautschen und Pressen in der Trockenpartie durch Sauggautschen und Saugpressen.[66] Danach konnte die Bahngeschwindigkeit erhöht werden.

Alles in allem konnten die Neuheiten aber die Krise nicht aufhalten und auch der VSP und die Turbogetriebe konnten die Einbußen nur zum Teil ausgleichen. Der VSP machte Mitte der 1930er Jahre nur ein bis drei Prozent des Umsatzes aus, die Getriebe zwei bis fünf.[67]

Die Krise bei Voith war für die Heidenheimer NSDAP ein guter Vorwand, um sich immer stärker in die Geschäftspolitik des Unternehmens einzumischen. Vorgeblich war es die wirtschaftlich schwere Zeit, die 1934 dazu führte, dass NS-Funktionäre in der Unternehmensleitung mehr zu sagen bekamen. Am 25. Januar trat zum ersten Mal ein Gremium zusammen, in dem Heidenheimer NS-Funktionäre sich mit den Unternehmern über die Geschäfte und die Zukunft von Voith austauschten. Die Initiative für dieses Treffen ging dabei von Robert Kraft aus, einem Voith-Mitarbeiter, NS-Funktionär und Betriebsrat bei Voith. In den ersten Sitzungen nahmen neben Walther Voith und Otto Rupp vor allem lokale Parteigrößen teil, wie Robert Kraft, außerdem der Voith-Angestelltenrat und spätere NS-Betriebsobmann Georg Maier, der Obmann der NSBO Moritz Ackermann, der NSDAP-Kreisleiter von Heidenheim Wilhelm Maier und der Ortsgruppenleiter der NSDAP Heidenheim Hans Mayer.[68] Nach der dritten Sitzung am 27. Februar 1934 wurde im Protokoll vermerkt: »Die Teilnahme der massgebenden örtlichen politischen Leiter der NSDAP ist mit dem öffentlichen Interesse an der Firma J.M. Voith wegen ihres überwiegenden Anteils am wirtschaftlichen Leben im Bezirk Heidenheim begründet. Es soll vermieden werden, dass Aussenstehende die Probleme der Firma aufrollen.«[69] In den Sitzungen wurden der Geschäftsführung detaillierte Fragen zur wirtschaftlichen Situation gestellt, zur Geschäftslage, zu geplanten Entlassungen, Lohnentwicklungen und ähnlichen Themen. Walther Voith stand den Mitgliedern Rede und Antwort. Die Sitzungen fanden zu einer Zeit statt, als die Entmachtung der früheren Arbeitnehmervertretungen und der Gewerkschaften durch die Nationalsozialisten in vollem Gange, aber noch nicht vollständig rechtsgültig umgesetzt worden waren. In den folgenden Wochen fanden aufgrund des im Januar 1934 erlassenen neuen Gesetzes zur Ordnung der nationalen Arbeit Wahlen zum Vertrauensrat statt, der im Nationalsozialismus den Betriebsrat ersetzte. Wie die freien Gewerkschaften und Angestelltenverbände waren die Betriebsräte bereits im Frühjahr 1933 zerschlagen worden. Nach der Wahl zum Vertrauensrat zogen sich mehrere Mitglieder der lokalen Parteielite zurück. An den Sitzungen nahmen jetzt alle zwei Wochen neben der Geschäftsleitung, die wahlweise von Walther, Hermann oder Hanns Voith vertreten wurde, Arbeitnehmervertreter teil, von denen die meis-

---

65 WABW B 80 Bü 1494, Ernst Raithelhuber: 120 Jahre Voith-Holzschleifereimaschinen, Heidenheim 1967, S. 11.
66 WABW B 80 Bü 1376, R. Lang: Entwicklungen der P-Abteilung in den Jahren 1926, 1929 und 1930, 6. Februar 1931.
67 WABW B 80 Bü 281, Erläuterungen zur Bilanz und Verlust- und Gewinn-Rechnung auf den 31.12.1945, hier: Umsatz nach Fabrikations-Abteilungen 1934/5 – 1945 (S. 43).
68 Zur Geschichte des Nationalsozialismus in Heidenheim vgl.: Heiner Kleinschmidt, Jürgen Bohnert (Hg.): Heidenheim zwischen Hakenkreuz und Heidenkopf. Eine lokale Dokumentation zur Nazi-Zeit, Heidenheim 1983.
69 WABW B 80 Bü 2269, Protokoll zur Sitzung vom 27.2.1934.

ten – anders als zu Beginn – keine hohen Parteiposten besetzten. Der Vertrauensrat nahm vor allem Einfluss auf die politische und soziale Gestaltung des Betriebsalltags. Wenn es um Belange der Arbeiterschaft, um Kündigungen wegen Schlägerei, Ersatz für zerrissene Kleidung, störenden Rauch aus der Gießerei oder ähnliches ging, ließen die Voith-Brüder den Vertrauensratsmitgliedern weitgehend freie Hand. Erst, wenn der Vertrauensrat zu keiner Einigung kam, wurden sie aktiv. So wurde auch das Erstellen einer Betriebsordnung, die aufgrund des Gesetzes zur Ordnung der nationalen Arbeit 1934 obligatorisch wurde, dem Vertrauensrat übertragen. Im Protokoll der entsprechenden Vertrauensratssitzung heißt es dazu: »Mit der Ausarbeitung der neuen Betriebsordnung wurde Herr Dr. Meier beauftragt, der als Nationalsozialist von vornherein die Gewähr dafür bot, dass die Betriebsordnung den Forderungen des Nationalsozialismus gerecht wird. [...] Die von Herrn Dr. Meier entworfene Betriebsordnung wurde von den Herren Dr. Hermann und Hanns Voith zusammen mit dem Betriebsleiter und Herrn Dr. Meier durchgesprochen und liegt nun mit einigen nicht erheblichen Aenderungen dem Vertrauensrat vor.«[70]

Während der Vertrauensrat also in weiten Teilen den Betriebsalltag mitbestimmen konnte, wurde er aus einzelnen betriebswirtschaftlichen Bereichen herausgehalten. Das entsprach auch der durch die Nationalsozialisten gestärkten Position der Geschäftsleitung, die als Betriebsführung Unternehmen nach dem Führerprinzip leitete.[71] Beispielsweise weigerte sich Hanns Voith 1935, die Rüstungsaufträge, die Voith in immer größerem Umfang erhielt, mit den Mitgliedern des Vertrauensrates zu besprechen und berief sich auf die Geheimhaltungspflicht der Geschäftsführung. In den folgenden Jahren blieb diese Praxis erhalten und bei steigenden Rüstungsaufträgen erhielt der Vertrauensrat immer weniger Einblick in die Geschäftsentwicklung des Unternehmens, da er nur über die zurückgehenden Zivilaufträge informiert wurde.[72] Walther Voith fand bereits im Januar 1934 deutliche Worte, als er dachte, der Vertrauensrat fordere zu viel Einfluss. Damals »verwahrte« er sich, der Anregung des Vertrauensrats zu folgen und das Direktorium zu verkleinern und die Gehälter zu kürzen. Und als Kritik an den zahlreichen Kündigungen und niedrigen Löhnen laut wurde, erwiderte er: »[E]s scheine so, als ob die Firma allen diesen Dingen gegenüber eiskalt sei. Es sei aber doch immer ihre Sorge gewesen, den Notstand zu lindern und sie hätte auch entsprechend gehandelt. Was den mangelnden Opfergeist bei einzelnen Herren und das Gerede der Weiber anbelange, so sei es Aufgabe der Partei, den Betreffenden den richtigen Standpunkt beizubringen.«[73]

Insgesamt steckte Voith bis Mitte der 1930er Jahre in einer tiefen Krise. Die wirtschaftliche Schwäche erlaubte es den neuen Machthabern, stärker in das Unternehmen hineinzuregieren, als es bei einem gesunden inhabergeführten Unternehmen wahrscheinlich der Fall gewesen wäre. Zugleich profitierte das Unternehmen zunehmend von der wachsenden Rüstungsindustrie. So bestellte die Reichsmarine beispielsweise eine ganze Reihe von Minensuchbooten, Minenräumbooten, Schleppbooten und Schwimmkränen mit Voith-Schneider-Propeller.[74] Die Aufträge verhalfen dem VSP zu dem bislang ausgebliebenen Verkaufserfolg. Auch für die Luft-

---

70   WABW B 80 Bü 2270, Protokoll zur Sitzung vom 19.9.1934.
71   Vgl. dazu und zur Funktion des Vertrauensrats: Matthias Frese: Nationalsozialistische Vertrauensräte. Zur Betriebspolitik im Dritten Reich, in: Gewerkschaftliche Monatshefte 43/1992, H. 4/5, S. 281–297, hier S. 282.
72   WABW B 80 Bü 2270, Protokoll zur Sitzung vom 23.7.1935, zur weiteren Kommunikation über AOS-Aufträge vgl. die weiteren Protokolle in Bü 2270 und Bü 2272.
73   WABW B 80 Bü 2270, Protokoll zur Sitzung vom 31.1.1934.
74   WABW B 80 Bü 1805, Lieferliste über Voith-Schneider-Propeller 1929–1960.

waffe baute Voith Propeller. Im Bereich Turbinenbau bemühte man sich bei Voith durch Eigeninitiative die Nachfrage anzukurbeln. Weil Voith der größte Arbeitgeber am Platz war, versuchte die lokale NSDAP für Voith in den Ministerien Aufträge zu besorgen. Besonders umtriebig war hier der NSDAP-Funktionär und Voith-Mitarbeiter Rudolf Meier. 1934 berichtete er an Otto Rupp: »Vorgestern liessen wir einen Notschrei an sämtliche in Frage kommende Reichsministerien – Reichswirtschaftsminister, Reichsminister der Finanzen, Reichsarbeitsminister, Reichsverkehrsminister – den Reichsstatthalter in Württemberg, den Württ. Wirtschaftsminister und die Reichsleitung der NSDAP hinaus. Wir baten um beschleunigte Vergebung baureifer Wasserkraftanlagen, die mit öffentlichen Mitteln finanziert werden. [...] – Unsere gegenwärtige Notlage muss umso härter empfunden werden, als es im Reichsdurchschnitt weiter kräftig aufwärts geht, was in der grossen unerwarteten Verminderung der Arbeitslosigkeit im Lauf des Monats Februar um über 400000 zum Ausdruck kommt.«[75] Meier wurde 1935 Oberbürgermeister von Heidenheim und schied dann bei Voith aus. Voith war zu diesem Zeitpunkt noch nicht über den Berg.

---

75 WABW B 80 Bü 124, Schreiben von Dr. Rudolf Meier an Rupp (15.3.1934).

4_1937 – 1947

Rüstung, Krieg und Brückenbau bei Voith

Die Weltausstellung 1937

1937 zog Paris für einige Monate die Augen der Welt auf sich. Die Weltausstellung unter dem Motto »Künste und Technik angewendet im modernen Leben« lockte Besucher von nah und fern an, die die Pavillons am Trocadéro und auf dem Marsfeld besichtigten. Wie auch in der Weltpolitik dominierten das Deutsche Reich und die Sowjetunion. Die beiden Länder versuchten, sich mit ihren Prachtbauten am Seineufer gegenüber dem Eiffelturm gegenseitig auszustechen. Auf der einen Seite die riesige kommunistische Statuengruppe »Arbeiter und Kolchosbäuerin«, gegenüber der deutsche Pavillon, erbaut von Albert Speer – auf dem Dach ein 5,5 Meter großer Reichsadler, der samt Hakenkreuz auf einem Eichenkranz saß. Insgesamt umfasste das Ausstellungsgelände 105 Hektar.

Auch Voith war mit mehreren Produkten auf der Weltausstellung vertreten, eines davon war Teil des Sicherheitskonzepts der Weltausstellung: Die Stadt Paris hatte zwei Feuerlöschboote angeschafft, die beide mit einem VSP-Antrieb ausgestattet waren. Die Boote Paris und Lutece besaßen einen 200-PS-Benzinmotor, der den VSP und die Löschpumpe antrieb. Die Zeitschrift *Das Echo der Deutschen Industrie* erläuterte das Prinzip der Boote: »Der Vorteil des Voith-Schneider-Propellers bei einem Feuerlöschboot liegt unter anderem darin, daß er infolge seiner günstigen Steuereigenschaften den Rückdruck des Löschwasserstrahls aufnehmen kann, so daß das Boot nicht verankert zu werden braucht.«[1] Die Lutece wurde erst 2015 von der Pariser Feuerwehr für 4.500 Euro verkauft und anschließend restauriert.[2]

Für den VSP bekam Voith den Grand Prix der Weltausstellung verliehen, die höchste Auszeichnung der Ausstellung. Voith erhielt den Preis zudem für zwei Turbogetriebe, einen davon als Gemeinschaftspreis für eine Lok von Krauss mit Turbogetriebe. Allerdings verzögerte sich die tatsächliche Preisverleihung, sodass sich im Juli 1938 der Reichskommissar für die Internationale Ausstellung entschuldigte. Man müsse erst die Veröffentlichung der Preisträger im französischen Amtsblatt abwarten. Da der Reichskommissar schon früher mit der offiziellen Verleihung gerechnet habe und die Briefe schon fertiggestellt seien, betonte der Kommissar: »Es wird gebeten, das Rundschreiben als unter dem Datum des Poststempels ausgefertigt anzusehen.«[3]

»Normale« Jahre – Unternehmensentwicklung bei Voith 1937 bis 1939

Durch den Erhalt des Grand Prix war 1937 für Voith ein besonderes Jahr, gleichzeitig war es das erste wirtschaftlich »normale« seit Ausbruch der Weltwirtschaftskrise, wie das Unternehmen rückblickend im Jahr 1942 betonte.[4] Erst jetzt hatte Voith die Folgen der Weltwirtschaftskrise von 1929 überwunden. Für viele deutsche Unternehmen war die Wende bereits ab 1933/34 ge-

---

1   WABW B 80 Bü 1821, Zeitungsausschnitt: Das Echo der deutschen Industrie, März 1938.
2   Le Parisienne, 10. April 2015 (URL: http://www.leparisien.fr/paris-75/paris-75005/un-bateau-des-pompiers-de-paris-datant-de-1937-mis-aux-encheres-le-bateau-pompe-de-1937-aux-encheres-10-04-2015-4681593.php, zuletzt geöffnet: 12.12.2016), vgl. auch den Twitter-Tweet der Pariser Feuerwehr @PompiersParis, 16.7.2015, 03:06: »Remise à l'eau du Lutèce, bateau-pompe des pompiers de Paris conçu en 1937 #Lutèceàflots«.
3   WABW B 80 Bü 1818, mehrere Schreiben des Reichskommissars für die Internationale Ausstellung Paris 1937 vom Juli 1938.
4   »Goldenes Buch«, S. 99.

kommen. Hier griffen die Reformmaßnahmen der letzten demokratischen Regierung der Weimarer Republik wie auch die von den Nationalsozialisten durchgeführte Lockerung der Deflationspolitik, die großzügigen staatlichen Investitionen besonders auch in die Aufrüstung. Zudem erholte sich die Weltwirtschaft generell.[5] Durch die langen und aufwendigen Produktionsprozesse trafen Voith Schwankungen der Konjunktur nachlaufend. Am Ende einer Boomphase sicherten volle Auftragsbücher die Arbeit im Unternehmen auch noch in den ersten Krisenjahren. Wenn allerdings die Konjunktur wieder Fahrt aufnahm, konnten bei Voith noch mehrere Jahre vergehen, bis die fehlenden Auftragseingänge der Krisenjahre ausgeglichen waren. Bei Voith dauerte es deshalb bis 1936/37, ehe sich die Kunden wieder die großen und teuren Turbinen und Papiermaschinen leisteten. Die VSP- und Turbo-Aufträge konnten die Einbrüche bei den Turbinen und den Papiermaschinen nicht ausgleichen. Allerdings blieben 1937 und 1938 die einzigen wirtschaftlich »normalen« Jahre, dann änderte der Zweite Weltkrieg alles. Besonders deutlich ist das an den Auslandsumsätzen zu sehen. 1937 lagen diese bei 55 Prozent, nach einem weiteren Jahr auf ähnlichem Niveau brachen die Auslandsumsätze 1939 ein, um 1940 nur noch 16 Prozent zu betragen.[6]

Diese Zahlen deuten schon an, wie sich Voith in den kommenden Jahren entwickeln würde. Das ehemals international ausgerichtete Unternehmen suchte sich neue Märkte und Kunden im Deutschen Reich. Im Krieg bedeutete dies: Arbeit für Wehrmacht, Marine und den nationalsozialistischen Staat. Doch zunächst konnte Voith wie vor dem Krieg große Aufträge in der ganzen Welt abwickeln. Zu den bedeutenden Projekten dieser Jahre gehörten die Kaplanturbinen samt Spiralgehäuse für das Kraftwerk Rio Negro in Uruguay. Das erste Spiralgehäuse wurde am 12. August 1938 fertiggestellt. Der Richtspruch lautete: »Kühn liegst Du hier, stolze Spirale vor uns nun im Abendstrahl. Es formten Dich fleissige Hände mit Hilfe von Feuer und Stahl. Bald wirst Du uns nun verlassen, zum Rio Negro ziehn, zu künden von deutschem Geiste, zu zeugen von deutschem Sinn.«[7] Das Kraftwerk hatte die Regierung in Uruguay an ein deutsches Konsortium vergeben: Siemens Bauunion und Geopé übernahmen die Bauarbeiten, Voith lieferte die Turbinen und Schütztafeln, MAN war für die Rohrleitungen zuständig, die Siemens-Schuckert-Werke und AEG für den elektrischen Teil. Geplant waren vier Kaplanturbinen mit je 45.000 PS (33.097 kW) und einem Durchmesser von fünf Metern. Mit ihrem sieben Meter hohen Einlaufdurchmesser war die Schnecke damals eine der größten der Welt, sie hatte einen Durchmesser von 21 Metern. Der Krieg verhinderte aber die Lieferung der Turbinen und ließ das Projekt scheitern.[8] Im selben Jahr wurden auch noch vier große Francisturbinen von je 75.000 PS (55.162 kW) bei 260 Metern Gefälle für die Schluchseewerk-AG gefertigt. Die Laufräder hatten mehr als fünf Meter Durchmesser und die Einlauföffnung erreichte bis zu sieben Meter.[9]

Die Papiermaschinensparte produzierte in erster Linie für das Ausland, da im Deutschen Reich seit 1934 ein Erweiterungsverbot für Papiermaschinen galt. Zudem entwickelte das Unternehmen für das Ausland Papiermaschinen, die Zellstoff aus anderen Quellen als Holz nut-

---

5   Vgl. zur Wirtschaftsgeschichte des Nationalsozialismus u. a. Adam Tooze: Ökonomie der Zerstörung. Die Geschichte der Wirtschaft im Nationalsozialismus, München 2008.
6   »Goldenes Buch«, S. 111.
7   WABW B 80 Bü 1547, Richtspruch anlässlich der Fertigstellung des ersten Spiralgehäuses »Rio Negro« am 12.8.1938.
8   Ebd. Siehe auch: Manfred Pohl: Philipp Holzmann. Geschichte eines Bauunternehmens 1849 – 1999. München 1999, S. 180 f.
9   »Goldenes Buch«, S. 17.

zen konnten, wie etwa aus Bambus, Stroh und verschiedenen Gräsern. Diese Maschinen wurden in erster Linie für asiatische und südamerikanische Kunden entwickelt und gebaut. Rund 75 Prozent der Arbeit der Papiermaschinenabteilung (PA) wurde mit solchen und ähnlichen Auslandsaufträgen erwirtschaftet.[10] Damit war Voith nicht nur selbst wirtschaftlich erfolgreich, sondern das Unternehmen diente damit auch dem NS-Staat bei der Devisenbeschaffung.[11] Mit Kriegsbeginn sollte dieses Geschäft fast komplett wegbrechen.

Die Sparte Papiermaschinen hatte in der Zwischenzeit aber begonnen, sich ein neues Standbein aufzubauen: Maschinen für die chemische Industrie und die Ersatzstoffindustrie. Besonders wichtig waren hier die Entwässerungsmaschinen für die Produktion des synthetischen Kautschuks. Die Forschungen zum synthetischen Kautschuk begannen Anfang des 20. Jahrhunderts. 1926 gelang der IG Farben, dem Zusammenschluss der größten deutschen Chemieunternehmen (darunter Bayer und BASF), der Durchbruch. Es gelang, ein mehrstufiges Verfahren für die Polymerisation von Butadien mit Natrium zu entwickeln. Der so gewonnene synthetische Kautschuk wurde Buna genannt. Allerdings unterbrachen die 1929 einsetzende Wirtschaftskrise und die niedrigen Kautschukpreise die Forschungen bis 1933/34.

Nach der Machtübernahme der Nationalsozialisten begannen diese eine Autarkiepolitik und versuchten, die deutsche Industrie möglichst unabhängig von Rohstoffimporten zu machen. Buna entwickelte sich zu einem Schlüsselprodukt, gefördert durch das NS-Regime, das eine Abnahmegarantie für Buna gewährte. Der synthetische Kautschuk war für die Aufrüstung der Wehrmacht notwendig. 1936 begann die IG Farben mit dem Bau der ersten Buna-Fabrik in Schkopau bei Merseburg (Halle), zwei Jahre später entstand in Hüls die zweite Buna-Fabrik im Reich.[12] An der industriellen Massenproduktion von Buna war Voith mit Maschinen beteiligt. Ab 1939 lieferte Voith an die IG Farben die notwendigen Entwässerungsmaschinen für ihre Buna-Werke.[13] Rückblickend betonte Voith 1943/44 die Bedeutung dieses Produktes: »Eine ausserordentlich gute Entwicklung haben die Entwässerungsmaschinen für Buna-Felle, das sind Felle aus synthetischem Kautschuk, genommen. Es mussten hier vollständige Neukonstruktionen geschaffen und Erfahrungen gesammelt werden, ehe die Maschinen zu ihrer heutigen Vollkommenheit gebracht werden konnten. Insgesamt wurden 41 solcher Maschinen bearbeitet, die zu einem kleinen Teil sich noch in der Fertigung bzw. in der Montage befinden. Diese Maschinen sind in der Lage, täglich 750–800 Tonnen Buna zu entwässern, und decken damit einen hohen Prozentsatz des Gesamtbedarfs an Kautschuk.«[14] Buna-Maschinen von Voith wurden nicht nur im Reich beziehungsweise in den besetzten Gebieten verkauft, es gab auch zwei Anlagen in Italien, eine in Terni und eine in Ferrara.[15]

Mit den neuen Sparten VSP und Turbo konnte Voith Erfolge feiern: Der VSP punktete auf der Weltausstellung und mit immer mehr Aufträgen, und auch die Turbo-Sparte konnte ihre Leistungen eindrucksvoll unter Beweis stellen. 1938 fand die Hauptversammlung des Ver-

---

10   Ebd., S. 113/114.
11   Vgl. zur Devisen- und Exportpolitik: Michael Ebi: Export um jeden Preis: Die deutsche Exportförderung von 1932–1938, Stuttgart 2004.
12   Raymond G. Stokes: Von der I.G. Farbenindustrie AG bis zur Neugründung der BASF (1925–1952), in: Werner Abelshauser (Hg.): Die BASF. Eine Unternehmensgeschichte, München 2003, S. 221–358, hier S. 268 f.
13   WABW B 80 Bü 2270, Protokolle zu den Sitzungen des Vertrauensrates, u. a. vom 21.3.1939, 22.8.1939, 4.7.1941.
14   WABW B 80 Bü 652, Leistungsbericht 1943/44.
15   WABW B 80 Bü 1474, Bericht 4736, vom 6.8.1942, von Dir. Lang, Verschiedenes.

eins Deutscher Ingenieure (VDI) in Stuttgart statt. Zum Abschluss kam eine Gruppe von 150 Versammlungsteilnehmern nach Heidenheim zu einer Werksbesichtigung. Der Grenzbote, eine Heidenheimer Tageszeitung, berichtete vom Werksgelände: »Dort befanden sich auf den Schienen zusammengekuppelt eine Diesellokomotive mit Voith-Turbo-Getriebe und eine Dampflokomotive. Letztere ständig im Zug, während die Diesellokomotive immer wieder den Leerlauf einschaltete. Im Leerlauf wurde die Diesellokomotive natürlich von der Dampflokomotive leicht weggezogen. Sobald aber die Diesellokomotive durch das Voith-Turbo-Getriebe in umgekehrter Richtung in Gang gesetzt wurde, siegte sie und zog mit Leichtigkeit die nach wie vor arbeitende Dampflokomotive hinter sich her.«[16]

Aus Binnensicht Voiths mag in den Jahren zwischen 1937 und 1939 wieder eine Art Normalität eingekehrt sein. Zumindest, wenn man den Fokus auf die Umsätze mit Standardprodukten legt, die wieder auf Vorkrisenniveau gestiegen waren. Aber normal waren diese Jahre sicher nicht. 1936 noch hatte sich das Deutsche Reich bei der Olympiade in Berlin als weltoffen und international inszeniert, doch im Hintergrund wurde das System der Konzentrationslager weiter ausgebaut und die Aufrüstung zunächst noch im Geheimen massiv vorangetrieben.[17]

Im gesamten Deutschen Reich und auch in Heidenheim radikalisierte sich das NS-System. Die Judenverfolgung nahm immer schlimmere Züge an, und der antisemitische Rassenhass gipfelte vorerst in den Pogromen vom November 1938. In Heidenheim forcierte der Kreisleiter, ein früherer Voithianer, die »Entjudung« der Stadt. Der Oberbürgermeister, ebenfalls ein ehemaliger Voithianer, untersagte etwa 1937 den Heidenheimer Juden den Zutritt zur Fruchtschranne. Die Reichspogrome dauerten in Heidenheim zwei Tage und die verbliebenen der ursprünglich 34 hier lebenden Juden wurden vertrieben. Die SA meldete Heidenheim als »judenfrei«.[18]

Der Expansionswille Nazi-Deutschlands zum »Großdeutschen Reich« war spätestens seit dem Anschluss Österreichs per militärischer Besetzung im Frühjahr 1938 deutlich sichtbar. Im September 1938 folgte dann mit der durch das Münchner Abkommen gedeckten Einverleibung der tschechischen »Sudetengebiete« ein weiterer Vorbote des vom Deutschen Reich nur ein knappes Jahr später begonnenen Angriffskrieges.[19]

Vorbereitung auf den Ernstfall

Im September 1939 endete der kurze Zeitabschnitt bei Voith, als das ehemalige Kerngeschäft große Erfolge feierte. Deutschland überfiel Polen und der Zweite Weltkrieg begann. Bei Voith arbeiteten zu dieser Zeit gut 6.000 Mitarbeiter, davon etwa 4.000 in Heidenheim und 2.000 in St. Pölten. Alleine in Heidenheim wurden hunderte Männer zum Kriegsdienst eingezogen, 1940 – im ersten vollständigen Kriegsjahr – waren rund 700 Arbeiter und Angestellte im Krieg.

---

16 WABW B 80 Bü 1866, Zeitungsausschnitt: Der Grenzbote, 1.6.1938 »Ingenieure besichtigen J. M. Voith«.

17 Weitere Informationen und Hintergründe bei Michael Wildt: Geschichte des Nationalsozialismus, Göttingen 2008.

18 Zu Antisemitismus und Reichspogromnacht siehe u. a. Avraham Barkai: Schicksalsjahr 1938. Kontinuität und Verschärfung der wirtschaftlichen Ausplünderung der deutschen Juden, in: Walter H. Pehle: Judenpogrom 1938. Von der »Reichskristallnacht« zum Völkermord, Frankfurt/Main 1988, S. 94–117. Zu Heidenheim siehe Alfred Hoffmann: Keine Volksgenossen. Die »Entjudung« Heidenheims in der Zeit des Nationalsozialismus, Heidenheim 1999.

19 Bernd-Jürgen Wendt: Außenpolitik, in: Wolfgang Benz, Hermann Graml, Hermann Weiß (Hg.): Enzyklopädie des Nationalsozialismus, München 2007, S. 65–86.

Während der ersten Kriegsjahre lief der Betrieb auf organisatorischer Ebene weitgehend regulär weiter. Das Werksgelände und die Produktion wurden laufend an die sich ergebenden Änderungen und an die Forderungen und Wünsche der NS-Sozialpolitik angepasst. Vieles geschah freiwillig, anderes auf Basis von Anordnungen und Gesetzen. Die Ergonomie der Büroarbeitsplätze entsprach fortan den Richtlinien des Amts »Schönheit der Arbeit«, die Waschräume und Heizungen in der Produktion erfüllten die Anforderungen der Deutschen Arbeitsfront (DAF). Für die Lehrlingsschlosserei kaufte Voith DAF-konforme Werkbänke. Das Unternehmen modernisierte viele Produktionsstätten, seien es einzelne Maschinen oder gesamte Bereiche, wie etwa die Teilschlosserei oder die Härterei. Zudem erhielten die Werkzeugmaschinen neue, sicherere Antriebe: Der gängige Riemenantrieb mit einem zentralen Antrieb für mehrere Maschinen wurde durch elektrischen Einzelantrieb mit Elektromotoren je Maschine ersetzt.

Voith erweiterte den Werkschutz, baute Luftschutzräume als Stollen oder als Hochbunker, samt einer Befehlsstelle. Ein Kampfstoff-Untersuchungslaboratorium wurde eingerichtet, um im Fall eines Gasangriffs den Kampfstoff identifizieren zu können.[20]

Neben der neuen Werksküche, die im Frühjahr 1939 eingerichtet wurde,[21] entstand ein neuer Verkaufsstand für das Vesper – heute würde man wohl Kiosk sagen. Weiterhin gab es Konzerte und eine Werkbibliothek – wenn auch mit gesäubertem, NS-konformem Inhalt.

Der Werksport wurde gestärkt, große Sportplätze samt Sportgeräten, Umkleiden, Duschen errichtet. Es gab Tennisplätze und speziell für die Lehrlinge waren wöchentlich zwei Stunden Sport vorgesehen und zum Beginn ihrer Arbeit gab es »täglich ½ Stunde Leibesübungen«.[22]

Voith als Teil der nationalsozialistischen Rüstungswirtschaft

Auch auf anderen Gebieten brachte der Nationalsozialismus große Veränderungen bei Voith mit sich. Der Einfluss des Vertrauensrats wurde im vorangegangenen Kapitel schon angesprochen, ebenso die beginnenden Rüstungsaufträge. Die Abhängigkeit vom NS-Staat als Auftraggeber für Rüstungsgüter und Wasserkraftwerke stieg, der Arbeitskräftemangel durch Einberufungen musste ausgeglichen werden, Frauen und besonders Zwangsarbeiter stellten bald große Teile der Belegschaft. Es gab enge Verbindungen zum NS-Staat, Voith war Teil des NS-Systems, gleichzeitig gab es immer Reibungspunkte mit dem Staat und der NSDAP.

Herausragend ist hier der Fall Arno Fischer. Arno Fischer trat 1930 in die NSDAP ein und stieg in der Partei schnell auf. Parallel dazu machte er in der Bauverwaltung der von der NSDAP regierten Stadt Coburg Karriere. Nach 1933 entwickelte er eine Unterwasserturbine, indem er zwei amerikanische Patente zusammenführte, und sich dies patentieren ließ. Fischers Aufstieg ging weiter, so wurde er 1937 Leiter der Gruppe Wasserbau im bayerischen Innenministerium. Diese Stellung – und seine enge Verbindung zum bayerischen Gauleiter Adolf Wagner –

---

20 »Goldenes Buch«, S. 32.
21 WABW B 80 Bü 651, Leistungsbericht der Firma J.M. Voith Maschinenfabrik und Eisengießerei Heidenheim (Brenz): »Gesundheit und Volksschutz« im Leistungskampf der Deutschen Betriebe 1942/43, S. 21.
22 »Goldenes Buch«, S. 37; zur betrieblichen NS-Sozialpolitik siehe auch: Matthias Frese: Betriebspolitik im »Dritten Reich«. Deutsche Arbeitsfront, Unternehmer und Staatsbürokratie in der westdeutschen Großindustrie 1933–1939, Paderborn 1991.

nutzte er aus, um seine Unterwasserturbine bei zahlreichen Bauprojekten gegen die damals schon gängige und bewährte Kaplanturbine zu protegieren.[23] Hier kam es zu Konflikten mit Voith. Besonders als Arno Fischer durchsetzte, dass das große Donaukraftwerk Ypps-Persenbeug Arno-Fischer (AF)-Turbinen erhalten sollte und nicht, wie geplant, Kaplanturbinen von Voith. Fischer wollte nun, dass Voith in Lizenz das Kraftwerk mit AF-Turbinen ausstattete. Walther Voith und der Chef-Hydrauliker von Voith, Hans Faic Canaan, lehnten dies ab. Dies hatte mehrere Gründe, in erster Linie wirtschaftliche und technische. Da sich der Fall aber auf einer hohen Ebene in der Partei und im Ministerium abspielte, hatte er auch eine politische Komponente. Walther Voith und Canaan[24] argumentierten nun gegen den Funktionär Fischer, ihre Begründungen waren hauptsächlich technischer Natur. Versuche bei Voith hatten ergeben, dass die AF-Turbinen weniger leistungsfähig waren, als von Arno Fischer angegeben. Zudem hätten für Ypps-Persenbeug die Turbinen in einer bisher nicht erprobten Größe gebaut werden müssen. Ohne entsprechende Tests und Vorläufe erschien Voith das Risiko hier zu groß. Weitere Gründe für die Ablehnung der AF-Turbinen waren für Walther Voith und Canaan der internationale Ruf des Unternehmens, der leiden würde, und der Stil, den Arno Fischer in den Verhandlungen an den Tag legte. Die Ablehnung der AF-Turbine durch Voith konnte Fischer nicht akzeptieren und setzte das Unternehmen wie auch Walther und Hanns Voith, Canaan und weitere Mitarbeiter unter Druck.[25]

Der Parteifunktionär Fischer drohte, dass er mit dem bayerischen Gauleiter Wagner eine »Staatsfabrik für Wasserturbinen« gründen würde, und Voith nie wieder Turbinenaufträge bekommen werde, zudem drohte er mit Verhaftungen. 1939 wurde Canaan verhaftet und saß zwei Wochen im Gefängnis, bevor er durch Vermittlung von Hanns Voith wieder freigelassen wurde.[26] Canaan stammte aus Palästina, war arabischer Abstammung und hatte einen britischen Pass. Walther Voith gab nach dem Krieg an: »Zu Beginn des nationalsozialistischen Regimes in Deutschland wurde alles versucht, uns diesen Mann aus der Firma zu nehmen, da er geborener Araber war und einen englischen Pass besaß. Meinem Bruder Hanns V. ist es aber mit sehr großer Mühe gelungen, Herrn Canaan für die Firma zu erhalten.«[27] Dies ging so weit, dass Canaan 1948 im Spruchkammerverfahren gegen Fischer betonte: »Wie gross der Einfluss Arno Fischers durch seine politische Stellung war, geht aus der Tatsache hervor, dass der Mitinhaber der Firma Voith, Herr Dr. Hanns Voith, in den Jahren 1939 bis 1944 von befreundeten maßgebenden Männern in der Industrie bestürmt wurde, doch ›mitzumachen‹, da ohne Fischer doch nichts mehr zu erreichen sei. So groß war der politische Druck, den Arno Fischer der Industrie gegenüber ausübte und dies alles nur, um seine eigensüchtigen Pläne an denen er Hunderttausende verdiente, (als Staatsbeamter!) durchzusetzen.«[28] Trotz des Drucks verweigerte sich Walther Voith und damit Voith in St. Pölten der Zusammenarbeit. Hanns Voith gab hingegen

---

23 Allgemein zu Arno Fischer und seiner Unterwasserturbinentechnologie: Martin Gschwandtner: Es war einmal ein »Kohlenklau« – Technik unter dem Joch der NS-Diktatur. Arno Fischer und der Irrweg der »Unterwasserkraftwerke« in der Zeit von 1933–1945, München 2009; Schweickert: Wasserturbinenbau bei Voith, S. 262–272.

24 Zu Canaan und seiner Ambivalenz zum NS-System siehe: Roland Löffler: Protestanten in Palästina: Religionspolitik, sozialer Protestantismus und Mission in den deutschen evangelischen und anglikanischen Institutionen des Heiligen Landes 1917–1939, Stuttgart 2008, S. 446.

25 Von Schweickert kommentierter Briefwechsel Walther Voith – Canaan, S. 12.

26 Ebd.

27 WABW B 80 Bü 109, Rückblick von Walther Voith.

28 WABW B 80 Bü 1583, Eidesstattliche Erklärung von Canaan zur Vorlage bei der Spruchkammer (2. November 1948).

nach und Voith Heidenheim begann mit der Umplanung von Persenbeug. Umgesetzt wurde das Projekt wegen des Kriegsverlaufs nicht mehr. Arno Fischer setzte seine Drohungen nicht um.[29] Das Unternehmen Voith ging hier der Konfrontation mit Partei und Staat also zunächst nicht aus dem Weg, allerdings war die Motivation nicht politischer Widerstand, sondern unternehmerisches Interesse.

Neben der Affäre mit Arno Fischer kam es auch in anderem Zusammenhang immer wieder zum Konflikt mit den Behörden. Mit dem Heereswaffenamt gab es Ärger, als sich die Auslieferung von Turbogetrieben verzögerte. Das Amt drohte mit Verhaftungen, wenn Voith nicht endlich liefere.[30] Das Unternehmen wurde zudem wegen angeblicher Missstände bei der DAF denunziert – die nachfolgende Untersuchung konnte die Vorwürfe nicht bestätigen.[31] Zu guter Letzt stritt Ernst Schneider, Erfinder und Lizenzgeber des VSP, mit dem Oberkommando der Marine über die VSP-Lizenzgebühren; Voith versuchte vermittelnd einzugreifen.[32]

Darüber hinaus kam es bei Voith Heidenheim zu Verhaftungen. Einer der Betroffenen war der Gewerkschafter und Eisendreher August Joos, der seit 1909 bei Voith tätig war. Als Joos im November 1943 bei Voith einen Ausspruch über die »Aussichtslosigkeit des Krieges« machte, zeigte ihn der sogenannte Abwehrbeauftragte der Firma Voith wegen Wehrkraftzersetzung und Feindbegünstigung bei der Gestapo an. Joos wurde zu mehreren Jahren Zuchthaushaft verurteilt. Später war er im Konzentrationslager Dessau-Rosslau inhaftiert, hier starb er am 22. Februar 1945 im Alter von erst 58 Jahren an Entkräftung und Unterernährung. Heute erinnert ein Stolperstein in Heidenheim an sein Schicksal.[33] Auch bei Voith St. Pölten gab es Konflikte zwischen der Arbeiterschaft und dem nationalsozialistischen Staat.[34] Diese und weitere Beispiele dürfen aber nicht zu dem Schluss verleiten, Voith sei ein Hort des Widerstands gewesen. Vielmehr war das Unternehmen eng in das System eingebunden, wie besonders die Rüstungsproduktion von Voith belegt.

Produkte für die Kriegswirtschaft

1939 machten Rüstungsgüter circa zehn Prozent des Gewinns bei Voith aus. Ihr Anteil stieg auf 50 Prozent des Gesamtgewinns, der sich bis 1944 fast verdreifachte. Zusätzlich machten die Abteilung für Papiermaschinen, die Abteilung VSP und die verschiedenen anderen Abteilungen für

---

29 Der Konflikt Voith-AF ist u. a. in dem von Schweickert kommentierten Briefwechsel Walther Voith – Canaan ausführlich dargestellt. Noch detaillierter ist der Schriftwechsel selbst, der in Kopie vorliegt.

30 Ebd., S. 88.

31 WABW B 80 Bü 2272, Protokoll zur Sitzung vom 30.3.1943.

32 WABW B 80 Bü 722, Schreiben vom 20.7.1944.

33 IG Metall Heidenheim: Stolperstein für August Joos. IG Metall Heidenheim übernimmt Patenschaft, Meldung vom 20.9.2013, vgl. URL: http://www.heidenheim.igm.de/news/meldung.html?id=60826; vgl. ebenso: Zur Mahnung und Erinnerung. Fünf neue Stolpersteine, in: turbine. Mitteilungsblatt der DKP für Industriebeschäftigte, Ausgabe Nr. 04, Oktober 2013, Jg. 42.

34 Heinz Arnberger: Widerstand in den Betrieben. Voith St. Pölten, in: Dokumentationsarchiv des österreichischen Widerstandes (Hg.): Widerstand und Verfolgung in Niederösterreich 1934–1945. Eine Dokumentation, Bearbeitung: Heinz Arnberger, Christa Mitterrutzner, Bd. 2, (3 Bd.), Wien 1987, S. 314–330; Johannes Schönner: Namentliche Erfassung der Opfer politischer Verfolgung in Österreich von 1958 bis 1945. Endbericht, in: Demokratie und Geschichte. Jahrbuch des Karl von Vogelsang-Institutes zur Erforschung der Geschichte der christlichen Demokratie in Österreich, Band 9–10, Heft 1 (Dez. 2007), S. 277–308. Weitere Recherchen in diesem Bereich wären sinnvoll, nicht nur für Heidenheim, sondern auch für die Werke St. Pölten und Bremen.

die unterschiedlichen Getriebe und Kupplungen einen Großteil ihrer Umsätze mit Rüstungsgütern. Voith wurde in den Kriegsjahren zu einem fast reinen Rüstungsbetrieb.[35] Neben den Kernprodukten und deren Varianten für die Rüstung produzierte das Unternehmen auch Waffen, etwa Flugabwehrkanonen,[36] panzerbrechende Waffen[37] und Torpedos.[38]

Dabei war Voith nicht nur ein Hersteller, sondern auch ein wichtiges Forschungs- und Entwicklungszentrum für die NS-Kriegswirtschaft. Die Papiermaschinenabteilung entwickelte und baute neben den Maschinen zur Buna-Entwässerung zahlreiche Maschinen für die Ersatzstoffproduktion, etwa zur Herstellung von Faserplatten[39] oder für die Entfaserung von Yucca, deren Fasern als Ersatz für Jute verwendet wurden. Endprodukt waren wasserdichte Stoffe. Es entstanden Altpapiermaschinen, Maschinen für die Kunstlederproduktion, Nährhefe-Anlagen zur Erzeugung von Hefen zur »Deckung der mangelnden Eiweiss-Stoffe«,[40] Maschinen für die Zellstoffwatte-Produktion und einiges mehr.

Ziel dieser Maschinen war es, neue synthetische Werkstoffe zu verarbeiten oder aus bisher nicht industriell verwendeten Materialien Rohstoffe zu gewinnen beziehungsweise Abfallmaterialien wieder in Rohstoffe zu verwandeln.[41]

Gleichzeitig wurden Maschinen für die Sprengstoffproduktion entworfen, etwa eine Langsiebwässerungsmaschine für Nitroglyzerin-Pulver, wie ein Voith Ingenieur 1942 berichtet: »Die ›Deutsche Spreng-Chemie‹ hat um Besuch gebeten. Es ist beabsichtigt, in Zukunft das Nitro-Glyzerin-Pulver auf einer Langsiebmaschine zu entwässern. Bis jetzt findet die Entwässerung in Zentrifugen statt, die außerordentlich viel Handarbeit verursachen.«[42] Die geplante Versuchs-Entwässerungsanlage sollte im Werk Forst (Lausitz) gebaut werden. Dafür nötige Nitrocellulose sollte die Dynamit AG liefern, für die Voith bereits zwölf Mischer geliefert hatte.[43]

Auch die Turbinenprojekte sind im Kriegskontext zu sehen. Für die Nationalsozialisten war die Wasserkraft zentral, um von Kohleimporten aus dem Ausland unabhängig zu werden.[44] Noch vielfältiger waren die Produktentwicklungen und -planungen bei den Turbogetrieben und -kupplungen. Für verschiedenste Fahrzeuge gab es unterschiedliche Getriebe im Programm von Voith, darunter für Lokomotiven, Geländewagen, zivile Fahrzeuge. Parallel wurden die Getriebe weiterentwickelt, etwa für den Panzer VI Tiger. Neben den Entwicklungen, die, wie für den Tiger, schon in die praktische Erprobung gehen konnten, arbeitete Voith auch an Projekten im Konzeptstadium mit.

---

35   WABW B 80 Bü 281, »Erläuterungen zur Bilanz und Verlust- und Gewinn-Rechung auf den 31.12.1945«, S. 41. Die Bedeutung Voiths als Rüstungsbetrieb vor Kriegsbeginn zeigt sich u. a. in der Verleihung des Titels »Wehrwirtschaftsführer« an Hanns Voith im Jahr 1938. BArch (ehem. BDC): Voith, Hanns (geb. 26.4.1885), vorl. Sign. im BArch: VBS 1/1190012410.

36   WABW B 80 Bü 281, »Erläuterungen zur Bilanz und Verlust- und Gewinn-Rechung auf den 31.12.1945«, S. 47.

37   WABW B 80 Bü 652.

38   WABW B 80 Bü 1595, Briefwechsel Canaan mit Walther Voith 1945 bis 1947, Schreiben vom 8. Februar 1945 von Jos(ef?) Ehrhart, Dipl. Ing bei Voith St. Pölten an Walther Voith in Pruggern.

39   WABW B 80 Bü 652, Leistungsbericht der Firma J. M. Voith Maschinenfabrik und Eisengießerei Heidenheim (Brenz), Reichsbetriebsnummer: 0/0780/0003 im Rahmen des Kriegsleistungskampfes der deutschen Betriebe 1943/44, S. 5.

40   Ebd, S. 6.

41   Ebd., S. 2 – 11.

42   WABW B 80 Bü 1474, Bericht Obering. Breuniger, 15. Juni 1942.

43   Ebd.

44   Zur Bedeutung der Wasserkraft vgl.: Bernhard Stier: Nationalsozialistische Sonderinstanzen in der Energiewirtschaft. Der Generalinspektor für Wasser und Energie 1941–1945, in: Rüdiger Hachtmann, Winfried Süß (Hg.): Hitlers Kommissare: Sondergewalten in der nationalsozialistischen Diktatur, Göttingen 2006, S. 138–158.

4_Rüstung, Krieg und Brückenbau bei Voith

Etwa plante das Reichsverkehrsministerium auf Veranlassung von Adolf Hitler eine Breitspureisenbahn. Die Spurweite war mit drei Metern mehr als doppelt so breit wie die heutige Normalspur. Es sollten Triebwagenzüge und Lok-gezogene Züge entstehen. Die Personenzüge hätten mit 250 km/h ICE-Geschwindigkeit erreicht, die Güterzüge wären deutlich langsamer gewesen, sollten aber 10.000 Tonnen ziehen können. Die Nennleistung sollte zwischen 20.000 und 40.000 PS (14.710 und 29.420 kW) betragen. Bei Voith fragte nun das Reichsverkehrsministerium an, wie die Kraftübertragung von den Motoren auf die Räder umgesetzt werden müsse.[45]

Auch die Firma Messerschmitt hatte Großes vor. Sie plante ein Großflugzeug und beauftragte Voith, einen Drehmomentwandler für den Flugzeugantrieb zu entwickeln. Ziel war es, konstante Drehmomente und Drehzahlen an der Propellerwelle zu erzielen, das Projekt hatte den Titel: »Voith-Turbogetriebe-Großantrieb«.[46]

Für Steyr-Daimler-Puch sollte Voith ein Getriebe für ein Geländefahrzeug mit 1.200 PS (882,6 kW) konzipieren. Zum Vergleich: Der damals modernste Panzer der Wehrmacht, der Panther, hatte rund 700 PS (514 kW).[47]

Ein weiteres Sonderprojekt lief in Zusammenarbeit mit Porsche. Das Stuttgarter Unternehmen entwickelte Lastzüge mit 50 bis 100 Tonnen Nutzlast. Nun sollten besonders lange Lastzüge zusammengestellt werden. Eine Idee war, einen Kraftwagen mit einem Generator anzutreiben. Der Generator auf dem Lenkfahrzeug produzierte den Strom, der dann mit Elektromotoren in den Anhängern in Vortrieb umgesetzt werden sollte. Voith schlug hier eine mechanische Kraftübertragung mit Turbokupplungen vor, um flexibler zu sein.[48] Die Turbogetriebe wurden aber nicht nur in Fahrzeuge eingebaut, 1941 plante Voith Turbogetriebe für die Erdölförderung in Rumänien, die Getriebe sollten Teil des Bohrantriebs werden.[49]

Diese und zahlreiche andere Projekte kamen meist nicht aus der Planungsphase hinaus, verdeutlichen aber, dass Voith gefragt wurde, wenn hohe Leistungen und sehr große Drehmomente kontrolliert werden sollten. Voith wurde angesprochen, wenn es um bisher unkontrollierbare Leistungen ging, und mit Entwicklungen oder Berechnungen beauftragt.

Von der Turbinensparte wurden viele Vorhaben zur Gewinnung von Wasserkraft im Rahmen der Autarkiebestrebungen realisiert. Zusätzlich wurde das Know-how eingesetzt, etwa um in Kochel einen Windkanal mit Energie zu versorgen. Es war aber kein normaler Windkanal. Voith sollte für die Hyperschall-Versuchsanstalt in Kochel vier Turbinen mit je 17.000 PS (12.503 kW) und drei Turbinen mit 4.500 PS (3.310 kW) liefern. Diese Turbinen wandelten die Wasserkraft nicht in elektrische Energie um, sondern waren direkt an einen Kompressor angeschlossen. Vorgesehen waren Windgeschwindigkeiten bis Mach 10.[50]

---

45 WABW B 80 Bü 1346/1, Bericht Nr. 752 von Obering. Kugel über Besprechung 6.11.1942.
46 WABW B 80 Bü 1346/1, Bericht Nr. 851 von Kugel, Anwesend Dipl. Ing. Schmedemann (Messerschmitt A. G.), Pauer, Benzinger (beide Lehrkanzel Franz Lösel, Wien), Hermann Voith, Hanns Voith (zeitweise), Kugel, Gsching (alle Voith), 23.9.1940.
47 WABW B 80 Bü 1346/1.
48 WABW B 80 Bü 1346/1, Schreiben vom 24.1.1941.
49 WABW B 80 Bü 1346/1, Bericht Nr. 1027, 8.12.1941.
50 Siehe dazu: Briefwechsel Walther Voith – Canaan, Schreiben von Canaan an Walther Voith am 22.11.1943, sowie der Vortrag von D. Eckardt »Der 1 x 1 M Hyperschall-Windkanal in Kochel / Tullahoma 1940–1960« auf dem Deutschen Luft- und Raumfahrtkongress 2014. Es gab zahlreiche weitere Rüstungsprojekte, wie etwa Frontprüfstände für die Tests an Flugzeugmotoren, vgl. WABW B 80 Bü 1475, Bericht Ing. Moroff, 27. November 1942.

Für den VSP richtete Voith sogar ein eigenes Werk ein. 1940 entstand das Werk Bremen, das 1941 seinen Betrieb aufnahm. Aufgabe des neuen Standorts war die Überholung und Instandsetzung der VSP-Antriebe sowie die »Neuherstellung der Steuereinrichtungen für Schiffe mit diesem Antrieb.«⁵¹ Am Anfang fehlte Personal, wie das Werk 1943 berichtete, »sodaß zunächst ein Stamm von Gefolgschaftsmitgliedern von Heidenheim nach hier übersiedeln mußte. Das war nicht in jedem Fall ohne Dienstverpflichtung möglich. Im Laufe der Zeit hat aber der größte Teil dieser Gefolgschaftsmitglieder seinen Wohnsitz vollkommen nach Bremen verlegt, sodaß heute nur noch ein ganz geringer Prozentsatz Dienstverpflichteter bei uns tätig ist.«⁵²

Zigaretten als Lob von Albert Speer

Das Engagement für die Kriegswirtschaft brachte dem Unternehmen eine ganze Reihe von Auszeichnungen ein. Voith beteiligte sich spätestens seit 1937 am »Leistungskampf der deutschen Betriebe«. An diesem Wettbewerb nahmen seit 1936 einmal im Jahr deutsche Unternehmen teil, um die Auszeichnung als »Nationalsozialistischer Musterbetrieb« zu gewinnen. 1937/38 bewarben sich 80.000 Firmen beim Wettbewerb, 1940/41 waren es 290.000. Zunächst wurden unter allen Bewerbern von DAF-Funktionären regionale Spitzenreiter ermittelt, die jeweils ein Gaudiplom erhielten und in die nächste Wettbewerbsrunde kamen. Die überregional erfolgreichsten Betriebe wurden am 1. Mai von Hitler als »Nationalsozialistischer Musterbetrieb« ausgezeichnet.⁵³ Voith erhielt 1937 ein Leistungsabzeichen für seine »vorbildliche Berufserziehung«.⁵⁴ Im November 1940 erhielten Hermann und Hanns Voith das Kriegsverdienstkreuz II. Klasse, 1941 erhielten 15 Voith-Mitarbeiter in Heidenheim ebenfalls das Kriegsverdienstkreuz II. Klasse, darunter waren Arbeiter genauso vertreten wie Direktoren.⁵⁵

Im Februar 1942 gab es eine bedeutende Auszeichnung. Voith erhielt vom Reichsminister für Bewaffnung und Munition, Albert Speer, einen Brief: »Betr.: Verfügungslager Speer. Der Hauptausschuss Waffen hat gemeldet, dass sich Ihre in der Waffenfertigung eingesetzten Gefolgschaftsmitglieder in der letzten Zeit durch besonders regelmässige Erfüllung der Programmzahlen ausgezeichnet haben. Den in der Fertigung vom Hauptausschuss vorgeschlagenen 400 deutschen Gefolgschaftsmitgliedern werden 9600 Zigaretten zur Verfügung gestellt, die Sie als Leistungsanerkennung des Herrn Reichsminister Speer zur Verteilung bringen wollen. Sollten in der vorgenannten Gefolgschaftszahl Ausländer enthalten sein, so erhalten diese entsprechend ihrem Verhalten und Leistungen Zigaretten bis zur Hälfte.«⁵⁶

Zum 75. Firmenjubiläum 1942 brachte Voith seinen Leistungsbericht in Form eines Prachtbandes mit Bildern, Ledereinband und Goldprägung in den Wettbewerb ein. Im selben

---

51 WABW B 80 Bü 2707, 15.3.1943, Kurze Darstellung der Betriebsgeschichte, S. 4.
52 WABW B 80 Bü 2707, 15.3.1943, Betriebsbericht, S. 3.
53 Stephanie Becker, Christoph Studt (Hg.): »Und sie werden nicht mehr frei sein ihr ganzes Leben« Funktion und Stellenwert der NSDAP, ihrer Gliederungen und angeschlossenen Verbände im »Dritten Reich«, Berlin 2012, S. 172 und Lexikon des Dritten Reichs, URL: http://www.lexikon-drittes-reich.de/Leistungskampf_der_deutschen_Betriebe (9.6.2016).
54 »Goldenes Buch«, S. 15.
55 WABW B 80 Bü 110, Auszug aus Grenzbote, 25.11.1940; WABW B 80 Bü 2417 WA II,3/28.
56 WABW B 80 Bü 652, Anlage 7.

Jahr erhielt Voith ein Gaudiplom für hervorragende Leistungen[57] und ein Leistungsabzeichen für vorbildliche Berufserziehung.[58]

Zwangsarbeit bei Voith

Voith konnte dies alles nur durch den Einsatz von Zwangsarbeitern leisten, die den kriegsbedingten Arbeitskräftemangel ausgleichen mussten. Im Deutschen Reich mussten sich während des Zweiten Weltkriegs insgesamt etwa 14 Millionen ausländische Zwangsarbeiter verdingen, diese lassen sich in drei Gruppen aufteilen: Kriegsgefangene, zivile Zwangsarbeiter und Häftlinge aus den Konzentrations- und Vernichtungslagern sowie aus Gefängnissen und Arbeitslagern.[59] In den ersten Kriegsjahren hatten zivile ausländische Arbeitskräfte zunächst teilweise noch freiwillig eine Tätigkeit in deutschen Unternehmen aufgenommen. Bald überwog aber der Zwangscharakter dieses Arbeitseinsatzes. Auch jene, die ursprünglich aus freien Stücken gekommen waren, konnten das Arbeitsverhältnis nicht mehr von sich aus beenden und wurden gezwungen, in Deutschland zu bleiben. Zugleich verhängten die deutschen Besatzer für große Teile der Bevölkerung in den eroberten Ländern eine Arbeitspflicht und etablierten ein brutales System der Zwangsrekrutierung und -aushebung.[60] Die Bezahlung, Unterbringung und sonstige Behandlung der Zwangsarbeiter unterschied sich je nach nationaler Herkunft beziehungsweise – in nationalsozialistischen Kriterien – nach »Rasse« stark. Diese Differenzierung war durch zahlreiche Behördenverordnungen sichergestellt. Westeuropäische Zivilarbeiter und Kriegsgefangene bekamen mehr Geld und wurden besser behandelt als Zwangsarbeiter aus Osteuropa. Sowjetische und polnische Arbeitskräfte waren am stärksten von Diskriminierung, Misshandlung und Terror betroffen. Am rechtlosesten und den schlimmsten Arbeits- und Lebensumständen ausgesetzt waren die sowjetischen Kriegsgefangenen und die KZ-Häftlinge.[61]

Die Unternehmen mussten sich aktiv um Zwangsarbeiterkontingente kümmern, konnten ohne diese allerdings auch die geforderten Rüstungsaufträge nicht erfüllen. Bei der Behandlung der Zwangsarbeiter hatten die Unternehmen – bei Einhaltung sehr geringer Mindeststandards – Freiräume.[62]

---

57   WABW B 80 Bü 1944, Schreiben vom 8. Mai 1942.

58   WABW B 80 Bü 77, Grenzbote, 5. Mai 1942, Artikel »Schwäbische Tüchtigkeit bleibt führend im Reich«, S. 2. Weitere Auszeichnungen: Belobigung durch den Generalinspektor für Wasser und Energie Albert Speer wegen besonderer Verdienste um den energiewirtschaftlichen Wiederaufbau in der Südukraine (Voith reparierte ein Wasserkraftwerk in Saporoshje) (WABW B 80 Bü 652, Leistungsbericht 1943/44, Anlage 7), Belobigung durch Speer wegen einer erfolgreich durchgeführten »Aktion zum 12. Mai« (WABW B 80 Bü 652, Leistungsbericht 1943/44, Anlage 9).

59   Dietrich Eichholtz: Zwangsarbeit in der deutschen Kriegswirtschaft. Unter besonderer Berücksichtigung der deutschen Kriegswirtschaft, in: Ulrike Winkler (Hg.): Stiften gehen. NS-Zwangsarbeit und Entschädigungsdebatte, Köln 2000, S. 10–40, hier insbes. S. 10–18; Thomas Kuczynski: Entschädigungsansprüche für Zwangsarbeit im »Dritten Reich«, in: ebd., S. 170–185, S. 170 f.; Mark Spoerer: Zwangsarbeit unter dem Hakenkreuz. Ausländische Zivilarbeiter, Kriegsgefangene und Häftlinge im Deutschen Reich und im besetzten Europa 1939–1945, Stuttgart, München 2001, S. 90–115. Zeitgenössisch wurde der Begriff der »Zwangsarbeiter« nicht verwendet, sie wurden als »Fremdarbeiter«, als »Ost-« und »Westarbeiter« oder schlicht als ausländische Arbeitskräfte bzw. Kriegsgefangene bezeichnet. Die größte Gruppe der NS-Häftlings-Zwangsarbeiter stellten die Konzentrationslager-Häftlinge.

60   Vgl. u. a. Spoerer: Zwangsarbeit, S. 10–20, S. 35–88.

61   Ebd., S. 16–19.

62   Vgl. hier übergreifend ebd. Inzwischen liegen zahlreiche Fallstudien zur Zwangsarbeit in Unternehmen vor, vgl. exemplarisch für den Rüstungsbereich Gabriella Hauch, Peter Gutschner, Birgit Kirchmayr (Hg.): Industrie und Zwangsarbeit im Nationalsozialismus: Mercedes Benz, VW, Reichswerke Hermann Göring in Linz und Salzgitter,

_rechts: VSP im Einsatz in einem Schwimmkran in Wilhelmshaven, 1938.

_unten links: Francis-Laufrad, bestimmt für das Kraftwerk im Fengman-Staudamm am Sungari-Fluss in der von den Japanern besetzten Mandschurei, 1939. Es wurde wegen des Ausbruchs des Zweiten Weltkriegs nie ausgeliefert. Heute steht dieses Laufrad im Deutschen Museum in München.

_unten rechts: Leitrad für die Spiralturbine, eigentlich 1938–1939 für ein Wasserkraftwerk am Rio Negro, Uruguay, gebaut. Der Zweite Weltkrieg verhinderte die Auslieferung. Stattdessen gingen die fertigen Teile nach Großraming, Österreich, zum Ennskraftwerk.

_oben: 1939 wird die erste Werksküche eingerichtet.

_links: Die alte Vesperausgabe, 1937.

_unten: Der neue Erfrischungsraum, 1937.

_Blick in die Buchhaltung in den 1930er Jahren.

_Arbeit im Technischen Büro, 1941.

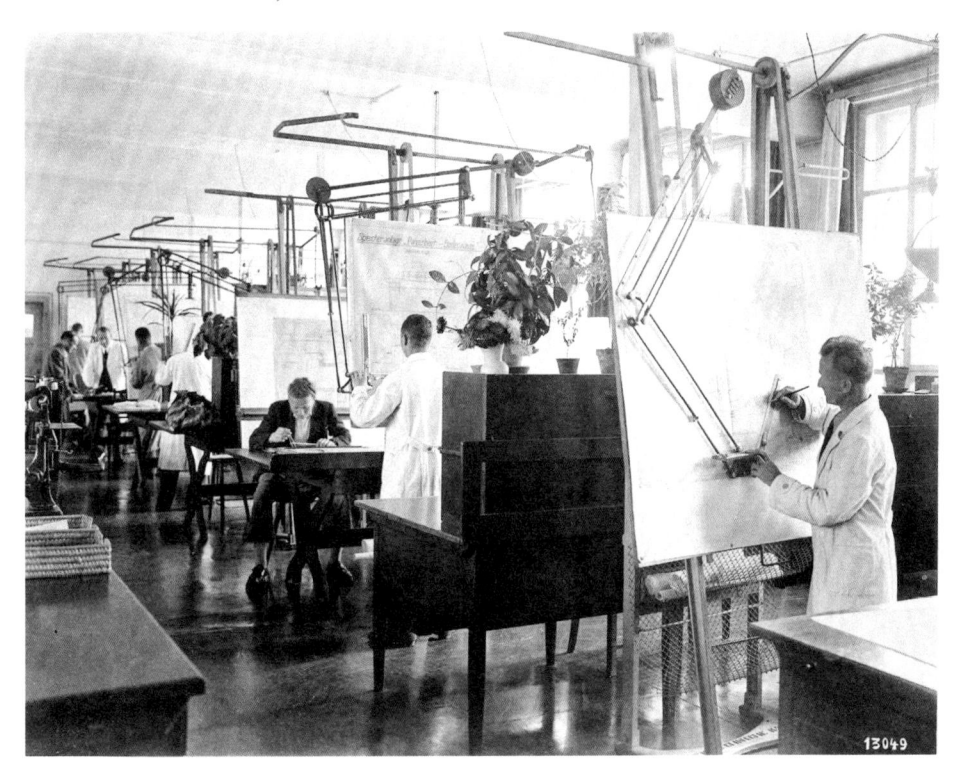

_oben: Blick in die Lehrlingsgießerei. Das Porträt Adolf Hitlers wurde als Lehrlingsprojekt hergestellt.

_Mitte links: Der Nationalsozialismus ist präsent im Werk. Hier der Aufenthaltsraum der Lehrlinge.

_Mitte rechts: Für Propagandazwecke werden Voith-Lehrlinge fotografiert.

_links: Die 75-Jahr-Feier von Voith im Jahr 1942.

_oben: Zur Sicherheit des Werks vor Luftangriffen wurde in den Luftschutz investiert. Hier der Luftschutzturm von Voith.

_Mitte links: Der Befehlsstand mit dem Werkluftschutzleiter.

_Mitte rechts: Luftschutzstollen.

_unten: Ein Luftschutzstollen in Heidenheim in der Ulmerstraße wird gegraben. Eingesetzt werden unter anderem Zwangsarbeiter von Voith.

_Das Getriebe G24 für den Panzer Tiger wurde in kleiner Stückzahl als Prototyp gebaut, ging aber nie in Serie.

_VSP im Flugzeug- und Bergeschiff Greif.

_Für die Wartung und Produktion der VSP wurde in Bremen ein eigenes Werk gegründet. 1941 nahm es die Arbeit auf.

_Neben den Kernprodukten der Vorkriegszeit und ihren Rüstungsvarianten produzierte Voith auch Waffen und – neben anderem – auch diese Luftschutzunterstände.

_oben: Voith blieb bis zum Kriegsende von Zerstörungen weitgehend verschont. Auf dem Bild sieht man, wie nach dem Krieg eine Baracke von sowjetischen Zwangsarbeitern abbrennt.

_Mitte links: Mit Kriegsende stand das Werk still. Doch schon bald kamen neue Aufträge: Die zerstörte Infrastruktur musste wieder aufgebaut werden. Voith erhielt die Genehmigung der Alliierten zur Brückenreparatur in der Umgebung von Heidenheim.

_Mitte rechts: Die Brückenbauabteilung wuchs und bekam auch Aufträge aus dem weiteren Umkreis. Hier ein Abstützblock für die Neckarbrücke bei Neckargemünd.

_rechts: Voith führte nach dem Krieg die Wartung und Reparatur von Fahrzeugen der amerikanischen Truppen durch.

Im Heidenheimer Voith-Werk wurden sowohl Kriegsgefangene als auch ausländische Zivilarbeiter eingesetzt. Der Einsatz von KZ-Häftlingen im Heidenheimer Werk ist nicht nachweisbar. Aus den Bilanzen der Jahre 1942 bis 1944 lässt sich herauslesen, wie viele Kriegsgefangene und ausländische zivile Zwangsarbeiter im Werk Heidenheim beschäftigt wurden. Bis Mai 1942 scheinen die Zahlen noch vergleichsweise moderat: Im Schnitt sind 50 Kriegsgefangene und zehn ausländische Arbeiter aufgeführt. Danach steigen die Zahlen an. Im Dezember sind es schließlich 54 Kriegsgefangene, 357 männliche Zivilarbeiter und 200 Zivilarbeiterinnen.[63] Im Jahr 1943 bleiben die Zahlen in etwa konstant, 1944 steigen sie leicht.

Die allgemein schlechte Behandlung gerade der sowjetischen Zwangsarbeiter hatte zum Teil gravierende und schreckliche Folgen. Für bei Voith beschäftigte Zwangsarbeiter sind fünf Todesfälle bekannt, sie starben an verschiedenen Krankheiten. Zwei Zwangsarbeiter starben an Tuberkulose, was auf Unterernährung, körperliche Überlastung und fehlende Hygiene hinweist. Dies könnte auch bei beiden an Tumoren gestorbenen Zwangsarbeitern eine Rolle gespielt haben. Auffällig ist auch das durchgängig junge Alter der Verstorbenen. Sie wurden kaum 20 Jahre alt.[64] Es ist nicht zu klären, ob die Krankheiten durch den Arbeitseinsatz bei Voith entstanden sind, oder ob die Zwangsarbeiter schon schwer krank nach Heidenheim kamen. Jedoch trugen die deutschen Unternehmen insgesamt, und damit auch Voith, einen großen Teil der Verantwortung für die Bedingungen des Zwangsarbeitereinsatzes.

Untergebracht wurden die Arbeiter in Barackenlagern auf dem und um das Werksgelände. In der Bilanz 1944 finden sich unter Zugänge 1944 die Posten »Baracken für 200 Mann«, »Entlausungsanstalt f. Ausländerlager« und »Barackenlager 3«.[65]

Trotz der zwischenzeitlich gut 500 ausländischen Arbeitskräfte konnte Voith nicht alle abberufenen Mitarbeiter ersetzen. Vor dem Hintergrund eines Mangels an ausgebildetem Fachpersonal begann Voith daher, insbesondere Kriegsgefangene selbst auszubilden. Das sieht man am sprunghaften Anstieg der Lehrlingszahlen unter den Kriegsgefangenen.[66] Parallel versuchte Voith in Frankreich gezielt Facharbeiter anzuwerben, was aber offenbar erfolglos blieb.[67]

Seit dem 1. Juni 1944 mussten die ausländischen Arbeiter im Werk eine Plakette tragen, die sie einer bestimmten Abteilung zuwies. Ähnliche Plaketten trugen zu dieser Zeit aber auch Voith-Angestellte (Arbeiter nicht) und werksfremde Besucher. Die Plaketten unterschieden sich in Form und Farbe, gaben aber auch bei den ausländischen Arbeitern keinen Aufschluss über die Nationalität des Trägers.[68] Die Verpflegung der Zwangsarbeiter erfolgte wahlweise in der Werkskantine (französische Kriegsgefangene) oder in zwei Kantinen, die speziell für die über 400 »Ostarbeiter«, wie die zivilen Zwangsarbeiter aus der Sowjetunion genannt wurden, eingerichtet

---

Innsbruck u. a. 2003.

63   WABW B 80 Bü 456, Bilanz 1942.

64   Analyse Voith 1939–1945, internes Papier, Voith 2007, S. 9: Folgende Zwangsarbeiter starben während ihrer Zeit bei Voith: Peter Naumowsky aus Russland (1923 – 27.7.1943) an Lungenentzündung; Lowko Bozula aus Russland (1923 – 19.5.1944) an doppelseitiger offener Lungentuberkulose; Iwan Mantula aus Russland (1925 – 19.5.1944) an Bauchfelltuberkulose; Jakon Roij aus Russland (1925 – 26.5.1944) an einer Rückenmarkgeschwulst; Nastja Hehta (Frau) aus Russland (1926 – 16.9.1944) an einem bösartigen Tumor im Lymphsystem.

65   WABW B 80 Bü 275, vgl. auch: Alfred u. Dagmar Hoffmann: Drei Schritt vom Leib. Ausländische Zivilarbeiter und Kriegsgefangene in Heidenheim 1939 – 1945. Eine Dokumentation, Heidenheim 1995.

66   WABW B 80 Bü 457, Bilanz 1943.

67   WABW B 80 Bü 2272, Protokoll der Sitzung des Vertrauensrates vom 9.11.1943. Hier wird auch die Absicht zum Ausdruck gebracht, »unsere Russen« auszubilden, um dem Facharbeitermangel entgegen zu wirken.

68   WABW B 80 Bü 1944, Büroumläufe, Anordnung des Abwehrbeauftragten vom 1. Juni 1944.

wurden.⁶⁹ Trotzdem kam es in Heidenheim zu Unfrieden in der Belegschaft, die nicht mit Ausländern gemeinsam in der Kantine ihre Mahlzeiten einnehmen wollte.⁷⁰

Die Zwangsarbeiter von Voith aber auch von den anderen Heidenheimer Industrie- und Gewerbeunternehmen gehörten zum Alltag in der Stadt. Ein Zeitzeuge berichtete, wie er 1942, damals als neun- oder zehnjähriger Bub die Zwangsarbeiter von Voith erlebte. Er erzählt: »Wir Kinder, es wird wohl eine Gruppe von zehn bis zwanzig Kindern gewesen sein, haben damals Brot durch den Zaun gegeben und von den Zwangsarbeitern dafür selbstgebasteltes Spielzeug bekommen. Sie haben zum Beispiel aus Fichtenholz Holzhühner geschnitzt und mit einem glühenden Draht Brandverzierungen daran angebracht. Fünf solche Hühner wurden dann mit einer Schnur zusammengebunden. Wenn man an der Schnur zog, schienen die Hühner zu picken.« Die erwachsenen Heidenheimer (und Voithianer) scheinen das toleriert zu haben, seien aber – in seiner Erinnerung – nie am Zaun gewesen.⁷¹

Im Werk Bremen wurden ebenfalls Zwangsarbeiter eingesetzt, im Januar 1945 waren neben 44 deutschen auch 18 ausländische Mitarbeiter gelistet.⁷² Auch hier gab es ein Wohnlager samt Umzäunung.⁷³

Für das Werk St. Pölten sind nahezu keine Akten überliefert, um den genauen Umfang des Zwangsarbeitereinsatzes zu rekonstruieren. Es sind aber Baracken und Kriegsgefangenenbaracken auf den Lageplänen der Kriegszeit eingezeichnet. Zudem gibt es in einer Dokumentation des Zukunftsfonds der Republik Österreich zum Thema Zwangsarbeit Hinweise darauf, dass das St. Pöltener Voith-Werk mit der Justizanstalt Stein (Zuchthaus Stein im nahegelegenen Krems) zusammengearbeitet und hier Gefangene zur Arbeit herangezogen hat. Darüber hinaus wurden gemäß Erinnerungen von Zeitzeugen offenbar auch Gefangene aus dem Gefängnis St. Pölten bei Voith eingesetzt.⁷⁴ Ebenso gibt es in der Literatur Hinweise auf die Misshandlung mehrerer ausländischer Zwangsarbeiter beziehungsweise sowjetischer Kriegsgefangener durch einen »Werkschutzmann und Unterlagerführer« bei Voith in St. Pölten. Der Genannte wurde hierfür nach dem Ende des Nationalsozialismus vor dem Wiener Volksgerichtshof angeklagt.⁷⁵

---

69   WABW B 80 Bü 651, Leistungsbericht 1942/43, S. 22.
70   WABW B 80 Bü 2272, Protokoll der Sitzung des Vertrauensrates vom 22. Mai 1944, S. 2 f.
71   Heiner Kleinschmidt, Jürgen Bohnert (Hg.): Heidenheim zwischen Hakenkreuz und Heidekopf. Eine lokale Dokumentation zur Nazi-Zeit, Heidenheim 1983, S. 89.
72   WABW B 80 Bü 2716, Bericht Mahringer vom 9. Januar 1945.
73   WABW B 80 Bü 275.
74   Hermann Ratseder: Erkenntnisse zu Erscheinungsformen der Oppression und zum NS-Lagersystem aus der Arbeit des Österreichischen Versöhnungsfonds. Eine Dokumentation im Auftrag des Zukunftsfonds der Republik Österreich, Linz 2007 bzw. Online-Publikation 2013, durchgesehene Fassung 2014, hier insbes. S. 186, S. 526. Im Zuchthaus Stein waren vor allem politische Gegner des NS-Regimes bzw. Regimekritische inhaftiert, darunter viele Ausländer.
75   Hellmut Butterweck: Nationalsozialisten vor dem Volksgericht Wien: Österreichs Ringen um Gerechtigkeit 1945 –1955 in der zeitgenössischen öffentlichen Wahrnehmung, Innsbruck 2016. In St. Pölten und Umgebung gab es darüber hinaus mehrere Arbeiterlager (u.a. Zwangsarbeiter-, Ostarbeiter-, Kriegsgefangenen-, Reichsautobahn-, Reichsbahn-, RAD- und andere Lager). Hier besteht eine hohe Wahrscheinlichkeit von Bezügen zu Voith. Auch ein Zwangsarbeiterlager für ungarische Juden im nahen Viehhofen, wo sich auch ein Zwangsarbeitslager der Glanzstoff-Fabriken befand, wurde in den späteren Kriegsjahren errichtet. Hierzu Einträge in: St. Pöltner Regenbogen 2005, Kulturjahrbuch der Landeshauptstadt, St. Pölten 1945 –1955 – Geschichte(n) einer Stadt, (hier u.a. Manfred Wieninger: Holocaust vor der Haustür – bisher unbekanntes Zwangsarbeiterlager für ungarische Juden in St. Pölten entdeckt, S. 99 ff.); vgl. außerdem die Homepage zum Mahnmal, URL: http://www.mahnmal-viehofen.at/de/orte.html; Manfred Wieninger: Wir leben eh nicht mehr lang – Das Lager St. Pölten-Viehofen in Zeitzeugenberichten, in: Eleonore Lappin, Susanne Uslu-Pauer, Manfred Wieninger: Ungarisch-jüdische Zwangsarbeiterinnen und Zwangsarbeiter in Niederösterreich 1944/45, St. Pölten 2006 (= Studien und Forschungen aus dem niederösterreichischen Institut für Landeskunde, Band 45), S. 174 – 208.

Das System der Zwangsarbeit von Kriegsgefangenen und Zivilarbeitern war brutal und unmenschlich. Vielfach waren in Industriebetrieben aber auch bei Landwirten und im Handwerk Betriebsangehörige an Misshandlungen beteiligt.[76] Voith machte hier keine Ausnahme. Bei Voith gibt es allerdings einen weiteren Aspekt der Zwangsarbeit. Voith selbst hatte keine KZ-Arbeiter, gleichzeitig war das Unternehmen aber Lieferant für Kunden, die KZ-Arbeiter in großem Umfang einsetzten. Ein Teil der oben genannten Entwässerungsmaschinen für die Buna-Produktion wurde an das IG Farben Werk Auschwitz-Monowitz geliefert. Hier entstand ab 1941 auf der damals größten Baustelle der Welt eine Chemiefabrik für die Herstellung von synthetischem Treibstoff (Leuna-Benzin) und synthetischem Kautschuk (Buna). Die Baustelle hatte mit dem Lager Auschwitz-Monowitz ein eigenes KZ, dessen Häftlinge unter unmenschlichen Bedingungen gezwungen waren, die Fabrik zu bauen. Man geht davon aus, dass mehr als 20.000 Häftlinge bei der oder durch die Arbeit starben. Voith lieferte nicht nur nach Monowitz, Voith Monteure bauten die Maschinen auch vor Ort auf. Nicht umsonst wurden die Kisten mit den versandbereiten Maschinen und Konstruktionsteilen für die Buna-Entwässerungsmaschine beschriftet mit: »Trocken lagern – Nur von Voith-Monteur zu öffnen.«[77] Man muss davon ausgehen, dass Voith-Mitarbeiter durch ihre Arbeit an der Buna-Entwässerungsanlage für Auschwitz über die ungefähren Zustände im KZ Auschwitz Bescheid gewusst haben.

Ähnlich wird es bei den Bauarbeiten für das Kraftwerk Großraming in Österreich gewesen sein. Bei Kriegsausbruch warteten bei Voith zwei Kaplanturbinen für das Kraftwerk Rio Negro in Uruguay auf die Verschiffung. Der Krieg verhinderte dies. Um nicht auf den Kosten sitzen zu bleiben, suchte Voith nach einem alternativen Abnehmer. In Österreich bot sich das geplante Flusskraftwerk Großraming in Reichraming an der Enns an.[78] Die Bauarbeiten in Großraming begannen am 9. September 1942. Zeitgleich lieferte Voith alle fertigen Maschinenteile aus Deutschland zur Baustelle und lagerte sie dort ein, um spätere kriegsbedingte Verzögerungen auszuschließen.[79] Den Großteil der Bauarbeiten, insbesondere die Erd- und Steinarbeiten mussten KZ-Häftlinge mit einfachem Werkzeug verrichten.[80] Zu diesem Zweck war in unmittelbarer Nähe zur Baustelle ein KZ-Nebenlager zum KZ Mauthausen eingerichtet worden. Bis zur Auflösung dieses Lagers im Jahr 1944 kamen hier bis zu 1.027 Häftlinge gleichzeitig zum Einsatz.[81] Auch auf dieser Baustelle war Voith mit vor Ort.[82] Voith-Mitarbeiter, die in Großraming arbeiteten, konnten nicht umhin, von dem Lager, den Häftlingen und vor allem den Arbeitsbedingungen Notiz zu nehmen. Offen ist, ob die Voith-Mitarbeiter auf der IG Farben Baustelle Auschwitz-Monowitz oder auf der Baustelle Großraming selbst KZ-Arbeiter, die sie vom Auftraggeber möglicherweise überstellt bekamen, einsetzten, ob es Misshandlungen oder auch Schutzmaßnahmen gab.

Voith ist sich der Verantwortung bewusst, die durch den Zwangsarbeitereinsatz besteht. Im Jahr 2000 trat Voith der Stiftungsinitiative der Deutschen Wirtschaft »Erinnerung,

---

76 Vgl. u. a. Mark Spoerer: Zwangsarbeit, Stuttgart 2001, S. 173 ff.
77 WABW B 80 Bü 1475, Bericht Obering. Schwartz, 10. Februar 1943.
78 Adolf Brunnthaler: Strom für den Führer. Der Bau der Ennskraftwerke und die KZ-Lager Ternberg, Großraming und Dipoldsau, Weitra 2000, S. 50.
79 Ebd., S. 52.
80 Ebd., S. 56.
81 Ebd., S. 54.
82 WABW B 80 Bü 1592, Schreiben von Canaan an Buhmann, 5.1.1945.

Verantwortung und Zukunft« bei und hat im April 2000 drei Millionen DM an die Stiftung überwiesen. Im März 2001 wurden weitere 3,3 Millionen DM gezahlt, sodass insgesamt 6,3 Millionen DM als Entschädigung geflossen sind. In Österreich wurden 6 Millionen Schilling (857.000 DM) in die dortige Stiftung eingebracht.[83]

Das Verhältnis von Walther, Hermann und Hanns Voith zum Nationalsozialismus

Zur Zeit des Nationalsozialismus leiteten Walther, Hermann und Hanns Voith das Unternehmen. Walther Voith war weiterhin für das niederösterreichische Schwesterwerk in St. Pölten zuständig, Hermann und Hanns Voith für das Werk in Heidenheim. Sie hatten das Unternehmen durch die schwere Krise geführt und in den Jahren seit 1913 entscheidend geprägt. In den unterschiedlichen Porträts, die über die drei Brüder erschienen sind, werden sie durchweg positiv beschrieben. Sozial verantwortlich, großzügig, gegebenenfalls auch streng, aber immer fair und empfänglich für offene Worte. Ihre Position zum Nationalsozialismus – besonders von Walther und Hermann – wird in den Porträts nicht thematisiert.[84] Beide waren Mitglieder der NSDAP, Hanns stellte einen Mitgliedsantrag, der abgelehnt wurde. Allerdings geschah all dies relativ spät, nicht 1933 und auch nicht 1937, als die Aufnahmesperre in die Partei von 1933 gelockert wurde.

Walther Voith war Ingenieur, Unternehmer und leidenschaftlicher Jäger. Selbst als er ab Anfang der 1940er Jahre durch Operationen geschwächt in Kur war oder sich in seinem Sommerhaus in der Steiermark erholte, stand er in kontinuierlichem Briefkontakt mit seinen Mitarbeitern in St. Pölten und Heidenheim, besonders mit Hans Faic Canaan, dem Chefingenieur der Turbinenabteilung in Heidenheim. Per Brief steuerte er das Unternehmen, beriet seine Brüder bei der Einstellung neuer Führungskräfte, schlichtete Streit und gab Strategien im Umgang mit Problemen oder schwierigen Kunden vor. Über Walther Voiths politische Haltung ist wenig bekannt. Er lehnte den Versailler Vertrag ab, sah das Deutsche Reich im Vergleich zu den anderen Großmächten der damaligen Zeit in Bezug auf den Zugriff auf Rohstoffe benachteiligt. Deutschland hatte schließlich keine Kolonien und er befand, dass Deutschland im Vergleich zur Bevölkerungszahl zu wenig Staatsfläche besitze. Diese weltanschaulichen Ansichten sind allerdings kein exklusiv nationalsozialistisches Gedankengut, sondern finden sich generell in konservativen, nationalistisch-völkischen Kreisen der 1920er und 1930er Jahre.[85] Als Österreich im März 1938 Teil des Deutschen Reichs wurde, beantragte Walther Voith am 19. Mai 1938 die Aufnahme in die NSDAP, die dann – rückdatiert auf den 1. Mai 1938 – akzeptiert wurde. Seine Mitgliedsnummer lautet: 6175550.[86] Nach dem Krieg erwartete er keine inhaltlichen Probleme bei seiner Entnazifizierung[87] und erklärte, er sei damals nur in die Partei eingetreten, da Voith St. Pölten bei der

---

83 Analyse Voith 1939–1945, internes Papier, Voith 2007, S. 9.

84 Zu Walther Voith: Voith-Mitteilungen 19 (Mai 1951), S. 225–227; zu Hermann Voith: Voith-Mitteilungen 25 (Januar 1953), S. 310–312; zu Hanns Voith: Voith-Mitteilungen 1/1971.

85 Vgl. Volker Puscher, u. a. (Hg.): Handbuch zur »Völkischen Bewegung« 1871–1918, München 1996; ders. zus. mit Clemens Vollhals (Hg): Die völkisch-religiöse Bewegung im Nationalsozialismus. Eine Beziehungs- und Konfliktgeschichte, Göttingen 2012.

86 BArch (ehem. BDC): NSDAP Zentraldatei: Voith, Walther.

87 WABW B 80 (noch keine Signatur), Durchschreibebuch Nr. 425 mit den Durchschriften der Briefe von Walther Voith aus Bruggern, Jan. 1946 bis Nov. 1946, hier ein Brief an Hanns Voith vom 2. April 1946.

Auftragsvergabe benachteiligt worden sei gegenüber Firmen, deren Geschäftsführer Parteimitglieder gewesen seien.[88]

Hermann und Hanns Voith beantragten beide erst im Mai 1941 die Aufnahme in die NSDAP.[89] Bei Hermann Voith wurde der Antrag sofort angenommen und er wurde zum 1. Juli 1941 Parteimitglied. Seine Mitgliedsnummer lautet: 8850002.[90] Über Hermann Voiths Verhältnis zur nationalsozialistischen Ideologie ist nichts bekannt. Im Unternehmensarchiv fehlen seine Akten, wie auch die von Walther und Hanns, nahezu vollständig. 1941 erkrankte Hermann Voith schwer und verstarb im September 1942. Hanns Voith übernahm jetzt alleine die Leitung von Voith Heidenheim.

Hanns Voith und seine Beziehung zum Nationalsozialismus ist – wie auch bei seinen Brüdern – nur unvollständig darstellbar. Ein wichtiges Thema ist seine Stellung zur Anthroposophie und die davon potenziell beeinflusste Haltung zur NS-Ideologie und NS-Bewegung. Hanns Voith verfasste am 23. November 1935 ein »Gesuch um Nachprüfung der Begründung des Verbots der Anthroposophischen Gesellschaft in Deutschland«.[91] Darin heißt es unter anderem: »Nach der nationalsozialistischen Revolution habe ich mit Begeisterung den Angriff des Führers auf den politischen Katholizismus, auf den Bolschewismus und Marxismus und auf Genf und den Versailler Vertrag verfolgt, musste ich doch sehen, dass diese Angriffe gegen die gleichen Feinde gingen, die auch die Anthroposophische Gesellschaft hatte. [...] In die grosszügigen sozialen Reformen der nationalsozialistischen Regierung stellte ich mich mit vollem Herzen und rückhaltlos ein, sah ich doch so vieles darin verwirklicht von dem, was wir im Jahre 1919 in der Dreigliederbewegung vertraten.« Dieses Zitat wird in Teilen der Forschung als Hinweis einer ideologischen Nähe der Anthroposophie zum Nationalsozialismus verwendet. Kurz, prägnant und sehr eindrücklich könnte man es als Beleg werten, dass Hanns Voith ein überzeugter Nationalsozialist gewesen sei. Dieser Brief verfolgte aber wahrscheinlich opportunistische Ziele. Ähnlich auch seine weiteren NS-Verbindungen zur NSDAP beziehungsweise ihren Organisationen. Hanns Voith war unter anderem »Förderndes Mitglied der SS«,[92] weshalb er 15 RM pro Monat an die SS zahlte.[93] Im nach Kriegsende abgehaltenen Spruchkammerverfahren wurde dies im Urteil entschuldigt.[94]

Anders als bei seinem Bruder Hermann wurde Hanns' Aufnahmeantrag in die NSDAP abgelehnt. Im Juli 1942 entschied das Oberste Parteigericht der NSDAP »mit aller Entschiedenheit gegen die Aufnahme des Voith in die NSDAP«. Als Begründung wird sein Engagement für

---

88 WABW B 80 (noch keine Signatur), Durchschreibebuch Nr. 425 mit den Durchschriften der Briefe von Walther Voith aus Bruggern, Jan. 1946 bis Nov. 1946, hier ein Brief an den Landeshauptmann Anton Pirchegger, Graz, vom 18. Nov. 1946. Walther Voith schreibt, nachdem Voith St. Pölten den Auftrag für das Kraftwerk Kaprun an Escher-Wyss verloren habe, habe er sich in Berlin beschwert. Die Beschwerde »führte zu nichts als einer Andeutung auf die ›Partei‹«. Daher sei er in die Partei eingetreten. Ob dies stimmt, konnte nicht verifiziert werden. Allerdings war das Argument, man sei aus wirtschaftlichen Gründen zum Eintritt gezwungen gewesen, eine der Hauptbegründungen, die Parteimitglieder in ihren Spruchkammerverfahren vorgebracht haben. Zu generellen Argumenten im Entnazifizierungsablauf vgl. Lutz Niethammer: Die Mitläuferfabrik. Die Entnazifizierung am Beispiel Bayerns, Frankfurt/Main 1972.

89 Laut eigener Aussage im Spruchkammerakt: Staatsarchiv Ludwigsburg, EL 902/10, Bü. 15829: Spruchkammerakt Johann Matthäus (Hanns) Voith, geb. 26.4.1885.

90 BArch (ehem. BDC): NSDAP Zentraldatei: Voith, Hermann.

91 BArch R58 Nr. 6194, Bl. 201–206, zitiert nach: Peter Staudenmaier: Between Occultism and Nazism. Anthroposophy and the Politics of Race in the Fascist Era, Leiden 2015, S. 113, Fußnote 44.

92 Eine Fördermitgliedschaft bedeutete keine aktive Mitgliedschaft sondern eine rein finanzielle Förderung.

93 BArch (ehem. BDC): Voith, Hanns (geb. 26.4.1885), vorl. Sign. im BArch: VBS 1/1190012410.

94 Staatsarchiv Ludwigsburg, EL 902/10, Bü. 15829: Spruchkammerakt Johann Matthäus (Hanns) Voith, geb. 26.4.1885.

die Anthroposophie genannt, deren Organisationen in Deutschland nach wie vor verboten waren. Für den Unternehmer Hanns Voith scheint die Mitgliedschaft aber so bedeutend gewesen zu sein, dass er im Anschluss ein Gnadengesuch direkt an die »Kanzlei des Führers, Hauptamt für Gnadensachen« richtete. Am 29. März 1943 erhielt Hanns Voith ein Einschreiben vom »Chef der Kanzlei des Führers«, in dem dieser Hanns Voith mitteilte, dass er »im Auftrag des Führers mitteilen müsse, dass dem Antrag mit Rücksicht auf die langjährige Zugehörigkeit zur Anthroposophischen Gesellschaft – auch auf dem Gnadenwege – nicht entsprochen werden kann«.[95] Hanns Voith trug auch mehrere Konflikte mit der lokalen NSDAP aus, wohl vor allem im Zusammenhang mit seiner Stellung zur Anthroposophie. Beispielsweise beschlagnahmte im Juni 1941, kurz nach seinem Mitgliedsantrag, die Gestapo seine Privatbibliothek.[96] Nach dem Krieg bezog Hanns Voith deutlich Stellung gegen den Nationalsozialismus, in seiner Autobiografie »Im Gang der Zeiten« beschreibt er Nationalsozialisten etwa als »bösartige Feinde des wahren Deutschtums«, betont die Unfähigkeit und Unmenschlichkeit Hitlers und generell die Sinnlosigkeit des Nationalsozialismus und des Kriegs.[97]

Letzte Rüstungsprojekte und Kriegsende in Heidenheim und St. Pölten

Die Maschinen bei Voith in Heidenheim liefen bis kurz vor Kriegsende weiter. Der Durchhaltewille für Regime und Krieg war offenbar groß. Einer der letzten großen und dringenden Aufträge war die Herstellung von Flugabwehrgeschützen, der seit Anfang 1945 forciert wurde. In der Abschlussbilanz für 1945 beschrieb das Unternehmen: »Ende Februar standen 90–100 Geräte fast fertig in unseren Hallen, es fehlten jedoch die Federausgleicher.« Die Produktion der Waffen war arbeitsteilig organisiert. Für Voith bedeutete dies, dass sie die Federausgleicher von einem Dortmunder Unternehmen erhalten sollten. Voith berichtete: »Von dort trafen jedoch Anfang 1945 keine Sendungen mehr ein. Wir haben verschiedentlich versucht, durch Kuriere die Ausgleicher herbeizuschaffen, diese kehrten jedoch in der Regel unverrichteter Dinge zurück. Einige Waggons mit Ausgleichern gingen auch durch Fliegerangriffe unterwegs verloren. Insgesamt sind fünf Waggons Ausgleicher ausgeblieben.« Voith begann damit, die fehlenden Teile selbst herzustellen und organisierte eine Fertigung durch die Firma Wöhr im nahegelegenen Unterkochen, die aber kriegsbedingt nicht mehr anlief. Bei Voith wurde kontinuierlich produziert. »Es wurden von uns immer einige Satz Ausgleicher zurückbehalten, mit denen laufend die Montage, die Justierung und der Beschuss weiterhin erfolgte. Nach dem Beschuss wurden die Ausgleicher wieder ausgebaut und für die nächsten Geräte verwendet. Auf diese Weise waren bis Anfang März [1945] rund 100 Geräte fertiggestellt. Wegen der grösser werdenden Luftgefahr wurden diese nicht ausgelieferten Geräte an verschiedenen Plätzen im Ugental untergestellt.« Die Produktion und Lieferung lief trotz näher rückender Front weiter. Immer, wenn fehlende Teile eintrafen, lieferte Voith fertige Flugabwehrkanonen, zunächst per Bahn, später holte das Heer die Geräte selbst ab, so nah war die Front inzwischen gerückt.[98]

---

95 BArch (ehem. BDC): Voith, Hanns (geb. 26.4.1885), vorl. Sign. im BArch: VBS 1/1190012410.
96 Staatsarchiv Ludwigsburg, EL 902/10, Bü. 15829: Spruchkammerakt Johann Matthäus (Hanns) Voith, geb. 26.4.1885.
97 Hanns Voith: Im Gang der Zeiten, Stuttgart 1980, S. 309–323, Zitat S. 312.
98 WABW B 80 Bü 281: »Erläuterungen zur Bilanz und Verlust- und Gewinn-Rechnung auf den 31.12.1945«, S. 47 f.

Kurz bevor die Amerikaner auf Heidenheim rückten, erhielt Voith noch einen besonderen Auftrag. Ende März 1945 rollten 40 Lastwagen bei Voith auf den Hof. Eine großkalibrige Flugzeugkanone sollte als eine Art Wunderwaffe den Sieg bringen. Der bisherige Hersteller in Frankfurt musste wegen der näher rückenden amerikanischen Truppen geräumt werden, so erhielt Voith das Material und den Auftrag. Am 20. April zogen die Lastwagen mit den Teilen der »Wunderwaffe« weiter, bei Voith kam die Produktion zum Erliegen. Heidenheim war in der Zwischenzeit fast eingekesselt, nur nach Süden war noch eine Lücke zum unbesetzten Reichsgebiet. In Heidenheim sah man dem Kriegsende mit großer Sorge entgegen. Hitler hatte mit dem sogenannten Nerobefehl die Deutschen angewiesen, gegen die vorrückenden alliierten Truppen die Infrastruktur zu zerstören, gleichzeitig sollte jede Stadt, jede Straße, jedes Haus gegen den Vormarsch verteidigt werden, egal was es koste. Würde dies in Heidenheim auch passieren, würde die bisher weitgehend unzerstörte Stadt an den letzten Kriegstagen untergehen? So war es in Crailsheim geschehen, einer Stadt circa eine Zugstunde nördlich von Heidenheim. Nachdem Anfang April die Amerikaner die Stadt besetzt hatten, versuchten SS- und Wehrmachtseinheiten die Stadt zurückzuerobern. Die Schlacht um Crailsheim dauerte vierzehn Tage, kostete hunderte Menschen das Leben und zerstörte die bis dato fast unzerstörte Stadt zu großen Teilen.[99]

In Heidenheim waren jetzt nur noch wenige Truppen. In den vergangenen Tagen waren deutsche Truppenverbände von Norden durch die Stadt gezogen, nur noch eine Nachhut war in der Stadt. Die Frage war nun, ob die in Heidenheim verbliebenen Soldaten, die zum Volkssturm eingezogenen Jugendlichen und Alten sowie die NS-Elite die Stadt verteidigen wollten.[100]

Am 24. April hatten die Kreisleitung der NSDAP und der Oberbürgermeister das Rathaus verlassen, um sich abzusetzen. Erst jetzt griff Hanns Voith in das Geschehen ein. Hanns Voith, der Ersatzbürgermeister – der älteste städtische Beamte –, weitere Vertreter der Stadt und der anderen Industrieunternehmen nahmen nun Kontakt zum verbliebenen Wehrmachtskommandanten auf. In der provisorischen Kommandantur im Altenheim trafen sie auf Kreisleiter und Oberbürgermeister, die auch beim Kommandanten der Wehrmacht vorsprachen. Hanns Voith beschrieb die Situation: »Als wir zum Altenheim kamen, trafen wir außerhalb desselben den Oberbürgermeister Dr. Meier, der erklärte, der Kreisleiter Kronmüller sei zur Zeit beim Major. Nachdem wir einige Zeit gewartet hatten, begaben wir uns schließlich hinauf und trafen den Kreisleiter in dem Moment, da er das Zimmer des Majors verließ. Diese Situation war zweifellos ein wenig heikel. Ich benutzte die Gelegenheit, um mich vom Oberbürgermeister und Kreisleiter zu verabschieden, die augenscheinlich die Absicht hatten, mit Fahrrädern wegzufahren. Wie ich später hörte, sind beide Herren in den Abendstunden abgefahren.«[101]

Der Kommandeur, ein Major, erklärte, die Stadt nicht verteidigen zu wollen, nach Einbruch der Dunkelheit werde er nach Süden abziehen. Er werde sich aber verteidigen, sollten die Amerikaner früher angreifen. »Die nächsten Stunden waren nun außerordentlich spannend, umso mehr, als man von Osten schießen hörte, und wie ich von Augenzeugen später erfuhr, auch bei Nattheim und Oggenhausen Plänkeleien stattfanden.« Nattheim und Oggenhausen

---

99 Hanns Voith: Geschichte der Übergabe der Stadt Heidenheim 1945, in: WABW B 80 Bü 39; zu Crailsheim vgl. Hans Gräser (Hg.): Die Schlacht um Crailsheim. Das Kriegsgeschehen im Landkreis Crailsheim im 2. Weltkrieg, Crailsheim 1997.
100 Hanns Voith: Geschichte der Übergabe der Stadt Heidenheim 1945, in: WABW B 80 Bü 39.
101 Ebd.

sind weniger als sieben Kilometer Luftlinie von Heidenheim entfernt. Hanns Voith nahm nun auch Kontakt zum Kreisstabsführer des Volkssturms auf und versuchte, ihn zu überzeugen, die Stadt kampflos den Amerikanern zu überlassen. Am Abend wurde der Volkssturm tatsächlich aufgelöst und die Waffen zurückgegeben. Schließlich wurde der Bürgermeister am Abend von den Amerikanern telefonisch aufgefordert, am nächsten Morgen um 7 Uhr nach Schnaitheim, einem Vorort nördlich von Heidenheim, zu kommen.[102]

In der Nacht wurde es plötzlich hektisch. Die Amerikaner hatten ein Ultimatum von nur einer Stunde gestellt, in der der Bürgermeister die Stadt zu übergeben habe, der war aber nicht aufzutreiben. Also kamen die Boten zu Hanns Voith, der diese Aufgabe übernehmen sollte. Sie hatten einen Wagen besorgt, mit dem sie den Amerikanern entgegenfuhren. Ein Polizist saß auf der Motorhaube, hielt eine weiße Flagge und strahlte diese mit einer Lampe an. Schließlich trafen sie auf Amerikaner und konnten die Situation klären. »So kam es, daß ich allein mit einem amerikanischen Vortrupp, kriegsmäßig gesichert, neben dem Offizier in meine Vaterstadt marschierte. Noch vor den ersten Häusern trafen wir auf den Bürgermeister, der die Stadt übergab.«[103] Ganz reibungslos klappte die Übergabe der Stadt dann nicht. Schüsse fielen, die Amerikaner schossen zurück und zwei Häuser fingen an zu brennen. Die Voith-Werksfeuerwehr löschte die Brände. Die Plakate und Anweisungen an die Bevölkerung zur Übergabe der Stadt vervielfältigte Voith im Betriebsbüro.[104]

Mit der Übergabe der Stadt endete der Krieg für Heidenheim. Voith hatte einige Opfer in der Belegschaft zu beklagen: 422 Voithianer verloren im Zweiten Weltkrieg ihr Leben, 154 galten als vermisst.[105]

In St. Pölten lief das Kriegsende nicht so vergleichsweise »glimpflich« ab. Luftangriffe hatten ab Sommer 1944 die Stadt getroffen, der schwerste Angriff erfolgte Ostern 1945, mehr als die Hälfte der Gebäude wurden beschädigt, viele gar vollständig zerstört. Die sowjetischen Truppen begannen am 14. April mit dem Angriff auf St. Pölten und eroberten es am folgenden Tag. Hier kam die Front zum Stehen und verlief drei Wochen westlich der Stadt. Von den mehr als 30.000 Einwohnern blieben nur rund 8.000, viele hundert Zivilisten starben.[106]

Das Werk ging beinahe unbeschadet in die Hände der russischen Besatzungsmacht über. Lediglich die Modelltischlerei war zerstört, nachdem sie infolge von Kämpfen zwischen sowjetischen und deutschen Einheiten in der Nähe des Werkes abgebrannt war. Der Betrieb ruhte allerdings, nachdem die Belegschaft aus Angst um das eigene Leben das Werk bereits verlassen hatte. Kurz nach Kriegsende begann die sowjetische Besatzung mit dem Abtransport von Maschinen, welche von Mitarbeitern des Werks selbst abgebaut und verladen werden mussten. Nur einige wenige veraltete oder kaputte Maschinen wurden im Werk zurückgelassen.[107] Im Anschluss machten sich die verbliebenen Voithianer daran, das Werk wieder in Gang zu setzen und die zurückgebliebenen Maschinen funktionstüchtig zu machen. Das Werk stand zu

---

102 Ebd.
103 Hanns Voith: Im Gang der Zeiten, S. 322.
104 Hanns Voith: Geschichte der Übergabe der Stadt Heidenheim 1945, in: WABW B 80 Bü 39.
105 J.M. Voith GmbH: 100 Jahre Voith. 1867–1967. Sonderheft der Voith-Mitteilungen zum 100-jährigen Firmenjubiläum 20.5.1967, S. 90.
106 Franz Forstner: 1945. Ende und Anfang. In: Siegfried Nasko, Willibald Rosner (Hg.): St. Pölten im 20. Jahrhundert. Geschichte einer Stadt, St. Pölten 2010, S. 122–151.
107 Ernst Brandstetter: Von der Traisen zum Huang Pu Jiang. 100 Jahre Voith St. Pölten, Wien und St. Pölten 2003, S. 70 ff.

diesem Zeitpunkt unter der Führung einer provisorischen Werksleitung, bestehend aus den Direktoren Erhard und Sejkora, die sich unmittelbar nach der Besetzung St. Pöltens gebildet hatte. Dieses Provisorium wurde vom Stadtkommandanten der Sowjetarmee und schließlich auch von der neugegründeten Republik Österreich bestätigt.[108]

Im Zuge des Potsdamer Abkommens zwischen den Siegermächten fiel die Firma, die als deutsches Eigentum betrachtet wurde, unter die Führung der »Verwaltung des sowjetischen Vermögens in Österreich« (Uprawlenje Sowjetskim Imuschestwom w Awstrij, kurz: USIA[109]). Auch wenn die Interimsleitung weiterhin bestand, so lag ab Anfang 1946 die Entscheidungsgewalt bei dem von der USIA eingesetzten russischen Generaldirektor. Da die Produktion der Firma für die Einhaltung des sowjetischen Fünfjahresplans benötigt wurde, begann kurz danach der Wiederaufbau des Werkes. Neue Maschinen wurden entweder besorgt oder hergestellt, die Modelltischlerei wieder aufgebaut und ein neues Großdrehwerk mit 15 Meter Durchmesser in Eigenregie gebaut, das 1949 in Betrieb genommen werden konnte.[110]

In Heidenheim geht es weiter

In Heidenheim ging der Übergang von der NS-Kriegswirtschaft zum Wiederaufbau zwar nicht reibungslos über die Bühne, doch wurde fast unverzüglich wieder mit der Arbeit begonnen. Hergestellt wurden jetzt selbstverständlich keine Waffen mehr, stattdessen war das Können von Voith als Schlosserei und Gießerei beziehungsweise allgemeiner als metallverarbeitender Betrieb gefragt. Schon im Mai reparierte das Unternehmen Kraftfahrzeuge, Eisenbahnbrücken sowie beschädigte Turbinen und Lokomotiven.[111]

Aus den Brückenreparaturen entwickelte sich eine eigene Abteilung für Brückenbau. Zwar hatten die sich zurückziehenden deutschen Truppen die Heidenheimer Infrastruktur nicht zerstört, aber sieben Eisenbahnbrücken der Bahnlinie Aalen-Ulm gesprengt, an der auch Heidenheim liegt. Schon am 3. Mai 1945 entwickelten die amerikanischen Besatzungstruppen und der Heidenheimer Bürgermeister einen Plan für den Wiederaufbau. Vier Ingenieure, zwei davon von Voith, sollten den Wiederaufbau organisieren. Die Stahlbauabteilung von Voith erhielt die Genehmigung für Reparatur und Herstellung von Brücken. Schon Ende Juli 1945 war die Strecke Heidenheim-Aalen wieder frei, Anfang August die Strecke Heidenheim-Ulm. Die Geschwindigkeit, mit der Voith die Reparaturen umgesetzt hatte, führte dazu, dass die amerikanischen Besatzungstruppen beziehungsweise deren Dienststellen zusammen mit der Reichsbahndirektion weitere Brückenbauprojekte an Voith gaben, obwohl die Voith'sche Hausstrecke repariert und damit der ursprüngliche Auftrag erfüllt war. Insgesamt lieferte Voith sieben neue Eisenbahnbrücken, vier neue Straßenbrücken und eine neue Autobahnbrücke, reparierte 19 Eisenbahnbrücken sowie drei Straßenbrücken. 1947 lief der Brückenbau wieder aus.[112]

108　Ebd., S. 74.
109　Zu USIA siehe: Otto Klambauer: Die sowjetische Wirtschaftspolitik in Österreich 1945–1955, in: Hilger, Schmeitzner, Vollnhals: Sowjetisierung, S. 435–450.
110　Ebd., S. 80.
111　WABW B 80 Bü 282, Geschäftsbericht Mai bis August 1945.
112　Zum Brückenbau: WABW B 80 Bü 82 und Bü 83.

Neben den Brücken entstanden nach dem Krieg auch Dachziegelmaschinen bei Voith.[113] Im März 1947 erklärte das Unternehmen: »Die Dachziegelzementmaschinen sind konstruktiv nun soweit entwickelt, dass mit deren laufender Fabrikation begonnen werden kann.« Voith rechnete mit der Fertigung von zehn Maschinen im Monat.[114]

In den Büros von Voith Heidenheim waren in dieser Zeit auch fremde Firmen untergebracht. Teile der Bosch-Verwaltung zogen hier ein. In Baracken waren Teile der Verwaltung Süd von Osram untergebracht, Siemens & Halske hatten Räume und die aus Jena verbrachten Wissenschaftler von Carl Zeiss bewohnten mit ihren Familien Büros von Voith.[115]

Lange stand die Frage im Raum, ob Voith von Demontagen betroffen sein würde. Anfang 1946 war diese Gefahr scheinbar vorüber, allerdings stand der Besuch einer »interalliierten Prüfungskommission« aus, dieser fand nach Verschiebungen letztlich vom 9. bis 12. November 1946 statt. »Die Kommission bestand aus einem Amerikaner, der den Vorsitz führte, einem Russen, einem Engländer und einem Franzosen.« Hauptzweck der Untersuchung – so stellte sich dann heraus – war nicht die mögliche Demontage, sondern die »Feststellung der Produktionskapazität« und die Frage, ob ein Zweischichtbetrieb möglich war.[116]

Aber ganz ohne Demontage kam Voith auch nicht davon, wenn die Besatzer auch keine Maschinen übernahmen, so waren sie doch am Know-how von Voith interessiert. Bereits während des Krieges hatten die Amerikaner begonnen, Informationen über den VSP zu sammeln. Der neue Antrieb war bekannt, nicht nur durch die Weltausstellung 1937 in Paris, sondern auch durch Fachbeiträge.[117] Nach Kriegsende suchte die Amerikanische Armee ein unbeschädigtes VSP-Minenräumboot und setzte sich mit Voith in Heidenheim in Kontakt, um Konstruktionszeichnungen einsehen zu können. In Holland wurde schließlich die R 148 aufgetrieben, ein Minenräumboot mit zwei 900-PS-MAN-Dieselmotoren. Weil kein geeignetes Frachtschiff gefunden werden konnte, wurde die R 148 schließlich das erste VSP-Schiff, das eine Atlantik-Überquerung bewerkstelligte, obwohl sie eigentlich nur für den küstennahen Betrieb in flachen Gewässern gedacht war. Unter einem amerikanischen Offizier stach die deutsche Besatzung Anfang Oktober 1945 in See, an Bord zwölf Tonnen zusätzlicher Treibstoff.[118] Zur Besatzung gehörten auch zwei Voith-Ingenieure, die auf Veranlassung der Technical Intelligence Division der US-Armee in die USA beordert worden waren, um dort Auskunft über den VSP zu geben.[119] Im winterlichen Atlantik hatte die R 148 mit einem schweren Sturm zu kämpfen, den das Schiff – wie der Kapitän ins Logbuch eintrug – mit Schiffsschraubenantrieb voraussichtlich nicht überstanden hätte, weil es bei Wellen dieser Größenordnung wahrscheinlich gekentert wäre. Ende November lief das Schiff in Hampton Roads, Virginia, ein. An der Seetüchtigkeit des VSP zweifelte nach diesem Abenteuer niemand mehr.

Die politische Aufarbeitung fand in Form von Entnazifizierungsverfahren statt, denen sich alle Mitglieder der NSDAP unterziehen mussten. In Heidenheim, wie in der gesamten ame-

---

113 WABW B 80 Bü 282, Geschäftsbericht August 1946.
114 WABW B 80 Bü 282, Geschäftsbericht März 1947.
115 WABW B 80 Bü 282, verschiedene Berichte 1945 bis 1946.
116 WABW B 80 Bü 282, Geschäftsbericht Oktober 1946.
117 Neben zahlreichen Fachartikeln auf deutsch wurde der VSP auch auf englisch besprochen, bspw.: Engineering, 1939 (Bd. 147), S. 402; The Shipbuilder and Marine Engine-builder, 1939 (Bd. 46), S. 15 u. S. 196 f.
118 Mit dem VSP über den Atlantik, in: Voith-Mitteilungen 18/1951, S. 209 f.
119 WABW B 80 Bü 282, Geschäftsbericht Mai bis August 1945.

rikanischen Besatzungszone, mussten die Menschen Fragebögen ausfüllen – je nach Befund (Position in der Partei, Eintrittsdatum, Alter, Engagement et cetera) erhielten viele von ihnen bis zu einem Urteil ein Berufsverbot. Für die Urteile waren zunächst die Besatzungsbehörden und später von Deutschen besetzte Spruchkammern zuständig. Generell wurden nur wenige Nationalsozialisten zur Rechenschaft gezogen, die meisten konnten sich rausreden, galten als Mitläufer, besorgten sich »Persilscheine«, das heißt Zeugenaussagen, die ihnen eine »weiße Weste« oder gar Widerstandshandlungen attestierten,[120] und gingen so oft in Berufung, bis sie entlastet waren. Als schließlich der Konflikt zwischen der Sowjetunion und den westlichen Besatzungsmächten Ende der 1940er Jahre immer stärker wurde, war für diese ein stabil funktionierender westdeutscher Staat wichtiger als eine konsequente Verfolgung von NSDAP-Mitgliedern.[121]

Bei Voith sind Mitarbeiterlisten erhalten, die jene Voithianer nennen, die sich als NSDAP-Mitglieder einer Entnazifizierung unterziehen mussten. Insgesamt sind mehr als 100 Namen gelistet.[122] Diese Listen sind sicher nicht vollständig. 1941 hatte das Unternehmen betont, dass rund 20 Prozent der Mitarbeiter Mitglied der NSDAP seien.[123] Bei einer Mitarbeiterzahl von rund 3.000 im Jahr 1941[124] waren also mindestens 600 Voith-Mitarbeiter NSDAP-Mitglied. Nur wenige dieser Mitarbeiter wurden entlassen, bei der Mehrzahl wartete das Unternehmen das Verfahren ab, um sie dann, meist in alter Stellung, weiter zu beschäftigen – eine gängige Praxis, nicht nur in der Industrie, sondern in der gesamten deutschen Wirtschaft und Verwaltung.

Wirtschaftlich waren die ersten Nachkriegsjahre nicht leicht. Zwar stieg der Auftragseingang schnell wieder an und schon im Mai 1946 konnte Voith den ersten Exportauftrag nach dem Krieg feiern, einen »Auftrag der amerikanischen Besatzungstruppen auf Lieferung von Höhenkammern im Werte von 915.000,-«.[125] Doch Voith hatte hohe offene Forderungen, etwa zwölf Millionen RM an die Wehrmacht und an andere Rüstungsunternehmen. Zudem gingen sie davon aus, alle Aufträge und Forderungen in der sowjetischen Besatzungszone zu verlieren und abschreiben zu müssen.[126] Besonders problematisch war die Materiallage. Konstant kämpfte das Unternehmen darum, ausreichend Kohle, Koks und Eisen zu bekommen. Erschwert wurde dies einerseits durch den generellen Mangel, andererseits durch die schlechten Transportwege. Zu den unzureichenden Metalllieferungen betonte das Unternehmen: »Wir sind aus diesem Grund darauf angewiesen, dass die für die Kundenaufträge benötigten Metallmengen jeweils durch Altmetall-Beistellungen beschafft werden.«[127] Im April 1947 kursierten sogar Gerüchte, dass Voith einen Exportauftrag für Freistrahlturbinen nach Norwegen nicht erfüllen könne, »da die Firma Voith wegen Kohlenmangel stillliege und mit einer teilweisen Demontage

---

120 Selbst Hanns Voith stellte seinem ehemaligen Mitarbeiter und späteren Oberbürgermeister Rudolf Meier einen solchen Persilschein aus. Dies ist schwierig einzuordnen und muss nicht bedeuten, dass es eine Freundschaft oder politische Nähe zwischen den beiden gegeben haben muss. Vgl. Wolfgang Proske: »Jedem das Seine«: Rudolf Meier, in: Wolfgang Proske (Hg.): NS-Belastete von der Ostalb. Münster, Ulm 2010 (= Täter Helfer Trittbrettfahrer), S. 159 – 166.
121 Weitere Informationen zur Entnazifizierung siehe: Thomas Schlemmer: Ein gelungener Fehlschlag? Die Geschichte der Entnazifizierung nach 1945, in: Martin Löhnig (Hg.): Zwischenzeit: Rechtsgeschichte der Besatzungsjahre, Regenstauf 2011, S. 9 – 34.
122 WABW B 80 Bü 282, Geschäftsbericht Juli 1946.
123 WABW B 80 Bü 76, Leistungsbericht für 1941, S. 24. Im Folgenden »Goldenes Buch« (siehe dazu auch das entsprechende Unterkapitel in Teil 1).
124 WABW B 80 Bü 2172, Überblick Belegschaftszahlen, WA-Nr. 2/3.30, 25.5.1966.
125 WABW B 80 Bü 282, Geschäftsbericht Juni 1946.
126 WABW B 80 Bü 281, »Notizen für Rp.«, 24.4.1946.
127 WABW B 80 Bü 282, Geschäftsbericht Januar 1947.

4_Rüstung, Krieg und Brückenbau bei Voith

des Werks zu Reparationszwecken noch zu rechnen sei«. Voith dementierte, die Turbinen seien schon fertiggestellt, nur noch nicht überführt, weil noch bürokratische Hindernisse vorlagen.[128]

Im Sommer 1947 betrug die Leistungsfähigkeit des Werks nur ein Viertel »der normalen Kapazität in normalen Zeiten«. Als Gründe führte Voith an: »Die Verringerung der produktiven Arbeiter auf 60 % derjenigen von 1938, die Herabsetzung der Arbeitszeit von 54 Std. auf 43 Stunden je Woche, das Absinken der körperlichen und geistigen Leistungsfähigkeit um ca. 25 % sowie der Zwang zur Herstellung vieler Materialien mit eigenen Kräften, die wir früher von Unterlieferanten bezogen haben.«[129] Trotzdem normalisierte sich die Lage. Die Auftragsbücher waren wieder so gut gefüllt, dass Arbeitskräfte fehlten. Um Kapazitäten zu schaffen, gab Voith die Autoreparaturen auf.[130]

Doch dann traf das Unternehmen ein Schicksalsschlag. Walther Voith, schon seit Jahren krank und von vielen Operationen geschwächt, hatte sich Ende 1944 zur Erholung in sein Sommerhaus in Pruggern zurückgezogen. Von dort musste er tatenlos zusehen, wie seine Unternehmen in St. Pölten demontiert und enteignet wurden. Er hielt weiterhin per Brief Kontakt mit Voith St. Pölten und mit Voith Heidenheim. Am 15. August 1947 starb Walther Voith in seinem Sommerhaus. Aufgrund der schwierigen Verhältnisse in der Nachkriegszeit war es weder Hanns Voith noch den Freunden und Kollegen aus Heidenheim möglich, an der Beerdigung teilzunehmen. Um den langjährigen Seniorchef Walther Voith dennoch zu würdigen, wurde am 29. August in Heidenheim eine Trauerfeier veranstaltet, an der Familie und Fabrikangehörige teilnahmen. Walther Voith hatte in den Jahrzehnten, die er für Voith gearbeitet hatte, mehrfach sein Gespür für große Erfindungen bewiesen. Die Kaplanturbine, der VSP und das Voith-Turbogetriebe sind auf seine Bemühungen zurückzuführen. Ernst Schneider nannte ihn einmal dankbar den »Förderer des Fortschritts« angesichts seines Engagements um die Realisierung des Voith-Schneider-Propellers.[131]

Das Unternehmen trat mit dem Tod Walther Voiths in eine neue Phase ein. Es war nun an Hanns Voith, die Firma aus der Nachkriegszeit erfolgreicheren Zeiten entgegenzuführen.

---

128   WABW B 80 Bü 282, Bericht vom 12.4.1947.
129   WABW B 80 Bü 282, Geschäftsbericht Juli 1947.
130   Ebd.
131   WABW B 80 Bü 714.

5_1947 – 1971

Verstetigung und Konstanz

Nachkriegszeit

»Zum zweitenmal [sic!] innerhalb eines Menschenalters muß dieser lebendige Organismus ›Voithwerk‹ einen Eingriff schwerster Art über sich ergehen lassen. Wir sind mitten drin im Heilungsprozeß. Es dauert lang, und man muß behutsam sein, bis Blut und Säfte wieder zirkulieren.«[1] Mit diesen Zeilen wandte sich Hanns Voith in der ersten Ausgabe der Voith-Mitteilungen im November 1948 an seine Mitarbeiter. Voith befand sich in einer schwierigen Situation. Die Fabrik in Bremen war zerstört und das Werk in St. Pölten unter sowjetischer Kontrolle. Viele Patente im Ausland wurden als Feindvermögen beschlagnahmt und mussten damit abgeschrieben werden.[2] Über 442 tote und 154 vermisste Werksangehörige waren zu beklagen. Die Überlebenden litten unter mangelnder Ernährung, hinzu kamen Kohle- und Materialknappheit. Dennoch musste Voith, im Gegensatz zu anderen deutschen Unternehmen, nicht bei null beginnen.[3] Das Stammwerk in Heidenheim war von kriegsbedingten Zerstörungen und der Demontage verschont geblieben, ferner verfügte Voith immer noch über eine gut ausgebildete Rumpfbelegschaft. Die Geschäftsbeziehungen ins Ausland waren nicht völlig abgerissen, auch genoss Voith nach wie vor einen guten Ruf, was, wie sich zeigen sollte, bei der Reaktivierung der Geschäftsverbindungen helfen sollte.

Derweil ging es politisch und wirtschaftlich in Deutschland langsam vorwärts. Die USA investierten über ihr European Recovery Program (ERP), nach dem US-Außenminister George C. Marshall auch Marshallplan genannt, bis 1952 rund 13,9 Milliarden Dollar in Europa, von denen knapp 1,4 Milliarden auf Westdeutschland entfielen.[4] Ein weiterer wichtiger Schritt für den Wiederaufbau Deutschlands war die Währungsreform: Am 20. Juni 1948 wurde in den westlichen Zonen die Deutsche Mark eingeführt, die die wertlos gewordene Reichsmark ersetzte.[5] Dies war zugleich ein weiterer Schritt Richtung Teilung Deutschlands, die mit den Gründungen der Bundesrepublik Deutschland am 23. Mai 1949 sowie der Deutschen Demokratischen Republik am 7. Oktober 1949 schließlich festgelegt wurde.

Hanns Voith und Hugo Rupf

Die schwierige Aufgabe, das Unternehmen Voith nach dem Ende des Zweiten Weltkriegs zu führen, lag nach dem Tod seiner beiden Brüder Hermann und Walther zunächst allein in den Händen von Hanns Voith. Er bemühte sich früh, die durch den Krieg unterbrochenen Geschäftsbeziehungen mit dem Ausland wiederaufzunehmen. »Noch hat unsere Firma ihren alten Ruf nicht verloren, noch genießt sie das Vertrauen der alten Kundschaft, auch der ausländischen, die langsam zu ihr zurückgefunden hat. Wir haben aber bis jetzt kaum beweisen können, daß wir noch des alten Rufs würdig sind. Noch hat keine Export-Papiermaschine das Werk ver-

---

1   Hanns Voith: Zur Einführung, in: Voith-Mitteilungen 1/1948, S. 1.
2   Rupf: Glück, S. 53 f.
3   Zu dieser Einschätzung gelangt auch Hugo Rupf, ebd., S. 68.
4   Vgl. dazu Werner Abelshauser: Wirtschaft in Westdeutschland 1945–1948, Rekonstruktion und Wachstumsbedingungen in der amerikanischen und britischen Zone, Stuttgart 1975.
5   Zur Bedeutung der Währungsrefom vgl. Werner Abelshauser: Deutsche Wirtschaftsgeschichte. Von 1945 bis zur Gegenwart, Bonn 2011, S. 119–129.

lassen, noch leben wir von Anzahlungen und vom buchstäblich vorgegessenen Brot des Export-Bonus«,⁶ schreibt Hanns Voith im November 1948 in den eingangs erwähnten Voith-Mitteilungen. Seine erste geschäftliche Auslandsreise hatte Hanns Voith bereits 1946 in die Schweiz geführt. Rund neun Monate später, im März 1947, ging es zusammen mit zwei Voith-Ingenieuren erneut in die Eidgenossenschaft.⁷ Hanns Voith schilderte die Situation: »Bequem in [sic!] schönen, heilen Wagen sitzend, reisten wir am Abend nach Zürich und wurden dort von unserem Vertreter in eines jener Restaurants geführt, die in alten Zunfthäusern eingerichtet sind. Wir waren scheu und geblendet von all dem Glanz und der Üppigkeit, die uns umgaben.«⁸ Es folgten Reisen in die Niederlande, nach England sowie nach Italien. Im Auftrag der US-amerikanischen Militärregierung reiste Hanns Voith als Vertreter Württemberg-Badens⁹ im Sommer 1949 für über zwei Monate sogar in die USA, um hier die »Industrial and Human Relations« zu studieren.¹⁰ Dahinter verbarg sich die Idee der Amerikaner, deutsche Industrielle durch den Besuch der Staaten gewissermaßen für die Demokratie zu begeistern. Gleichzeitig bot die Reise für Hanns Voith die Möglichkeit, die Arbeitsweise der Amerikaner kennenzulernen und neue Kontakte zu knüpfen. Neben dem Firmenchef reisten nach dem Krieg bald wieder Ingenieure und Kaufleute von Voith ins Ausland, etwa nach Belgien, Ceylon (heute Sri Lanka), Frankreich, Indien oder Südamerika.

Wichtige Unterstützung bei der Reorganisation des Unternehmens erhielt Hanns Voith durch Hugo Rupf, der zum engsten Vertrauten und Mitstreiter avancierte. Der am 12. August 1908 in Poppenweiler bei Ludwigsburg¹¹ geborene Rupf absolvierte eine Lehre bei einer Bank und studierte anschließend Betriebs- und Volkswirtschaft sowie Rechtswissenschaften in Frankfurt am Main. Im Anschluss an sein Studium kam er im Sommer 1932 zu Voith nach Heidenheim. Zunächst nur auf Probe, da die wirtschaftliche Situation keine Festanstellung erlaubte. »[...] ich muß zur Zeit jede Woche mindestens sechs Kaufleute entlassen, ich kann Sie jetzt nicht einstellen. Sind Sie damit einverstanden, daß wir Ihre Probezeit verlängern?«, soll der kaufmännische Direktor Otto Rupp damals zu Rupf gesagt haben. Doch das Warten wurde belohnt. Am 1. Januar 1933 stellte Voith Hugo Rupf in der Abteilung Finanz- und Rechnungswesen ein.¹² Ab 1936 vertrat er das Unternehmen in Berlin gegenüber Ministerien, Verbänden und Geschäftskunden, als eine Art »Botschafter« des Hauses Voith in der Reichshauptstadt, wie Rupf selbst es formulierte.¹³ Gegen Kriegsende, im März 1945, verließ er Berlin noch rechtzeitig und ging zurück nach Heidenheim.

Nach seiner Rückkehr ins württembergische Stammwerk übernahm Rupf schrittweise die kaufmännische Verantwortung für das Unternehmen. Durch diese Aufgabe befand er sich

---

6   Voith: Zur Einführung, S. 1; zu Voith-Ruf auch 90 Jahre Voith, S. 27.
7   Voith: Im Gang der Zeiten, S. 343 f. Dazu auch Martina Mann: Erinnerungen und Gedanken, o. O. 2006, S. 83 f.
8   Voith: Im Gang der Zeiten, S. 343. Hanns Voith räumt der Stadt große wirtschaftliche Bedeutung für die ersten Jahre der Nachkriegszeit ein und nennt sie die »Drehscheibe Europas«, Voith: Auslandsreisen, S. 2.
9   Zu der jungen Bundesrepublik gehörten auch die Länder Württemberg-Baden, Baden und Württemberg-Hohenzollern, die sich 1952 zum Bundesland Baden-Württemberg zusammenschlossen.
10 90 Jahre Voith, S. 33; Voith: Im Gang der Zeiten, S. 352.
11 Hugo Rupfs Vater arbeitete bei den Stadtwerken Stuttgart und war im Sommer 1908 Bauleiter des Neckar-Wasserkraftwerks Poppenweiler. Seine schwangere Frau wollte ihn auf der Baustelle besuchen. Auf der Fahrt dorthin setzten die Wehen ein, daher kam Hugo Rupf »in einem kleinen unscheinbaren Gasthof in Poppenweiler« zur Welt. Als Heimatstadt bezeichnete er zeitlebens aber Biberach an der Riß, Rupf: Glück, S. 11.
12 Ebd., S. 29.
13 Ebd., S. 41.

fortan unmittelbar an der Seite von Hanns Voith, den er in seiner Autobiografie wie folgt beschrieb: »Von den drei Söhnen Friedrich Voiths war er zweifellos derjenige, der nach seinem Äußeren und seinen Neigungen am wenigsten der landläufigen Vorstellung von einem Unternehmer entsprach. Wenn es möglich gewesen wäre, hätte er sich wohl am liebsten der Philosophie oder der Musik gewidmet. Aber das Schicksal hatte gerade ihn dazu bestimmt, die Firma in schwerster Zeit wieder zu seiner alten Bedeutung zurückzuführen.« Dennoch, so Rupf, sei Hanns Voith ein »harter Manager« gewesen.[14] Im Laufe seiner Karriere stieg der ehemalige Banklehrling Rupf kontinuierlich in der Unternehmenshierarchie von Voith auf. Im Jahr 1948 wurde Hugo Rupf zum Verkaufsdirektor, 1950 zum stellvertretenden, 1957 zum ordentlichen Geschäftsführer neben Hanns Voith ernannt. Als erster externer Unternehmensleiter wurde er 1969 Vorsitzender der Geschäftsführung. Dieser firmeninterne Aufstieg verdeutlicht die Bedeutung von Hugo Rupf für Voith. Zusammen mit Hanns Voith prägte er maßgeblich den Aufbau der Nachkriegsstruktur des Unternehmens, das sich zunehmend international ausrichten sollte. Ferner schloss Rupf seit seinem Studium und seiner Zeit in Berlin viele Bekanntschaften mit Persönlichkeiten aus Politik, Wirtschaft und Kultur. Ein Netzwerk entstand, das er zeitlebens pflegte und vergrößerte. So verdankte Rupf seine 1949 erfolgte Berufung in einen Interministeriellen Ausschuss (IMA), als erster Vertreter der deutschen Industrie, seiner, wie er selbst schreibt, »Bekanntschaft mit Ludwig Erhard«. Später erfolgten weitere wichtige Berufungen, etwa in den Verwaltungsrat der Kreditanstalt für Wiederaufbau (KfW).[15] Von Anfang der 1960er Jahre bis Mitte der 1970er Jahre nahm er zudem leitende Positionen im Verband Deutscher Maschinen- und Anlagenbau (VDMA) sowie im Bundesverband der Deutschen Industrie (BDI) ein und konnte an diesen Stellen die Wirtschaftspolitik der Bundesrepublik mitgestalten.[16]

Im Frühjahr 1947 konnte Voith erste Abschlüsse mit ausländischen Kunden tätigen, an denen allerdings teilweise schon vor 1939 gearbeitet worden war. Der erste Auftrag umfasste vier Freistrahlturbinen mit je 50.000 PS, die nach Norwegen geliefert werden sollten. Dies war zugleich der erste Exportauftrag des Landes Württemberg-Baden, weswegen er die Exportnummer »WB 0001« erhielt.[17] Derartige Exporte waren zunächst sehr schwierig zu organisieren, da sie über verschiedene alliierte Behörden abgewickelt werden mussten. Dazu zählte insbesondere die Außenhandelsbehörde Joint Export Import Agency (JEIA).[18] Hierbei kam Voith dann der von Hanns Voith eingangs zitierte »alte Ruf« zugute. Ausländische Kunden ließen sich, im Vertrauen auf die Qualität und Zuverlässigkeit bei Voith, von der komplizierten und hemmenden alliierten Bürokratie nicht abschrecken und bestellten bei dem schwäbischen Familienunternehmen. Problematischer waren der Mangel an Arbeitskräften und Rohstoffen sowie die allgemeine Kapitalnot.

Dank zäher Verhandlungen mit der JEIA konnte bei Voith immerhin ein sogenannter Exportdevisenbonus, der von Hanns Voith erwähnte »Export-Bonus«, eingeführt werden. Dies bedeutete, dass zehn Prozent der Devisen aus Exporterlösen einem Bonusfonds zugeschrieben

---

14 Ebd., S. 54 f.
15 Ebd., S. 86.
16 Zur Biografie von Rupf auch: Markus Woehl: »Rupf, Hugo« in: Neue Deutsche Biographie 22 (2005), S. 276–277. [Onlinefassung]; URL: https://www.deutsche-biographie.de/gnd122945492.html#ndbcontent.
17 Der Auftrag für die vier Turbinen erfolgte bereits im Zweiten Weltkrieg, konnte dann aber nicht mehr abgeschlossen werden. Dazu u.a.: Rupf: Glück, S. 61; Millenet: 1.000. Auslandsauftrag, S. 128.
18 Zur JEIA: Jonas Scherner, Eugene N. White: Paying for Hitler's War: The Consequences of Nazi Economic Hegemony for Europe, New York 2016, S. 159.

wurden, der wiederum halbiert wurde. Die eine Hälfte des Fonds, »Bonus A«, nutzte Voith für die Anschaffung wichtiger Betriebsmittel. Dazu zählten sowohl Diamanten zur Bearbeitung von Stählen als auch schlicht Farbbänder für Schreibmaschinen.[19] Die andere Hälfte, »Bonus B«, wurde zum Kauf von Bekleidung und Lebensmitteln für die Belegschaft verwendet. Für die Voithianer bedeutete dieser »Fressbonus«, wie er auch genannt wurde, eine willkommene Erleichterung in den kargen Nachkriegsjahren. So konnte sich die Belegschaft im Oktober 1948 einmal über die Ausgabe von »drei Viertel Kilo Schmelzkäse« sowie »900 Gramm Schweinespeck« freuen.[20] Knapp ein Jahr zuvor war die Situation noch so schlecht, dass die Hälfte der Belegschaft streikte, um eine bessere Fettversorgung zu bewirken. Die schlechte Versorgungslage hatte es ebenfalls nötig gemacht, bereits wenige Monate nach Kriegsende die Werksküche wieder zu eröffnen. Nahmen Ende 1945 nur rund 200 Personen dieses Verpflegungsangebot wahr, waren es im Juni 1948 etwa 1.100 Menschen, die sich zum täglichen Mittagessen einfanden. Erst als sich die allgemeine Situation wieder verbesserte, sank ihre Zahl wieder.[21] Willkommen war auch die »Liebesgabe Schweizer Geschäftsfreunde« im Mai 1948 in Form von 3.500 Kilo-Dosen mit Fett. Ein Schweizer Kunde wollte damit die Ausführung seines Auftrags, zwei Papiermaschinen für Jugoslawien, beschleunigen. Denn Voith war zu diesem Zeitpunkt schon wieder so ausgelastet, dass Kunden mit Lieferfristen von bis zu drei Jahren rechnen mussten.[22] Mit derartiger Naturalwirtschaft war es indessen dank der Währungsreform wenige Monate später vorbei.[23]

Das Heidenheimer Werk

Mit der Einführung der D-Mark im Juni 1948 wurde bei Voith der »bis dahin immerhin ganz brauchbar gefüllte [...] Geldbeutel mit einem Schlag« geleert, wie es der Bericht des Betriebsrates formuliert.[24] Auch bei Voith war eine Umstellung auf die neue deutsche Währung nötig. So mussten Kredite »in neuem Geld« aufgenommen werden, um unter anderem die Löhne und Gehälter an die Mitarbeiter zahlen zu können.[25] Die finanzielle Situation war angespannt. Den Kunden im Inland mangelte es an Kapital und das Geschäft mit ausländischen Kunden war noch durch unklare Regelungen sowie die Devisenbewirtschaftung erschwert. Gleichzeitig benötigte Voith selbst Kapital für Investitionen und Materialeinkauf. Allerdings ermöglichte die Währungsreform eine freie Preisgestaltung und das ERP stellte der Industrie nach und nach dringend nötiges Kapital zur Verfügung. Nach der Reform stieg außerdem die Zahl der Arbeitslosen an, da viele Scheinbeschäftigungen aufgelöst wurden. Hinzu kamen Millionen von Flücht-

---

19   Rupf: Glück, S. 57; Rupf: Export-Bonus, in: Voith-Mitteilungen 3/1949, S. 2 ff.
20   Rupf: Glück, S. 57.
21   Die Zahl pendelte sich Anfang der 1950er Jahre bei etwa 600 Personen ein, Zehn Jahre Werksküche, in: Voith-Mitteilungen 5/1949, S. 11. Vgl. zum Nahrungsmangel in der Nachkriegszeit: Paul Erker: Hunger und sozialer Konflikt in der Nachkriegszeit, in: Manfred Gailus, Heinrich Volksmann (Hg.): Der Kampf um das tägliche Brot: Nahrungsmangel, Versorgungspolitik und Protest 1770–1990 (= Schriften des Zentralinstituts für Sozialwissenschaft der Freien Universität Berlin, Bd. 74), Opladen 1994, S. 392–410.
22   Rupf: Glück, S. 58. Allerdings kam der Auftrag, so Rupf, letztlich gar nicht zustande, ebd.
23   Mit der Währungsreform 1948 verzeichnete die Wirtschaft der Bundesrepublik einen explosionsartigen Produktionsanstieg von 30 Prozent, sodass nun auch der Schwarzmarkthandel zum Erliegen kam. Siehe: Werner, Abelshauser: Deutsche Wirtschaftsgeschichte. Von 1945 bis zur Gegenwart, Bonn 2011, S. 127.
24   Tätigkeitsbericht des Betriebsrates, S. 4.
25   Rupp: Voith nach der Währungsreform, S. 3; Rupf: Glück, S. 59.

lingen und Vertriebenen, die die Arbeitslosigkeit weiter erhöhten. Für Unternehmen wie Voith bedeutete diese Entwicklung wiederum, dass nun endlich mehr Arbeitskräfte zur Verfügung standen und damit der bis dato herrschende Arbeitskräftemangel ein Ende hatte.

Das Geschäft bei Voith lief an, wobei anfangs noch Aufträge aus der Vorkriegszeit bearbeitet wurden. Für das Jahr 1949 konnte das Heidenheimer Familienunternehmen erstmals seit Kriegsende einen Gewinn erwirtschaften. Zudem verschwand mit der Auflösung der JEIA im Jahr 1950 eine bürokratische Hürde, die Vertragsverhandlungen bis dato oft erheblich erschwert hatte. Von nun an kümmerte sich das neue Wirtschaftsministerium um die Belange des Exports. Auch die Versorgungslage mit Materialien und Rohstoffen verbesserte sich. Mit der Aufstellung der DM-Eröffnungsbilanz der Firma Voith zum 1. Januar 1950 wurde das Unternehmen gleichzeitig in eine GmbH umgewandelt, deren Stammkapital von zwölf Millionen DM sich zu drei gleichen Teilen in den Händen von Hanns, Walthers Witwe Thea und Hermanns Witwe Maria Voith befand.[26] Der GmbH wurde eine Familiengesellschaft vorgeschaltet, um »die zur Erhaltung des Unternehmens im Familienbesitz dienenden Regelungen [...] ausserhalb der handelsregisterlichen Publizität zu wahren und ausserdem die für die Gesellschaftsdarlehen und die besonderen Nutzungsrechte der Familienmitglieder getroffenen Vereinbarungen durchzuführen«.[27] Die Familie konnte durch die Abstimmung in den Versammlungen der Familiengesellschaft Einfluss auf das Unternehmen ausüben, zudem war jeder Familienstamm im Aufsichtsrat vertreten. Alleinvertretungsberechtigter Geschäftsführer wurde Hanns Voith. Seine Stellvertreter waren: in der Geschäftsführung Hugo Rupf und Otto Rupp, im Papiermaschinenbau Richard Lang, Hans Faic Canaan im Turbinenbau und Walther Wolf für den Betrieb sowie die Gießerei.[28] Die neue, unpersönliche Rechtsform bot im Vergleich zur bisherigen OHG, die gewissermaßen auf die »Gründersöhne« zugeschnitten war, steuerliche Vorteile. Außerdem konnte Hanns Voith so unabhängig von persönlichen Verhältnissen nach einem Nachfolger suchen, der nun nicht mehr voll verantwortlich und haftend an die Spitze des Unternehmens treten musste. Die Idee der Umwandlung in eine GmbH war nicht neu. Schon im Februar 1942 schrieb Walther Voith diesbezüglich an Canaan, nachdem er und sein Bruder Hermann Voith schwer erkrankt waren und sich damit das Problem der Nachfolgefindung aufdrängte.[29]

In den folgenden Jahren blieben die Auftragsbücher voll, zunächst vor allem dank der ausländischen Kunden. Im März 1950 konnte sich Voith über den tausendsten Auslandsauftrag seit Kriegsende freuen.[30] Voith zählte damit zu den führenden deutschen Maschinenexporteuren der Nachkriegszeit. Im Inland kam das Geschäft langsam wieder in Schwung. Voith lieferte etwa im August 1950 die Anlagen für die Wasserkraftwerke Neuötting und Waldshut. Ab circa 1951 wuchs die Nachfrage in Deutschland wieder deutlich. Der wirtschaftliche Aufschwung von Voith wurde auch an der Mitarbeiterzahl deutlich. War diese 1949 von knapp 2.900 auf etwa

---

26   WABW B 80 Bü 165, Schreiben an das Amtsgericht, Handelsregister, Heidenheim (Brenz), Anmeldung in das Handelsregister, Anlage 2, Gesellschafterliste.

27   WABW B 80 Bü 165, Abschrift: Leitfaden für das Vertragswerk betr. die Umwandlung der Firma J.M. Voith in eine GmbH, von Otto Rupp, vom 25. Februar 1950, S. 3.

28   Rupf: Glück, S. 64. Dazu auch WABW B 80 Bü 165, Bekanntmachung von Hanns Voith vom 18. April 1950; B 80 Bü 167, Entwurf Dienstanweisung für die Geschäftsführung, ohne Datum.

29   WABW B 80 (noch ohne Signatur), Brief von Walther Voith an Hans Faic Canaan, vom 13. Februar 1942. Dazu auch: WABW B 80 Bü 165, Abschrift: Leitfaden für das Vertragswerk betr. die Umwandlung der Firma J.M. Voith in eine GmbH, von Otto Rupp, vom 25. Februar 1950.

30   Millenet: 1.000. Auslandsauftrag, S. 128.

3.400 Personen angestiegen, erreichte sie im Jahr 1950 mit rund 4.000 Personen, darunter viele Flüchtlinge,³¹ den Stand der Vorkriegszeit. Für den Aufschwung war besonders die Hochkonjunktur bei den Papiermaschinen ausschlaggebend. Hier existierte in Deutschland ein durch die forcierte Aufrüstung der Nationalsozialisten entstandener Nachholbedarf, der nun bedient werden konnte.³² Auch der Umstand, dass die neu entstandene Deutsche Bundesbahn immer mehr Diesellokomotiven betrieb, die wiederum Turbogetriebe benötigten, belebte das Geschäft. Denn im Gegensatz etwa zum US-amerikanischen Pendant setzte man in Deutschland statt auf Dieselelektrik auf Dieselhydraulik. Und auf diesem Gebiet besaß Voith ein Monopol.³³ Damit schickte sich der Turbogetriebebau an, neben dem Maschinen- und Turbinenbau das dritte Standbein von Voith zu werden. Hinzu beeinflussten Großaufträge beim Turbinenbau sowie neue Aufträge für den VSP das Geschäft positiv. Gleichzeitig musste Voith aber erkennen, dass die internationale Konkurrenz nicht schlief und sich nach Kriegsende ebenfalls erneut ausrichtete. In Finnland war eine eigene Papiermaschinenindustrie am Entstehen und die US-amerikanische Konkurrenz streckte erstmals ihre Fühler nach Europa aus und erwarb Fabriken in Italien und England.³⁴ Hatten sich zum Beispiel früher drei bis fünf Turbinenfirmen für einen Großauftrag beworben, waren es in den 1950er Jahren 15 bis 20 Firmen. Der Binnenmarkt war noch dazu grundsätzlich geschrumpft.³⁵ Voith reagierte einerseits mit Kompromissen bei Preisen, Lieferfristen und Zahlungsmodalitäten, andererseits wurde die Versuchsarbeit intensiviert.

Das »Wirtschaftswunder« der Nachkriegszeit war bei Voith unmittelbar spürbar. Mit der Verbesserung der finanziellen Situation waren Investitionen, Reparaturen, Ausbauten und Erweiterungen in Heidenheim möglich. Diese waren auch notwendig, da das Unternehmen vor allem kriegsbedingt technisch ins Hintertreffen gelangt war.³⁶ Mit einem Investitionsprogramm arbeitete Voith den Rückstand gezielt auf. Eine Reihe neuer Gebäude entstand. 1956, zum 90-jährigen Bestehen der Firma, hatte sich das Stammwerk entsprechend verändert. In der damals entstandenen Festschrift heißt es dazu: »Schauen wir die Voithschen Werksanlagen am Ende des Jahres 1956 an, so sehen wir, daß von dem einstmals durch Friedrich Voith so großzügig erworbenen Grund nicht mehr viel unbebaut ist. Die Firma kann sich in Heidenheim kaum mehr wesentlich ausdehnen. Die Verlängerung der Großturbinenhalle, die Erweiterung der Gießerei, die neue Getriebefabrik, das Gesundheits- und Speisehaus, das neue Heizkraftwerk, die kleine Wasserkraftanlage an der Stelle der alten Lohmühle sind die auffälligsten Bauten der stürmischen Bauperiode. Dazu kommt noch eine fast völlige Erneuerung des Maschinenparks sowie Erweiterungen und Modernisierungen an fast allen Werkstätten und Büros.«³⁷ Darüber hinaus wurde die Versuchsanstalt ausgebaut und die Konstruktionsbüros wurden erweitert. 1965 folgte eine große Schweißereihalle mit einem moderneren Haubenglühofen.

---

31 Ende 1948 war beispielsweise jeder siebte Werksangehörige bei Voith Flüchtling, bei insgesamt 3.468 Werksangehörigen, Aus dem Geschäftsbericht, in: Voith-Mitteilungen 5/1949, S. 2.

32 Im Krieg hatte die Rüstungsproduktion Vorrang, entsprechend flossen die Investitionen fast ausschließlich in diesen Sektor. Nach Kriegsende waren Technik und Maschinen in den anderen Wirtschaftssektoren veraltet und mussten ersetzt werden.

33 Rupf: Glück, S. 119.

34 Rupf: Glück, S. 75 f.

35 WABW B 80 Bü 653 IV, Dziallas: Geschichte der Firma Voith, S. 10.

36 Hugo Rupf datierte das Ende der vorausgegangenen »Investierungsperiode« auf das Jahr 1929, wodurch sich eine »Bedarfsanhäufung von fast 20 Jahren« ergeben hätte, Keller: Alte Pläne, S. 254.

37 90 Jahre Voith, S. 32.

Eine weitere wichtige Investition wurde im Ausbildungsbereich getätigt. Da im Heidenheimer Werk der Platz für die Lehrwerkstätten und die Werkschule begrenzt war, zumal der auf dem Werkgelände zur Verfügung stehende Raum nahezu ausgeschöpft war, suchte Voith hierfür nach einer Lösung. Als Anfang der 1960er Jahre die alte Schuhfabrik im nahen Haintal zum Verkauf stand, nutzte Voith die Chance, um Werkschule und Lehrwerkstätten umzusiedeln. Im Oktober 1965 konnte die neue Ausbildungsstätte von Voith nach gut zweijähriger Bauzeit in Haintal feierlich eingeweiht werden. Die frühere Schuhfabrik war umgebaut, ein Schulbau und eine Werkstatt neu errichtet worden.[38] Die Stuttgarter Zeitung berichtete über die neue Schule: »Sie bietet Raum für 400 bis 500 Lehrlinge, die hier ihre gesamte Ausbildung, vom Berufsschulunterricht über die Lehre in den Werkstätten bis zu einem zusätzlichen allgemeinbildenden Unterricht, erhalten. Dieser allgemeinbildende Unterricht ist eine Besonderheit der Firma Voith. Er umfaßt wöchentlich zwei Stunden ›Menschenkunde‹, zwei Stunden künstlerisches Gestalten und zwei Stunden Sport und erstreckt sich über die ersten beiden Lehrjahre.«[39] Der Förderung der Ausbildung diente auch die Hanns-Voith-Stiftung, die zum 40-jährigen Arbeitsjubiläum von Hanns Voith 1953 gegründet worden war.[40] Stiftungszweck war es, mit den Zinsen des Stiftungskapitals »die Allgemeinbildung der Lehrlinge der Metallindustrie der Stadt Heidenheim zu fördern; bedürftigen und begabten jungen Menschen Zuwendungen zur Durchführung und Vervollkommnung ihrer Berufsausbildung zu machen, insbesondere zum Besuch von Hoch- und Fachschulen, zu Studienreisen ins Ausland und dgl.«[41]

Um den Werksangehörigen weiterhin ausreichend Wohnraum zur Verfügung zu stellen, baute das Unternehmen in Heidenheim neben der bis 1949 als DP-Lager dienenden Voith-Siedlung eine weitere Siedlung. Am Eisenberg, zwischen Giengener- und Ulmerstraße, entstanden Ende der 1940er Jahre insgesamt 112 neue Wohnungen. Die durch die »Eisenberg-Siedlung« führenden Straßen wurden auf Beschluss der Stadtverwaltung nach Hanns Voiths Brüdern benannt. Seitdem gibt es die Hermann-Voith-Straße sowie die Waltherstraße.[42] Da mit der steigenden Mitarbeiterzahl bei Voith auch der Wohnungsbedarf zunahm, baute das Unternehmen gemeinsam mit der Gemeinnützigen Baugesellschaft in den folgenden Jahren weitere Wohnungen am Eisenberg.

Das Werk St. Pölten

Das Werk in St. Pölten ging beinahe unbeschadet in die Hände der sowjetischen Besatzungsmacht. Lediglich die Modelltischlerei war zerstört, als Folge von Kämpfen zwischen sowje-

---

38   Meyer: Die neue Voith-Ausbildungsstätte, S. 10. Als Ersatz für die bisherige Gemeinschaftswerkstatt stellte Voith die neuen Lehrwerkstätten samt Schulräumen den kleineren Betrieben im Kreis Heidenheim zur Verfügung. Im ersten sowie im zweiten Lehrjahr konnten die externen Lehrlinge sogar am allgemeinbildenden Unterricht teilnehmen. Gut 50 Jahre lang diente die Schule zur Ausbildung, ehe im Jahr 2014 das neu errichtete Voith-Training-Center eröffnete.
39   WABW B 80 Bü 2298, Lehrlinge, Stuttgarter Zeitung, 5.10.1965.
40   Sonderheft zum 100-jährigen Jubiläum, S. 32. Im Jahr 2010 wurde die Hanns-Voith-Stiftung mit der Alpha-Stiftung von Voith zusammengelegt. Dadurch erhöhte sich das Stiftungskapital auf rund eine Millionen Euro. Ein Schwerpunkt der Förderung lag weiterhin auf der Bildung und der Erziehung junger Menschen.
41   Stiftungsurkunde, zitiert nach: Bohmann: Drei Jahre Hanns Voith Stiftung, S. 100; 90 Jahre Voith, S. 137.
42   WABW B 80 Bü 282, Geschäftsbericht Monat September 1949, vom 6.10.1949. »Die Benennung der 3. Straße in ›Eisenberg-Straße‹ war bereits vom Stadtbauplan vorgesehen«, ebd.

tischen und deutschen Einheiten in der Nähe des Werks. Der Betrieb ruhte allerdings, nachdem die Belegschaft aus Angst um das eigene Leben das Werk verlassen hatte. Kurz nach Kriegsende begannen die sowjetischen Truppen mit dem Abtransport von Maschinen, welche die Mitarbeiter des Werks selbst abbauen und verladen mussten. Nur einige wenige veraltete oder defekte Maschinen wurden im Werk zurückgelassen.[43] Im Anschluss machten sich die verbliebenen Voithianer daran, das Werk wieder in Gang zu setzen und die zurückgebliebenen Anlagen funktionstüchtig zu machen. Das Werk stand zu diesem Zeitpunkt unter der Führung einer provisorischen Werksleitung, die sich unmittelbar nach der Besetzung St. Pöltens gebildet hatte. Dieses Provisorium wurde vom Stadtkommandanten der Sowjetarmee und schließlich auch von der neu gegründeten Republik Österreich bestätigt.[44]

Voith St. Pölten galt als deutsches Eigentum und wurde daher unter sowjetische Verwaltung gestellt und auf die wirtschaftlichen Ziele der Sowjetunion ausgerichtet. Für Voith in Heidenheim bedeutete dies nicht nur den Verlust des Werks in St. Pölten, sondern auch den Verlust der Märkte im Osten. Vorrang für Produktion und Auslieferung hatte der sowjetische Markt, weswegen vor allem der österreichische Markt sowie Bestandskunden vernachlässigt wurden. Erst mit steigendem Devisenbedarf veränderte sich diese Gewichtung teilweise wieder. Neben St. Pölten stellte die USIA einige Fabriken in der Umgebung unter die Verwaltung des russischen Generaldirektors des Voith-Werks. Diese wurden ebenfalls als Produktionsstätten genutzt.

Das Inkrafttreten des österreichischen Staatsvertrages vom 15. August 1955, mit dem die souveräne Republik Österreich entstand, beendete die russische Verwaltung. Das Werk erhielt nun wieder eine unabhängige Werksleitung und wurde am 1. Dezember 1958 als öffentliches Unternehmen in eine Aktiengesellschaft überführt: die J.M. Voith AG entstand. 40 Prozent des Aktienkapitals von 40 Millionen Schilling erhielt die Familie Voith. Die Österreichische Länderbank übernahm für den Staat Österreich treuhänderisch weitere 40 Prozent. Die restlichen 20 Prozent kamen als sogenannte »Volksaktien« für Kleinanleger an die Wiener Börse.[45] Die als Produktionsstätten genutzten Werke in Obergrafendorf und Traismauer wurden ebenfalls in die neue Aktiengesellschaft eingegliedert.[46] Über die Zusammenarbeit zwischen Voith und dem österreichischen Treuhänder schreibt Hugo Rupf: »Voith Heidenheim und die Länderbank vereinbarten eine gegenseitige Stimmrechtsbindung, so daß auf der Eigentümerseite von Anfang an klare Verhältnisse und ein entsprechend gutes Klima für ein enges, einvernehmliches Vorgehen herrschte. Gegenüber unseren österreichischen Partnern erklärten wir uns bereit, den Aufsichtsratsvorsitz in St. Pölten dem jeweiligen Generaldirektor der Länderbank zu überlassen und uns mit dem Stellvertreterposten zu begnügen.«[47] Gleichzeitig vereinbarten Heidenheim und St. Pölten in einem Vertrag die volle technische Kooperation der beiden Firmen. Die Österreicher durften nun wieder die Voith-Technologie in allen Bereichen verwenden, sprich Papiermaschinen, Turbinen und Turbokupplungen mit Voith-Technik produzieren. Darüber hinaus

---

43   Brandstetter: Traisen, S. 70 ff.
44   Ebd., S. 74. Zur Organisation der sowjetischen Besetzung in Österreich siehe: Wolfgang Mueller: Die Struktur des sowjetischen Besatzungsapparates in: Andreas Hilger, Mike Schmeitzner, Clemens Vollnhals (Hg.): Sowjetisierung oder Neutralität? Optionen sowjetischer Besatzungspolitik in Deutschland und Österreich 1945–1955, (= Schriften des Hannah-Arendt-Instituts für Totalitarismusforschung, Bd. 32), Göttingen 2006, S. 117–142.
45   Ebd., S. 90; Rupf: Glück, S. 98.
46   Brandstetter: Traisen, S. 88.
47   Rupf: Glück, S. 98.

stimmten beide Unternehmen ihr Vorgehen auf den Exportmärkten untereinander ab. Von St. Pölten aus sollten nun die Märkte in Osteuropa sowie im Vorderen Orient bedient werden.[48]

Neue Techniken

In den Jahren nach dem Ende des Zweiten Weltkriegs nahm das Verkehrsaufkommen in den Städten durch die steigende Motorisierung stark zu.[49] Viele althergebrachte Verkehrsmittel, die auf Schienen oder Oberleitungen angewiesen waren, wurden verdrängt und durch Busse ersetzt.[50] Um die Busfahrer zu entlasten und die Kosten zu senken, suchte man nach effizienteren sowie besser zu bedienenden Getrieben. Hydrodynamische Getriebe, die sich seit Jahren im Schienenverkehr bewährten, waren noch nicht für den dichten Straßenverkehr tauglich. Kosten und Gewicht waren zu hoch, Schalten und Kuppeln stellten eine große Belastung dar und auch der Verschleiß der Kupplung und anderer Elemente war zu groß.[51] Bei Voith erkannte man das Problem, aber auch die Möglichkeiten, und begann im Jahr 1946 mit Arbeiten an einem automatischen hydrodynamischen Getriebe. Die Ingenieure und Techniker bei Voith konnten dabei auf Überlegungen von Hermann Föttinger sowie auf Erfahrungen zurückgreifen, die während des Zweiten Weltkriegs durch entsprechende Versuche gemacht wurden. Fritz Kugel und Wilhelm Gsching waren es schließlich, die das Funktionsprinzip, die Kombination von Planetengetriebe und Föttinger-Wandler, erarbeiteten. Drei Jahre später, 1949, konnte das erste bei Voith produzierte vollautomatische Omnibusgetriebe namens DIWA-Busgetriebe 200F, »DIWA« steht dabei für Differenzial Wandlergetriebe, der Fachwelt präsentiert werden. Im Jahr darauf begannen die Probefahrten. 1953 wurde das DIWA-Busgetriebe auf der Internationalen Automobilausstellung der breiten Öffentlichkeit vorgestellt.[52] Zu den ersten Kunden, die das neue Getriebe orderten, gehörten der Omnibus- und Lastwagenhersteller Büssing sowie der Lokomotivhersteller Krauss-Maffei, welcher nach dem Krieg ebenfalls Omnibusse produzierte. Mit beiden Firmen entwickelte und erprobte Voith das DIWA-Getriebe weiter.[53]

Eine weitere neue Technik fand im Bremer Werk Verwendung. Der Standort in Norddeutschland war in den Nachkriegsjahren rasch wiederaufgebaut worden und konnte Ende 1947 den Betrieb aufnehmen.[54] Sämtliche Baumaterialien und Arbeiter für den Wiederaufbau kamen dabei aus Heidenheim. Da es noch an VSP-Aufträgen mangelte, transferierte Heidenheim einen Teil seiner Aufträge aus dem Papiermaschinenbau nach Bremen, wo künftig Stoffpumpen, Trockenzylinderlager und andere Hilfsmaschinen produziert wurden.[55] Im Dezember 1950

---

48   Brandstetter: Traisen, S. 90 ff.

49   Einen guten Überblick über die Automobilisierung der Bundesrepublik bietet Rolf Spilker: Richtig in Fahrt kommen: Automobilisierung nach 1945 in der Bundesrepublik Deutschland: eine Ausstellung des Museums Industriekultur Osnabrück/Bramsche, 2012.

50   Hierzu: Winfried Reinhard: Geschichte des öffentlichen Personenverkehrs von den Anfängen bis 2014, Wiesbaden 2015.

51   Schweickert: Antriebstechnik, S. 211.

52   Ebd., S. 212.

53   Ebd. Das DIWA-Getriebe begründete den erfolgreichen Einsatz automatischer Getriebe in Nutzfahrzeugen. Es kam und kommt seitdem nicht nur bei Bussen zum Einsatz, sondern auch bei Erdbewegungsmaschinen, Spezialfahrzeugen sowie Staplern, ebd., S. 215.

54   Voith arbeitete schon zuvor für die US-amerikanische Besatzungsmacht und wartete die Propeller von Minenräumbooten. Diese Arbeiten wurden allerdings auf der Schiffswerft Vulkan in Vegesack durchgeführt.

55   Walther Wolf: Unser Werk Bremen, in: Voith-Mitteilungen 8/1949, S. 3–4, hier: S. 3 f.

_oben: Der erste Voith-Wassertrecker Biene mit zehn Tonnen Gewicht und einer Antriebsleistung von rund 120 PS (88 kW) im Jahr 1952.

_Mitte: VSP im Wassertrecker, 1977.

_rechts: Zuwasserlassen der Esso Scotia mit Hilfe von Wassertreckern der Weser A. G. mit VSP-Antrieb, 1969.

_oben: Der Henschel Gelenkbus HS 160 USL der Bremer Stadtwerke AG mit Voith-Getriebe in den 1950er oder 1960er Jahren.

_Mitte: Doppelstockbus von Büssing der Berliner Verkehrsgesellschaft (BVG) mit Voith-DIWA-Getriebe vor der »Schwangeren Auster« in Berlin, 1969.

_Dieselstapler der Maschinenfabrik Esslingen mit Voith-Getriebe beim Beladen einer Lufthansa-Maschine, 1950er Jahre.

_Erste Personenstreckendiesellok V200 mit Voith-Kupplung, 1953.

_oben: Wasserturbine für das Kraftwerk Vianden, Luxemburg, 1959–1964.

_unten: Bau des Kraftwerks Hirakud, Mumbai, Indien, 1954–1956.

_oben: Die Voith Turbo KG in Crailsheim, 1967.

_Mitte links: Werk an der Waterkant: das Werk Bremen, um 1967.

_Mitte rechts: Werk in São Paulo, Brasilien, 1968.

_unten: Das Verwaltungshochhaus in Heidenheim, 1966.

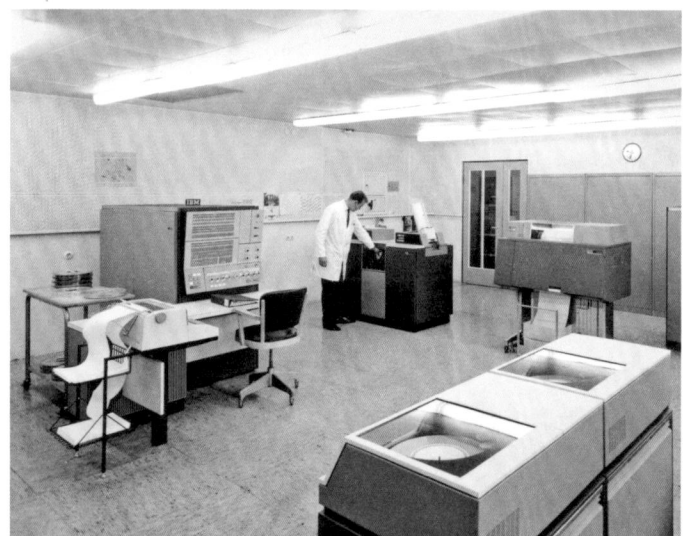

_oben: Die Arbeit in der EDV-Abteilung 1961: das Hollerith-Büro.

_links: Die IBM-Datenverarbeitungsanlage im Jahr 1966.

_unten: Die Lehrschlosserei in Haintal, 1965.

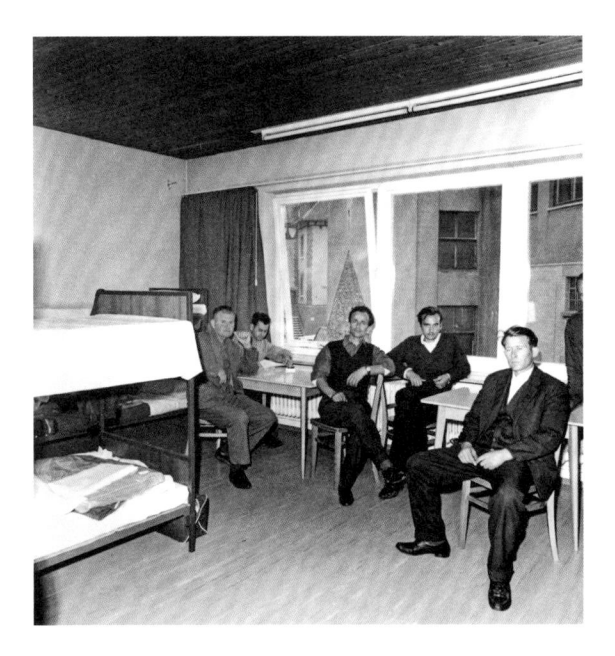

_links: Gastarbeiter bei Voith in ihren Unterkünften, 1960er Jahre.

_unten: Gastarbeitersiedlung in der Talhofstraße, 1969.

_oben: Das Erholungsheim Rengoldshausen am Bodensee, Anfang der 1950er Jahre.

_Mitte: Ein sogenanntes Stangerbad, ein hydroelektrisches Heilmittelbad, im Gesundheitshaus, 1951.

_unten: Betriebsausflug einer Voith-Abteilung zum Zoologisch-Botanischen Garten Wilhelma in Stuttgart, 1954.

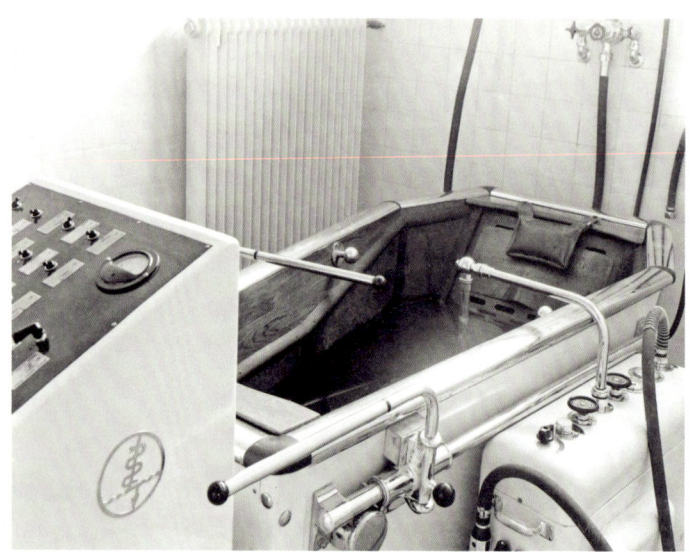

meldete Voith allerdings ein neuartiges Schleppfahrzeug mit VSP-Bugantrieb zum Patent an. Der neue Fahrzeugtyp erhielt die Bezeichnung »Wassertrecker«. Die Probe- und Vorführungsfahrten des ersten, auf den Namen »Biene« getauften Wassertreckers bewiesen die gute Manövrierfähigkeit des bugbetriebenen Schleppers. Die belgische Marine und der Norddeutsche Lloyd zeigten Interesse. Ende 1952 wurden zwei Wassertrecker mit je 300 PS und ein Modell mit 700 PS geordert.[56] Allerdings hatte Voith zunächst mit Bestellungen von Treckern mit geringerer Leistung gerechnet. Doch es existierten bereits Entwürfe für stärkere Typen, die Hornisse (2 x 150 PS) und der Seetrecker (2 x 400 PS). Voith ließ zwei Hornissen auf einer Werft am Rhein bauen, die im Herbst 1953 der belgischen Marine übergeben werden konnten. Für den Norddeutschen Lloyd wurde ein Seetrecker gebaut. Dieses Schiff, das von Martina Voith getauft wurde, war das erste Schiff, das nach Ende des Zweiten Weltkriegs wieder die Flagge des Norddeutschen Lloyd führen durfte.[57] Gut zehn Jahre später, 1964, lag auf einer niederländischen Werft der hundertste Wassertrecker von Voith auf Stapel. Dabei ging die Entwicklung in Richtung immer stärkerer Antriebe, was dank des VSP auch umgesetzt werden konnte.[58] Spätestens mit der Einführung der Wassertrecker konnte das Werk Bremen wieder seinen ursprünglichen Zweck erfüllen und sich vermehrt der Reparatur und Wartung von VSP widmen.

Angesichts des steigenden Papierbedarfs beziehungsweise -verbrauchs, wurde nach Möglichkeiten gesucht, Altpapier effizienter zu nutzen. In diesem Zusammenhang entwickelte Voith 1960 ein neues De-Inking-Verfahren, das sogenannte Flotationsverfahren.[59] Ziel war es, Papier, das als Druckträger gedient hatte, durch die Entfernung von Druckerschwärze und Farbe, also durch »Ent-Tinten«, zu weißem Faserstoff zu verarbeiten, der wiederverwertet werden konnte. Dazu wurde die bis dato übliche Aufarbeitung von Altpapier um zwei weitere mechanisch-chemische Schritte ergänzt, die sich an der Funktionsweise der Erzflotation orientierten.[60] Dank des auf das Altpapier angewandten Trennverfahrens der Flotation war es möglich, Druckfarbe aus Makulaturstoffen aller Art zu lösen,[61] sodass der derart gewonnene Papierrohstoff dem Holzschliff an Qualität kaum nachstand. Zur Wiederaufbereitung eigneten sich jedoch nur gut sortierte Altpapiere mit einem hohen Anteil an Druckerschwärze und Farben. Im Vergleich zum herkömmlichen Holzschnitt stellte das neue Verfahren aber eine sowohl kostengünstigere als auch umweltfreundlichere Alternative dar.[62] Bis zum Jahr 1967 arbeiteten bereits 36 solcher Anlagen.[63]

Der Anstoß zur Entwicklung einer Strömungsbremse Anfang der 1960er Jahre kam aus den USA. Zwei US-amerikanische Eisenbahngesellschaften hatten den deutschen Lokomotivhersteller Krauss-Maffei mit dem Bau von Fahrzeugen mit dieselhydraulischem Antrieb beauftragt,

---

56 Wolfgang Baer: 100 Voith-Wassertrecker, in: Voith-Mitteilungen 1/1964, S. 12–13, hier: S. 12. Die Bestellungen bezogen sich dabei auf das komplette fahrbereite Fahrzeug, waren also nicht bloß auf den VSP reduziert.

57 Ebd., S. 13.

58 Ebd.

59 Es existierte bereits ein anderes Verfahren aus mehreren Reinigungs- und Waschvorgängen, das allerdings sehr viel Wasser benötigte und im Ergebnis weniger verwertbaren Faserstoff lieferte, dazu: Gartemann: Voith-Flotationsverfahren, S. 9.

60 Gartemann: Voith-Flotationsverfahren, S. 9.

61 Wisso Weiß: Zeittafel Papiergeschichte, Leipzig 1983, S. 530.

62 WABW B 80 Bü 811, APR 16/1964; bei manchen Unternehmen machten De-Inking-Anlagen die Schleifereien überflüssig, wie z. B.: bei der österreichischen Kartonfabrik Mayr-Melnhof & Co. in Frohnleiten. Mit der De-Inking-Anlage konnte der Rohstoffpreis um ein Drittel gesenkt werden, ebd.

63 Weiß: Zeittafel Papiergeschichte, S. 530.

einer Antriebsart, die bis dato in den USA noch nicht erprobt worden war. Die Herausforderung: Die Lokomotiven mussten eine hohe Leistung aufbringen können, um Züge mit mehreren Kilometern Länge und einem Gesamtgewicht von bis zu zehntausend Tonnen durch die Gebirge Amerikas zu bewegen. Vor allem der Bremsvorgang in Streckenabschnitten mit einer Neigung von bis zu 30 Promille stellte für die Bremsen der Lokomotiven eine hohe Beanspruchung dar.[64] Krauss-Maffei gab den Auftrag für die Lieferung der hydrodynamischen Komponenten an Voith weiter. Das Heidenheimer Unternehmen musste nun ein neues Dreiwandlergetriebe und, was noch wichtiger war, eine dazu passende hydrodynamische Bremse entwickeln, die entsprechend den hohen Anforderungen ausgelegt war. Allerdings konnten die Ingenieure und Techniker bei Voith auf Erfahrungen in diesem Bereich zurückgreifen. Im Jahr 1912 hatten Ingenieure bei Voith, basierend auf Arbeiten von Hermann Föttinger, bereits eine Wasserwirbelbremse konstruiert, die quasi als Vorläufer der späteren hydrodynamischen Bremsen betrachtet werden kann.[65] Darauf aufbauende Versuche und Weiterentwicklungen erlaubten es, dass Voith die erste Voith Strömungsbremse bauen konnte, die als Arbeitsmedium das Mineralöl eines Turbogetriebes nutzte. Sie erhielt den Namen KB (für Kupplungs-Bremse) 510 und wurde 1961 an die Turbogetriebe angebaut, die Krauss-Maffei für die Erledigung des Auftrags aus den USA verwendete.[66] Die hydrodynamischen Bremsen bewährten sich und wurden bald auch außerhalb der USA eingesetzt.

Crailsheim und Garching

Anfang der 1950er Jahre wuchs die Nachfrage nach Turbogetrieben und -kupplungen so sehr an, dass die Produktionskapazitäten in Heidenheim nicht mehr ausreichten – trotz Ausbau, voller Auslastung und Doppelschichten. Angesichts des Facharbeitermangels in und um Heidenheim schied eine weitere Erweiterung des dortigen Werks aus. Voith entschloss sich daher, ein eigenes Werk außerhalb Heidenheims zu errichten. Die Wahl des neuen Standorts fiel auf das knapp 50 Kilometer nördlich gelegene Crailsheim, wo Voith ein Gelände von 24.000 Quadratmetern erwerben konnte. Außerdem unterstützte die württembergische Stadt das Unternehmen bei der Bereitstellung von Wohnungen.[67] Voith entschied außerdem, dass das Crailsheimer Werk nicht als Zweigwerk von Heidenheim, sondern als organisatorisch unabhängiges Werk geführt werden sollte. Im Jahr 1956 gründete Voith in Crailsheim dazu die Voith Turbo KG, an der die Töchter von Hanns und Hermann Voith beteiligt wurden, und gliederte damit den Kupplungsbau aus. Im Frühjahr begann der Bau des Crailsheimer Werks. Später, im Jahr 1984, als die Antriebstechnik für das Unternehmen an Bedeutung gewonnen hatte, wurde die Voith Turbo KG ins Stammunternehmen integriert.[68] Am 17. Juli 1957 konnte das Werk, in dem 220 Menschen arbeiteten, feierlich eröffnet werden.[69] 1965 wurde auch die Konstruktionsabteilung von Heidenheim nach Crailsheim verlegt. Die Investitionen in den neuen Standort zahlten sich aus. Bis 1967

---

64 Schweickert: Antriebstechnik, S. 244.
65 Ebd., S. 244 f.
66 Ebd., S. 245.
67 Rupf: Werk Crailsheim, S. 138.
68 Rupf: Glück, S. 121.
69 Rupf: Werk Crailsheim, S. 254.

waren knapp eine halbe Million Kupplungen in Crailsheim fabriziert worden, die meisten davon fanden im Bergbau Verwendung. Zum Vergleich: Bis zur Verlegung dorthin waren in Heidenheim circa 30.000 Kupplungen entstanden.[70]

Da sich die Auslagerung in ein eigenes Werk bewährt hatte, verfuhr Voith auch bei der Produktion der DIWA-Getriebe nach dieser Methode. Denn da immer mehr und neuere Getriebetypen in das Produktionsprogramm des Heidenheimer Werks aufgenommen wurden, gelangte das Werk, trotz der Gründung von Voith-Turbo, in der Getriebeproduktion Anfang der 1960er Jahre erneut an seine Kapazitätsgrenzen. Voith entschloss sich daher zum Bau eines weiteren Werks, da man ansonsten Gefahr lief, die Stellung auf dem Markt zu verlieren. Mit dem Bau eines auf Getriebe spezialisierten Werks war es möglich, diese in einer angemessenen Serienfertigung und zu geringeren Kosten zu produzieren.[71] Der neue Betrieb wurde in Garching bei München errichtet. Gute Erweiterungsmöglichkeiten, die verkehrstechnisch günstige Lage sowie das Arbeitskräftereservoir sprachen für den bayerischen Standort. Außerdem, so schreibt Hugo Rupf, spielte die Überlegung eine Rolle, gegebenenfalls auch in den Fahrzeugbau einsteigen zu können, weswegen man die Nähe zur Automobilindustrie benötige.[72] Am 30. September 1963 erfolgte die feierliche Eröffnung des Werks, in dem anfangs 150 Mitarbeiter arbeiteten. Das Werk fiel wegen seiner Bauweise ins Auge. Das markante Sheddach aus Eisenbeton überspannte eine Hallenfläche von 300 Quadratmetern. Neben der Fertigungshalle wurde ein dreigeschossiges Verwaltungsgebäude errichtet, in dem sich Büros und Kantinenräume befanden. Im westlichen Anbau wurden vor allem Sozialräume sowie ein Mess- und ein chemisches Labor untergebracht. Die Besonderheit: Das Werk war so angelegt, dass die Getriebeproduktion in einer Ebene erfolgte. Sprich Wareneingang, verschiedene Bearbeitungsstufen und Endkontrolle fanden ohne Kräne und dergleichen statt. Stattdessen erfolgte der innerbetriebliche Transport auf Hubstaplern beziehungsweise sogenannten Fermowägen.[73] Zu den ersten in Garching produzierten Getrieben zählte das DIWA-Busgetriebe 200S/501, von dem circa 3.500 Stück pro Jahr hergestellt wurden. Nach und nach wurde die Produktpalette in Garching um weitere Getriebearten, wie etwa Automatikgetriebe für Busse oder Hubstaplergetriebe (DIWAmatic), erweitert.

Weltweites Geschäft

Dank der guten Auftragslage gelang es Voith rasch, sich von den Folgen des Zweiten Weltkriegs zu erholen. Nachdem in den 1950er Jahren der Investitionsstau abgebaut worden war, versuchte Voith seine Marktposition weltweit vor allem durch Beteiligungen und Kooperationen zu festigen. Mit diesem Schritt entwickelte sich das Heidenheimer Unternehmen zu einem internationalen Konzern. Bei diesen Planungen spielte Brasilien eine zentrale Rolle. Das Land galt damals als einer der bedeutendsten Wachstumsmärkte in Übersee. Die Bevölkerung wuchs und das riesige Land benötigte einen Ausbau der Infrastruktur. Entsprechend aussichtsreich waren die

---

70 Heller: Crailsheim, S. 8.
71 Gienger: Voith-Werk München-Garching, S. 12.
72 Rupf: Glück, S. 121. Zusammen mit Ferdinand Porsche hatte Voith bereits ein hydrodynamisches Getriebe für Porsche-Fahrzeuge entwickelt, die allerdings nur in relativ kleiner Stückzahl und für den US-amerikanischen Markt benötigt wurden, ebd., S. 120 f.
73 Ress: Voith-Werk München, S. 4.

Wachstumsprognosen in den Bereichen Energie und Papier. Viele westdeutsche Firmen investierten daher in den 1950er Jahren in dem südamerikanischen Land, wie zum Beispiel Volkswagen.[74] Als exportorientierter Maschinenbauer konnte sich Voith diesen Markt nicht entgehen lassen. Seit 1957 arbeitete man mit der Firma Bardella in São Paulo zusammen, an der Voith eine Beteiligung von 25 Prozent erworben hatte. Gemeinsam produzierte diese deutsch-brasilianische Kooperation kleinere und mittlere Turbinenanlagen sowie Maschinen für die Papier- und Zellstoffindustrie. Im Februar 1960 entstand allerdings die Associação Latino-Americana de Livre Comércio (ALALC), eine südamerikanische Freihandelszone. Eine drastische Erhöhung der Importzölle war die Folge, weswegen Voith sein Engagement in Südamerika verstärken wollte. Da aber Bardella eine Mehrheitsbeteiligung von Voith ablehnte, entschied sich Voith letztlich für den Bau eines eigenen Werks in São Paulo.

Die Planung des Bauprojekts gestaltete sich schwierig, da Maschinen aus Deutschland nach Brasilien gebracht werden mussten.[75] Am 16. Juli 1964 gründete Voith die Voith S.A. Máquinas e Equipamentos, der Eintrag in das Handelsregister erfolgte am 27. August. Noch im Juli erwarb das Unternehmen ein Grundstück nahe São Paulo. Anfang Oktober richtete Voith die Baustelle ein. Strom-, Wasser- und Abflussleitungen mussten erst gelegt werden. Da es auf der Baustelle selbst keine Telefonanschlüsse gab, fungierte ein Radiosender als einzige Kommunikationsverbindung. Für das Bauvorhaben war ferner eine eigene Zufahrtsstraße nötig. Da es im Sommer 1964 eine extreme Regenzeit gab, war diese sehr matschig und schlecht befahrbar. Trotz der widrigen Umstände konnten zwischen November 1964 und April 1965 alle wichtigen Gebäude errichtet werden. Im November begann die Verschiffung der Importmaschinen, die im April des folgenden Jahres aufgestellt wurden. Etwa zur gleichen Zeit zogen die ersten Mitarbeiter in ihre Büros ein. Den personellen Kern bildete dabei das Departamento Voith von Bardella, das in das neue Werk übernommen wurde.[76] Am 20. September 1966 war es schließlich soweit: Der Gouverneur des Staates São Paulo eröffnete das Werk offiziell, in Anwesenheit von 700 Ehrengästen.[77] Der Betrieb in dem brasilianischen Werk lief zu diesem Zeitpunkt bereits seit etwa neun Monaten. Bald folgte der erste große Auftrag: für das am Rio Grande gelegene Wasserkraftwerk Estreito wurden vier Francisturbinen geordert. Auch in den anderen Sparten lief das Geschäft in Brasilien gut an.[78]

Der Bau des brasilianischen Werks ist ein wichtiger Meilenstein in der Unternehmensgeschichte von Voith. Das Familienunternehmen besaß nun in Brasilien sowie Österreich je ein eigenes Werk, um den südamerikanischen beziehungsweise osteuropäischen Markt bedienen zu können. Daneben baute Voith durch den Erwerb von Beteiligungen oder den Kauf von Unternehmen seine internationale Präsenz aus. So beteiligte sich Voith im Jahr 1962 an dem indischen Unternehmen Utmal Machinery. Im Jahr darauf gründete Voith in Glasgow die Voith Engineering Ltd., die dort am 1. Dezember 1962 ein Areal von rund 60.000 Quadratmetern der in Insolvenz geratenen North British Locomotive Co. (NBL) übernahm. Im Jahr 1964 beteiligte sich Voith an Talleres de Tolosa in Spanien. Daneben gründete Voith in Großbritannien und Frankreich Vertriebsgesellschaften.

---

74   Rupf: Glück, S. 102 ff.
75   Knapp: Einweihung, S. 7 f.
76   Ebd., S. 5 ff.
77   Ebd., S. 9 f.
78   Vgl. Rupf: Glück, S. 107.

Das internationale Geschäft florierte. Dabei wurden die Anforderungen an die Maschinen immer höher. Dementsprechend wuchsen die Ansprüche an Voith. 1955 hielt man mit der Zeitungsdruckpapiermaschine im Werk Reisholz den europäischen Geschwindigkeitsrekord: Die Maschine schaffte 600 m/min.[79] In den 1960er Jahren jagte dann ein Größenrekord den nächsten. 1961 schickte Voith seine bis dahin größte Zeitungsdruckpapiermaschine an das finnische Familienunternehmen Ahlström. Mit einer Geschwindigkeit von 540 m/min betrug ihre Jahreskapazität etwa 110.000 Tonnen Zeitungsdruckpapier von 52 g/m², wofür sie 70 Tonnen Zellstoff und 280 Tonnen Holzschliff pro Tag benötigte.[80] Damit war die Maschine nicht nur die größte ihrer Art in Europa, sondern auch die drittgrößte der Welt.[81] Bis zum nächsten Rekord verging nicht viel Zeit. Am 1. Oktober 1967 wurde nach sechsmonatiger Montagezeit die bis dahin größte Zeitungsdruckpapiermaschine der Welt termingemäß von Voith fertiggestellt. Zudem orderte Mitte der 1960er Jahre die Yuba County Water Agency in Kalifornien zwei Freistrahlturbinen mit je 226.000 PS, die damals größten Peltonturbinen der Welt. Die vier Francisturbinen für das brasilianische Kraftwerk Estreito nahmen sich da fast schon wieder klein aus. Voith unterstützte zudem den Bau ganzer Papierfabriken, etwa im damaligen Jugoslawien.[82]

Auf der Suche nach neuen Geschäftsfeldern

Die Verantwortlichen bei Voith erkannten, dass sich das Unternehmen nach neuen Geschäftsfeldern umsehen musste, um von dem stark zyklischen Papiermaschinen- und Turbinengeschäft unabhängiger zu werden. Der große und langfristige Erfolg der Turbo-Sparte war damals noch nicht absehbar. Das Angebot von Voith sollte durch neue Produkte ergänzt, nicht aber ersetzt werden. Unter dieser Prämisse war die Geschäftsführung darauf bedacht, weiterhin in die klassischen Sparten zu investieren und dort neue Entwicklungen anzustoßen und ein »drittes« Standbein zu etablieren.

Im Inland beteiligte sich Voith an Firmen, die in das eigene Produktionsprogramm passten oder es sinnvoll zu erweitern schienen. So erwarb Voith im Jahr 1966 50 Prozent der Anteile an der O. Dörries AG in Düren. Dörries produzierte Maschinen für Spezialpapiere, wie »Bibeldruck-, Bond- und Dekorpapiere, Zigaretten-, Transparent- und Wasserzeichenpapiere sowie Selbstdurchschreib-Rohpapiere, die bei namhaften Feinpapier-Erzeugern auf Neuanlagen oder Umbauten von Dörries hergestellt wurden.«[83] Im Bereich der Zeitungsdruckpapiermaschinen war Dörries lange Zeit direkter Konkurrent von Voith gewesen.[84] Außerdem war das nordrhein-westfälische Unternehmen ein bekannter Hersteller von Werkzeugmaschinen, vor allem von Karussell-Drehbänken. Um den Bereich des Werkzeugmaschinenbaus weiter zu stärken, erwarb Voith 1970 auch noch die belgische Firma Pégard.[85]

---

79 90 Jahre Voith, S. 55.
80 Weiß: Zeittafel zur Papiergeschichte, S. 531.
81 Fogelholm: Finnische Papierindustrie, S. 154.
82 90 Jahre Voith, S. 69.
83 Dörries, Düren, mit neuem Namen, in: twogether 2/1996, S. 61–64, hier: S. 61.
84 Rupf: Glück, S. 76.
85 Ebd., S. 124.

Ebenfalls 1966 übernahm Voith 50 Prozent der Maschinenfabrik Emil Blaschke & Co. GmbH und erhöhte den Anteil im Jahr darauf auf 100 Prozent. Die Firma war 1929 von Emil Blaschke in Berlin gegründet worden, verlagerte aber in den 1950er Jahren ihren Betrieb nach Endersbach in der Nähe von Stuttgart. Das Produktionsprogramm umfasste vor allem Maschinen zur Herstellung von Fasern und Fäden aus Kunststoff. Blaschke hatte erfolgreich auf den Anfang der 1950er Jahre eingetretenen Trend reagiert, Fasern aus synthetischem Material zu produzieren, und sein Produktionsprogramm entsprechend angepasst.[86]

Ende einer Ära

Der Maschinenbauer Voith durchlief unter Hanns Voith und Hugo Rupf bis Ende der 1960er Jahre eine erfolgreiche Zeit. Im Geschäftsjahr 1969/70 stieg der Umsatz auf 491 Millionen DM an, gegenüber dem Vorjahresergebnis mit 417 Millionen DM ein Plus von 18 Prozent.[87] Laut der Zeitschrift Capital belegte Voith 1970 Platz 118 der 300 umsatzgrößten Firmen in Deutschland.[88] In diese Zeit fällt ein starker personeller Umbruch: Hanns Voith verabschiedete sich am 17. März 1969 von seinem Amt als Vorsitzender der Geschäftsführung. Wie geplant übernahm Hugo Rupf die Nachfolge. Damit stand erstmals in der Geschichte des Unternehmens ein Nichtfamilienmitglied an der Spitze von Voith.

Hanns Voith blieb dem Unternehmen seines Vaters und Großvaters weiterhin verbunden. Um dies auch organisatorisch zu unterstreichen, wurde Hanns Voith zum ersten Ehrenvorsitzenden der Geschäftsführung ernannt. Im Ruhestand hatte er unter anderem Zeit, seine mittlerweile verheiratete Tochter Martina Mann in England zu besuchen. Außerdem schmiedete er den Plan, dem Werk in São Paulo einen Besuch abzustatten.[89] Doch dem Enkel von Johann Matthäus Voith war es nicht vergönnt, sich lange an seinem wohlverdienten Ruhestand zu erfreuen: Am 7. Januar 1971, gegen 21 Uhr abends, verstarb Hanns Voith, dessen Gesundheitszustand sich in den vorangegangenen zwei Monaten deutlich verschlechtert hatte, im Alter von 85 Jahren.[90] Wie sich fortan der Einfluss der Familie auf die Unternehmenspolitik auswirken sollte, war nicht mehr sicher. Mit dem Tod von Hanns Voith verlor das Unternehmen die Identitätsfigur, die auch die unterschiedlichen Interessen der Familienstämme zumindest noch vereinen konnte. Hanns Voith hatte wohl geahnt, wie schwierig es werden würde, die Leitung des Unternehmens mit den verschiedenen Ansichten innerhalb der Familie auf einen gemeinsamen Nenner zu bringen. Als eine Art Vermächtnis hatte er schon vor seinem Tod ein Memorandum verfasst, das sich an die nachfolgende Generation richtete und ihr die Erhaltung sowie Unabhängigkeit der Firma ans Herz legte. Etwas resigniert schreibt er: »Als der letzte männliche Abkömmling der dritten Generation habe ich nicht mehr die Vollmacht, Verfügungen für die Sicherstellung der Zukunft des Unternehmens Voith zu treffen in dem Maße, wie es Robert Bosch noch tun konnte. Ich kann nur der jungen vierten Generation Richtlinien und Empfeh-

---

86 Wilhelm Dompert: Die Firma Blaschke in Endersbach, in: Voith-Mitteilungen 5/1971, S. 9–11, hier: S. 9.
87 Geschäftsbericht 1969/70, S. 7.
88 Kurzberichte, in: Voith-Mitteilungen 5/1971, S. 25–27, hier: S. 25 f. An der Spitze lagen Volkswagen, Siemens und Bayer, ebd., S. 26.
89 Rupf: Glück, S. 142.
90 Ebd.

lungen geben, die sie schon zu meinen Lebzeiten entgegennehmen möge.«[91] Wie Robert Bosch hatte Hanns Voith versucht, das Unternehmen in eine gemeinnützige Stiftung einzubringen. Da er aber nicht alleiniger Eigentümer der Geschäftsanteile war und sich nicht mit den anderen Erben einigen konnte, verlief die Idee im Sande.[92]

---

91   Zitiert nach ebd., S. 150 ff. Auch Robert Bosch suchte nach einem geeigneten Weg, sein Unternehmen der nächsten Generation zu übergeben. Dabei »wandelt sich Bosch nicht einfach vom Familien- zum Stiftungsunternehmen, sondern behält beide Elemente, allerdings in veränderter Gewichtung, bei, und wird zu einem stiftungsähnlichen Unternehmen, in dem aber auch die Familie als Anteilseigner, Kontrolleur und aktives Mitglied der Unternehmensführung eine, wenn auch untergeordnete, Rolle spielt«, Johannes Bähr, Paul Erker: Bosch. Geschichte eines Weltunternehmens, München 2013, S. 276 ff.
92   Rupf: Glück, S. 185; Mann: Erinnerungen, S. 194.

6_1971–1992

Umbruch und Krise im Familienunternehmen

Abschwächende Konjunktur

1971, im Todesjahr von Hanns Voith, beschäftigte das Heidenheimer Unternehmen in seinen Werken und über die mittlerweile elf Beteiligungen weltweit insgesamt rund 11.500 Mitarbeiter, davon über 9.000 in Deutschland, die einen Jahresumsatz von knapp einer halben Milliarde DM erwirtschafteten.[1] Allerdings zeichneten sich seit einiger Zeit Probleme ab. Gerade im Papiermaschinenbau gab es eine rückläufige Tendenz, auch wenn man bei Voith hoffte, dass sich die Branche bald wieder erholen würde. Ein Grund für die schlechte Auftragslage im Papiermaschinenbereich war der Verlust der Spitzenposition auf dem bedeutenden skandinavischen Markt. Der staatlich geförderte finnische Konkurrent Valmet[2] kontrollierte praktisch das ganze Gebiet, während Voith das Nachsehen hatte. Unter dieser Entwicklung litt vor allem das Stammwerk in Heidenheim. Voith sah sich gezwungen, hier über 1.000 Mitarbeiter zu entlassen.[3]

Hinzu kam einer der größten Streiks in der Geschichte des Unternehmens. Im Jahr 1971 gingen in der Bundesrepublik 112.000 Beschäftigte der Metallindustrie über zwei Wochen lang für mehr Geld auf die Straße. Voith war ebenfalls von den Streiks betroffen. Am 22. November 1971 begannen die Metallarbeiter zu streiken. Am gleichen Tag verkündete der Voith-Vorstand im Magazin *Der Spiegel*: »Wir sind unter den gegebenen Verhältnissen schon heute im Export kaum noch konkurrenzfähig.«[4] Im Konflikt zwischen gerechter Bezahlung der Mitarbeiter und dem Erhalt der Wettbewerbsfähigkeit des Unternehmens wurde keine Einigung gefunden, sodass am 28. November die Metallarbeiter vom Werk ausgesperrt wurden. Erst über zwei Wochen später, am 15. Dezember, wurde die Arbeit im Werk wiederaufgenommen.[5] Die Konfliktpartner hatten sich auf Lohnerhöhungen von rund sieben Prozent geeinigt.[6] Neben den daraus resultierenden höheren Personalkosten sorgte auch die Aufwertung der DM für eine Kostenexplosion, wodurch für Voith weitere Nachteile im internationalen Wettbewerb entstanden.

Seit den 1950er Jahren hatte Voith neben strategischen Beteiligungen Anteile an fremden Firmen außerhalb der für Voith traditionellen Firmenbranchen erworben. Diese wurden als Finanzinvestment betrachtet und dienten dem Heidenheimer Unternehmen zum Aufbau eines sicheren Finanzpolsters. Voith konnte sich diese Finanzinvestments und somit die systematische Bildung eines Beteiligungsportefeuilles dank der positiven Auftragslage in den Jahren des »Wirtschaftswunders« leisten. Die Familie Voith akzeptierte bescheidene Ausschüttungen und investierte die übrigen Mittel lieber in Beteiligungen.[7] Die erste Chance bot sich 1956, als Voith ein Aktienpaket an der Deutschen Continental-Gas-Gesellschaft (Contigas) angeboten wurde. Nach anfänglichem Zögern von Hanns Voith – Hugo Rupf musste ihm erst zureden – erwarb das Heidenheimer Familienunternehmen für 60 Millionen DM eine 25-prozentige Beteiligung an Contigas und wurde damit zweitgrößter Einzelaktionär der Gesellschaft.[8] Diese erfolgreiche

---

1   Hugo Rupf: Geschäftsbericht 1970/71, in: Voith-Mitteilungen 2/1972, S. 3–9, hier: S. 3. Das Geschäftsjahr lief vom 1. Oktober 1970 bis zum 30. September 1971.

2   Valmet wurde nach der Fusion mit Rauma 1999 in Metso umbenannt, 2013 wurde die Papiersparte von Metso unter dem Namen Valmet abgespalten. 2000 übernahm Valmet die Papiersparte von Beloit.

3   Rupf: Glück, S. 122.

4   »Diesmal ist es uns ernst«, in: DER SPIEGEL 48/1971, S. 28–34, hier: S. 31.

5   Voith-Chronik, S. 166.

6   Spuk zu Ende, in: DER SPIEGEL 51/1971, S. 26–29.

7   Rupf: Glück, S. 128 f.; Mann: Erinnerungen, S. 129.

8   Rupf: Glück, S. 129 f. Hierzu auch: Geschäftsbericht für das Jahr 1967/68, in: Voith-Mitteilungen 2/3/1969, S. 6.

Anlage bildete die Basis für weitere Beteiligungen. Die nächste erfolgte nur wenig später. Voith beteiligte sich an der Deutschen Effecten- und Wechselbank AG, einem 1821 gegründeten Privatbankhaus.[9] Später, Ende der 1960er Jahre, wurde das Bankgeschäft in die Effectenbank-Warburg AG ausgegliedert, während die restlichen Vermögensteile als Deutsche Effecten- und Wechsel-Beteiligungs-AG (DEWB) fungierten, an der Voith weiterhin Anteile hielt.[10]

Gut 17 Jahre später trugen diese Beteiligungen und die dadurch anfallenden Dividendeneinnahmen von mehreren Millionen DM auch dazu bei, Voith wirtschaftlich stabil zu halten. Dazu Hugo Rupf im Februar 1973: »Wenn ich alle Unternehmensbereiche, an denen Voith direkt oder indirekt beteiligt ist, zusammenfasse, dann liegt Voith heute nur noch knapp über 50 Prozent im Maschinenbau, 18 Prozent entfallen auf die Energieversorgung, zehn Prozent auf Bankbetrieb, zehn Prozent auf Kunststoffe, Grundstoffe, Chemie, Baustoffe und Bauausführung und schließlich zehn Prozent auf Immobilienbesitz, soweit dieser nicht industriell genutzt wird.«[11]

Diese Breite im Portfolio half Voith, die aufkommende Wirtschaftskrise gut zu überstehen. Ende der 1960er Jahre fand der bis dato quasi ununterbrochene Wirtschaftsaufschwung langsam ein Ende. Die Wirtschaftswunderzeit des Wiederaufbaus war vorbei. Als dann im Oktober 1973 der Jom-Kippur-Krieg im Nahen Osten begann, explodierten die Preise für Rohöl, da die arabischen Öllieferstaaten aus Protest gegen die Unterstützung Israels durch westliche Staaten ihre Fördermengen drosselten und gleichzeitig den Ölpreis erhöhten. Gerade für Unternehmen, die auf Öl als Rohstoff oder Energieträger angewiesen waren, bedeutete dies eine Katastrophe. Rezession als Folge der Öl- und Energiekrise sowie die Probleme im internationalen Währungssystem dämpften die Wirtschaft in vielen westlichen Industrieländern und sorgten sogar für ein Schrumpfen der Wirtschaftsleistung. Folglich gingen die Investitionen zurück, was besonders der Maschinenbau zu spüren bekam. In Deutschland stiegen die Arbeitslosenzahl sowie die Zahl der Firmeninsolvenzen. Kurzarbeit war in vielen Branchen an der Tagesordnung.

Bei Voith schlug sich die weltweite Wirtschaftskrise verzögert auf das Geschäftsergebnis nieder. Zwischen den Geschäftsjahren 1971/72 fiel zwar der konsolidierte Umsatz von 447 Millionen auf 417 Millionen DM, dafür kletterte er bis 1977/78 auf rund 750 Millionen DM. Berücksichtigt man die ausländischen Beteiligungen, stieg der Umsatz in diesen Jahren von circa 600 Millionen auf 926 Millionen DM. Die Gewinne von Voith pendelten zwischen 8,4 Millionen und 12,7 Millionen DM. Für 1978/79 musste das Heidenheimer Unternehmen einen Einbruch hinnehmen. Der Umsatz der inländischen Konzernfirmen lag nur mehr bei 709 Millionen DM, mit den ausländischen Produktionsgesellschaften bei 894 Millionen DM. Etwas deutlicher war die Krise an den Mitarbeiterzahlen abzulesen. Beschäftigte Voith 1971/72 noch etwa 9.500 Personen im Inland, waren es 1978/79 nur mehr 7.900. Neben den bereits genannten Finanzbeteiligungen waren es die verschiedenen ausländischen Niederlassungen und Produktionsstätten, die es Voith in dieser schwierigen Zeit erlaubten, weiterhin auf den internationalen Absatzmärkten präsent zu sein. Von diesen Aufträgen der ausländischen Werke und Niederlassungen profitierte auch das Heidenheimer Werk. Es lieferte Teile zu und sicherte so die Arbeitsplätze.[12]

---

9   Ebd., S. 131. Hierzu auch: Bank-Lexikon. Handwörterbuch für das Bank- und Sparkassenwesen. Wiesbaden 1973, Sp. 467/468.

10 Rupf: Glück, S. 134. Hierzu auch: Geschäftsbericht für das Jahr 1968/69, in: Voith-Mitteilungen 2/3/1970, S. 5.

11 Konzern-Geschäftsbericht für das Jahr 1971/72, in: Voith-Mitteilungen 3/1973, S. 30 – 42, hier: S. 30. Zur Dividendenausschüttung: Rupf: Glück, S. 104.

12 Zu den Zahlen vgl. die in den Voith-Mitteilungen publizierten Geschäftsberichte der Jahre 1972 bis 1980.

Von der wirtschaftlichen Stagnation in den 1970er Jahren waren die einzelnen Abteilungen bei Voith wegen der ungleichen Nachfragezyklen unterschiedlich stark betroffen. Während in manchen Sparten dank der weiterhin guten Auftragslage Überstunden geschoben werden mussten, kam es in anderen Bereichen zu Kurzarbeit und Produktionsstilllegungen.[13] Die Voith-Antriebstechnik etwa wirtschaftete erfolgreich, während bei Dörries die Arbeitszeit verringert werden musste. Probleme bereitete aber vor allem die Papiersparte. Die geringe Nachfrage und die große Konkurrenz sorgten dafür, dass Großprojekte zum Teil als sogenannte Verlustabschlüsse kalkuliert wurden. Das heißt, dass schon bei Vertragsabschluss klar war, dass diese nicht kostendeckend zu realisieren sein würden. Dies sicherte dennoch die Auslastung und wurde durch die Gewinne aus dem Geschäft mit Umbauten und Ersatzteilen gegenfinanziert.[14] Und selbst als wenig später der Auftragseingang sprunghaft anstieg, blieben die Preise im Keller.[15]

Neue Gesellschaftsführung

Mit Hanns Voith starb 1971 der letzte männliche Nachkomme Friedrich Voiths und auch der letzte Geschäftsführer aus der Voith-Familie. Hanns Voiths sechs Töchter erbten die Geschäftsanteile des Vaters, so wie auch schon die zwei Töchter von Hermann Voith die väterlichen Anteile nach dessen Tod 1942 erhalten hatten. Doch keine der Frauen zeigte Interesse, in die Unternehmensführung einzutreten. Da zudem Thea Voith, die 1964 verstorben war und deren Ehe mit Walther Voith kinderlos geblieben war, bereits zu Lebzeiten ihre Anteile an ihre acht Nichten verschenkt hatte, waren die Unternehmensanteile zu je 50 Prozent zwischen den zwei Familienstämmen von Hanns und Hermann Voith aufgeteilt. Zwischen den Familien herrschten unterschiedliche Auffassungen bezüglich des Umgangs mit der Firma.[16] Damit gab es eine kritische Pattsituation. Hugo Rupf, alleiniger Geschäftsführer von Voith und mit beiden Seiten der Familie befreundet, erkannte bereits 1969 die Problematik. Von anderen deutschen Familienunternehmen wusste er, wie schwierig es war, in der dritten oder vierten Generation ein Unternehmen fortzuführen. In Abstimmung mit der Familie Voith erarbeitete er eine neue Unternehmensverfassung. Um die Handlungsfähigkeit des Unternehmens zu erhalten, war es vor allem wichtig, Management und Kapitaleigner voneinander zu trennen.

Ein erster Schritt war eine Neugliederung von Voith, der die verschiedenen Geschäftsbereiche abgrenzen und die Unternehmensführung straffen sollte. Am 16. März 1972 beschloss die Gesellschafterversammlung: »Die aus der J.M. Voith GmbH entstandene ›Voith-Beteiligungen GmbH‹ mit Sitz in Heidenheim verwaltet in Zukunft alle Beteiligungen der Voith-Gruppe, soweit diese nicht in engem Zusammenhang mit dem Geschäftsbereich der produzierenden Stammfirma stehen. […] Das Stammwerk wird unter der gleichen Firmenbezeichnung wie seit 1867 – nämlich ›J.M. Voith GmbH‹, Heidenheim – als Organgesellschaft der Voith-Beteiligungen

---

13   Konzerngeschäftsbericht, in: Voith-Mitteilungen 2/1979, S. 3–14, hier: S. 3.
14   Siehe dazu: WABW B 80 (noch ohne Signatur), Ordner: AR VR neu, Protokolle und Beschlüsse des Verwaltungsrats und der Gesellschafter der Voith-Beteiligungen GmbH, 1.1.1977 – 22.6.1978, ab 23.6.78 VH: Protokoll Gesellschafterausschuss vom 13. März 1979, S. 8 ff.
15   WABW B 80 (noch ohne Signatur), Ordner: AR VR neu, Protokolle und Beschlüsse des Verwaltungsrats und der Gesellschafter der Voith-Beteiligungen GmbH, 1.1.1977 – 22.6.1978, ab 23.6.78 VH: Protokoll Gesellschafterausschuss vom 15. Mai 1979, S. 7.
16   Mann: Erinnerungen, S. 108 f., S. 196 f.

GmbH weitergeführt. Alle Tochtergesellschaften und Beteiligungen, soweit diese mit dem Produktionsprogramm der J.M. Voith GmbH in Verbindung stehen, verbleiben in dieser Gesellschaft.«[17] Alle Aktivitäten, die nicht direkt zum Maschinenbau zählten, wie die genannten Beteiligungen an Contigas, waren damit in der Voith-Beteiligungen GmbH vereint. Die Gesellschaft hielt zugleich das gesamte Kapital der J.M. Voith GmbH. Beide Unternehmungen vereinbarten zwischen sich ein Organverhältnis, sodass sich bezüglich Haftung, Gewinn und Verlustausgleich gegenüber dem seitherigen Zustand nichts änderte. Hugo Rupf wurde Geschäftsführer der J.M. Voith GmbH sowie der Voith-Beteiligungen GmbH.[18]

Diese neue Organisation von Voith war auch eine Reaktion Rupfs auf die unbefriedigende Situation im Papiermaschinenbau. Nun existierte die Möglichkeit, in einzelnen Konzernbereichen mit anderen Firmen zu kooperieren.[19] Diesbezüglich nahm Voith Gespräche mit der Sulzer-Escher Wyss AG auf, die aus dem Zusammenschluss der beiden Schweizer Maschinenbauer Sulzer und Escher Wyss entstanden war. Für Letzteren hatte Friedrich Voith vor über 120 Jahren als Ingenieur gearbeitet. Doch die Gespräche blieben ergebnislos.[20] 1973 kündigte Hugo Rupf, mittlerweile seit 41 Jahren bei Voith, seinen Rückzug von der Unternehmensspitze an, wenn auch nur in begrenztem Umfang. Im Mai desselben Jahres legte er den Vorsitz der Geschäftsführung der J.M. Voith GmbH in jüngere Hände. Der am 2. März 1924 in Rostock geborene Ekhard Freiherr von Maltzahn, der zuvor unter anderem bei Krupp gearbeitet hatte, übernahm den freiwerdenden Posten.[21] Rupf wechselte als neuer Vorsitzender in den Aufsichtsrat der J.M. Voith GmbH, blieb aber weiter Geschäftsführer der Voith-Beteiligungen GmbH. Auch wenn Rupf mit diesem Schritt aus der aktiven Geschäftsführung des Stammwerks ausschied, war er immer noch in einer Position, in der er die Entwicklung des Unternehmens maßgeblich beeinflussen konnte. Ekhard Freiherr von Maltzahn übte das ihm übertragene Amt jedoch nur wenige Monate aus. Bereits zum Jahreswechsel 1973/74 trat er, in »gegenseitigem Einvernehmen«, aus der Geschäftsführung der J.M. Voith GmbH aus und kehrte zu seinem ehemaligen Arbeitgeber Krupp zurück.[22] Der 1914 auf Helgoland geborene Heinz Pfeifer übernahm als Sprecher der Geschäftsführung von nun an die Koordinierung der Geschäftsleitung bei Voith.

Im Jahr 1976 erhielt das »Haus Voith« zusätzlich eine neue gesellschaftsrechtliche Verfassung, die »die Stabilität des Gesellschafterkreises und damit die Unabhängigkeit des im zweiten Jahrhundert bestehenden Familienunternehmens auch in der fünften Generation und möglichst darüber hinaus [...] erhalten sowie die Stetigkeit der Gesellschaftsführung« gewährleisten sollte, indem Kapitalseite und die unternehmerische Tätigkeit voneinander getrennt wurden.[23]

---

17 WABW B 80 Bü 2820, Bekanntmachung vom 22. März 1972. Die Voith Getriebe KG und die Voith Turbo KG wurden nicht in die Voith-Beteiligungen GmbH eingegliedert, sondern blieben eigene Konzernunternehmen. Zur Wiedereingliederung auch WABW B 80 (noch ohne Signatur), Ordner VH-Protokolle vom 1.4.1980 bis 29.2.1984: Niederschrift des Gesellschafterausschusses vom 6. November 1981.

18 WABW B 80 Bü 2820, Bekanntmachung vom 22. März 1972.

19 Rupf: Glück, S. 135.

20 Ebd., S. 135 f.

21 Neuer Vorsitzender der Geschäftsführung der J.M. Voith GmbH, in: Voith-Mitteilungen 2/1973, S. 6; Empfang für Senator Hugo Rupf, in: Voith-Mitteilungen 3/1973, S. 4.

22 Änderung der Geschäftsleitung, in: Voith-Mitteilungen 1/1974, S. 3; Norbert F. Pötzl: Beitz: Eine deutsche Geschichte, München 2011 [ohne Seitenangaben].

23 WABW B 80 Bü 2825, Voith intern. Informationen. Notizen am Rande Nr. 100, Mai 1976, Neue Verfassung des Hauses Voith; Neue Verfassung, S. 17. Dazu auch: Markus Plate, u. a. (Hg.): Große deutsche Familienunternehmen. Generationenfolge, Familienstrategie und Unternehmensentwicklung, Göttingen 2011, S. 329.

Mit der neuen Verfassung wurde ein sogenannter Gesellschafterausschuss installiert. Dieses nicht weisungsgebundene und unabhängige Gremium diente den Gesellschaftern zur Ausübung ihrer unabdingbaren Rechte. Der Aufsichtsrat blieb davon unberührt. Bei Voith bestimmten dann – neben der Geschäftsführung – im Wesentlichen zwei Gremien das Unternehmen: Auf der einen Seite gab es den Aufsichtsrat, auf der anderen Seite den Gesellschafterausschuss. Auf Rupfs Vorschlag hin setzte sich der Gesellschafterausschuss nicht allein aus den Erbinnen zusammen. Stattdessen wurden vier der sieben Posten mit bekannten und familienfremden Wirtschaftsgrößen besetzt:[24] Vorsitzender des Ausschusses wurde Hans Lutz Merkle, Vorsitzender der Geschäftsführung bei Bosch. Hinzu kamen Peter von Siemens, Egon Overbeck von der Mannesmann AG und Thyssen-Vorstand Dieter Spethmann. Die übrigen drei Posten wurden von Hugo Rupf selbst sowie von jeweils einer Vertreterin der beiden Familienstämme übernommen.[25] Für den Hanns-Stamm war das die älteste Tochter Martina Mann, für den Hermann-Stamm die älteste Tochter Colette Schuler-Voith. In Zukunft sollten nicht die Eigentümer über die Zusammensetzung des Gesellschafterausschusses entscheiden dürfen, sondern der Ausschuss selbst leere Posten besetzen. Aus dem Gesellschafterausschuss wiederum wurden die Arbeitgebersitze im Aufsichtsrat besetzt. Dieses System bot eine Plattform, auf der Familienmitglieder etwaige Streitigkeiten moderat austragen konnten, ohne die Handlungsfähigkeit des Unternehmens zu gefährden. Die Konstruktion schien zu funktionieren. In dieser Zeit wurden in den Sitzungen des Gesellschafterausschusses ausschließlich einstimmige Beschlüsse gefasst.[26] »Mit dieser Konstruktion, die gesellschaftsrechtliches Neuland betritt, wird eine neue Epoche in der Geschichte des Hauses Voith eingeleitet. Möge dieses Modell in langer Dauer sich bewähren, im Sinne und Geiste der wirtschaftlichen und sozialen Zielsetzung der früheren Generationen«, war in der Pressemitteilung von Voith zu lesen.[27]

Die »Lex Rupf« war aber nicht perfekt. Martina Mann nannte die Regelung einen Kompromiss und analysierte später treffend das Problem der »Lex Rupf«, wie das System familienintern genannt wurde.[28] Zur Grundidee der Neutralisierung des Kapitals betonte sie: »Das Rupfsche Konzept versucht nur den Führungsaspekt aus dem Einfluss der Gesellschafter zu nehmen, nicht jedoch den wirtschaftlichen Besitz. Dass eine solche Kompromisslösung für die Gesellschafter problematisch sei, ist gedanklich vielleicht schwer zu erfassen, weil man die Situation von innen erleben muss, um die Problematik wirklich zu verstehen. [...] Vor allem taucht auch die Machtfrage auf, die immer gefährlich ist für ein harmonisches Zusammenwirken, denn neben dem wirtschaftlichen Aspekt und dem Führungsaspekt ist eben auch noch ein Machtaspekt mit Kapitaleigentum verbunden.«[29] Und tatsächlich funktionierte die »Lex Rupf« nur etwa zehn Jahre, ehe genau dieses von Martina Mann beschriebene Problem das System sprengte.

---

24 WABW B 80 (noch ohne Signatur), Ordner Mann Briefe: Manuskript »Zur Frage der Voith Struktur« von Martina Mann, Februar 1997, S. 2.
25 WABW B 80 Bü 2825, Voith intern. Informationen. Notizen am Rande Nr. 100, Mai 1976, Neue Verfassung des Hauses Voith; Neue Verfassung, S. 17; Rupf: Glück, S. 153.
26 Rupf: Glück, S. 153.
27 WABW B 80 Bü 2825, Voith intern. Informationen. Notizen am Rande Nr. 100, Mai 1976, Neue Verfassung des Hauses Voith.
28 Mann: Erinnerungen, S. 201.
29 WABW B 80 (noch ohne Signatur), Ordner Mann Briefe: Manuskript »Zur Frage der Voith Struktur« von Martina Mann, Februar 1997, S. 3. Wie Hanns Voith sah auch Martina Mann die konsequenteste Lösung in der Übertragung des Erbes bzw. des Kapitals in eine Stiftung, ebd.

Zuvor erfolgte allerdings eine erneute Veränderung der Firmenstruktur. Zunächst schieden Hugo Rupf und Heinz Pfeifer altersbedingt zum 23. Juni 1978 als Geschäftsführer aus. Nachfolger von Pfeifer als Sprecher der Geschäftsführung und zuständig für die Koordination der gesamten Voith-Gruppe wurde der 1929 in Karlsruhe geborene Theodor E. Carl, der drei Jahre später dann auch zum Vorsitzenden der Geschäftsführung ernannt wurde.[30] Außerdem rückte Michael Rogowski, Jahrgang 1939 und vor Voith beim US-Konzern Singer tätig, in die Geschäftsführung auf. Gleichzeitig erhielt Voith eine neue firmenrechtliche Struktur: Das Stammhaus in Heidenheim sowie die Führung aller Beteiligungsgesellschaften, also die Voith-Beteiligungen GmbH, wurden unter der J.M. Voith GmbH zusammengefasst.[31] Die bisherige J.M. Voith GmbH wurde in J.M. Voith Industrieverwaltung GmbH umbenannt. Hugo Rupf wechselte als neuer Vorsitzender in den erstmals nach dem Mitbestimmungsgesetz des Jahres 1976 gewählten Aufsichtsrat der J.M. Voith GmbH, zudem übernahm er von Hans Lutz Merkle den Vorsitz im Gesellschafterausschuss. Er blieb damit die letztlich entscheidende Person für die Entwicklung des Familienunternehmens. Michael Rogowski, der Rupf als »Inkarnation des Patriarchen« beschrieb, schildert in einer Anekdote aus seiner Anfangszeit bei Voith den Einfluss von Rupf: »Er hat der Geschäftsleitung, in der er gar nicht mehr drinnen war, den Jahresabschluss erläutert, und ich saß da und habe ein paar Dinge notiert. Plötzlich schaut Herr Rupf und sagt. Sie brauchen nichts aufschreiben, wenn Sie etwas wissen wollen, wenden Sie sich an Herrn Romminger [der Sekretär des Hauses].«[32]

Bankier Hugo Rupf – Ausbau des Finanzpolsters

Im Jahr 1981 erhielt Voith eine Kaufofferte für die Contigas-Anteile. Die Bayernwerk AG, ein Energieunternehmen, das mehrheitlich vom bayerischen Freistaat kontrolliert wurde, wollte die Anteile kaufen, um so die Position gegenüber dem Konkurrenten RWE zu stärken. Hugo Rupf war grundsätzlich zum Verkauf bereit, stellte aber die Bedingung, dass der Erlös steuerneutral für andere Beteiligungen verwendet werden durfte. Nachdem vom baden-württembergischen Ministerpräsidenten die entsprechende Zusage kam, verkaufte Voith die Anteile an Contigas für 300 Millionen DM. Von dieser Summe gingen 125 Millionen in eine 25-prozentige Beteiligung an der Stella Automobil-Beteiligungsgesellschaft mbH, die Anteile an Daimler-Benz besaß. Voith war damit zum Anteilseigner von Daimler-Benz geworden. Ferner erwarb Voith mit den neuen Mitteln weitere Anteile an der DEWB. Durch eine Unterbeteiligung über die Robert Bosch GmbH war Voith außerdem indirekt an der Telefonbau und Normalzeit Lehner & Co. beteiligt.[33]

Die Beteiligung an der Deutsche Effectenbank Warburg AG musste allerdings veräußert werden, als der Mitteilhaber und Bankier Siegmund Warburg im Herbst 1982 verstarb und

---

30 Ernennung, in: Voith-Mitteilungen 1/1981, S. 18. Theodor E. Carl war am 1. Juli 1976 in die Geschäftsführung der Voith-Beteiligungen GmbH eingetreten.
31 Konzerngeschäftsbericht 1977/78, S. 9; WABW B 80 Bü 282, Zeitungsartikel Heidenheimer Zeitung vom 13. Juli 1978. Voith änderte Firmenstruktur erneut.
32 Zitiert nach: Brandstetter: Traisen, S. 95.
33 Rupf: Glück, S. 139; Konzerngeschäftsbericht, in: Voith-Mitteilungen 1/1982, S. 3–13, hier: S. 7. Aus der Telefonbau und Normalzeit wurde die Telenorma, an der Bosch eine Mehrheit besaß.

Voith die Mittel für ein alleiniges Engagement auf dem Bankgebiet nicht aufbringen wollte. Voith erhielt für seine Beteiligung an der Bank rund 70 Millionen DM, die in eine zehnprozentige Beteiligung an der Salamander AG reinvestiert wurden, welche Voith später noch einmal verdoppelte. Der bekannte Schuhhersteller hatte sich über die Jahre hinweg zu einem Mischkonzern entwickelt, der unter anderem auch in den Bereichen Immobilien und Dienstleistungen tätig war. Die Beteiligung von Voith an Salamander war daher auch ein Stück weit strategischer Natur. Darüber hinaus erwarb Voith eine zehnprozentige Beteiligung an der Hausgerätefirma Leifheit sowie 20 Prozent der Stuttgarter Südbank.[34] Hinzu kam eine Beteiligung von etwa 32 Prozent an der damaligen Elring Dichtungswerke GmbH.

Die Beteiligungen von Voith erwiesen sich als äußerst erfolgreich und gewinnbringend. Voiths Finanzpolster wurde dadurch kräftig ausgebaut. Hugo Rupf resümiert in seiner posthum im Jahr 2001 erschienenen Autobiografie: »Alles in allem haben wir mit unseren Finanzbeteiligungen viel Glück gehabt. Wer konnte 1956 schon voraussehen, daß wir mit den 60 Millionen Mark, die wir für eine 25-prozentige Beteiligung an Contigas anlegten, ein Finanzvermögen aufbauen könnten, dessen Börsenwert eines Tages deutlich über einer Milliarde Mark liegt.«[35] Dieser über die Jahrzehnte aufgebaute »Notgroschen«, wie Rupf es formulierte, half Voith dabei, risikobeladene Großaufträge mit einer langen Finanzierungsdauer zu stemmen.[36] Denn viele Aufträge bei Voith waren, und sind es heute immer noch, Teil großer Infrastrukturprojekte, wie beispielsweise der Bau eines Wasserkraftwerks, deren Finanzierung manchen Kunden vor große Probleme stellte. Voith musste in solchen Fällen bei der Finanzierung behilflich sein, beziehungsweise lange Zahlungsfristen in Kauf nehmen, was für das Unternehmen ein nicht unerhebliches Risiko bedeutete.

Der Aufbau des Finanzpolsters war eng mit der Person von Hugo Rupf verbunden, weswegen er gerne als Bankier mit dem Hobby Maschinenfabrik in Zusammenhang gebracht wurde.[37] Rupf selbst behauptete, sich »immer und zu allererst als Maschinenbauer« gefühlt zu haben.[38] Unabhängig vom jeweiligen Amt sorgte er dafür, dass der Voith-Konzern den Charakter eines Familienunternehmens behielt. Mit seinem Gespür und dem nötigen Quäntchen Glück prägte er das Unternehmen und stellte erfolgreich die Weichen bei Voith. In Würdigung seiner einzigartigen Verdienste um das Unternehmen Voith wurde Rupf im Jahr 1983, als er aus Altersgründen schließlich endgültig aus seinen Ämtern bei Voith ausschied, zum Ehrenvorsitzenden auf Lebenszeit ernannt.[39]

---

34 Rupf: Glück, S. 135 f.
35 Rupf: Glück, S. 140. Hugo Rupf verstarb am 27. Januar 2000. Seine Autobiografie »Vom Glück verwöhnt. Ein Leben für Voith« erschien im Jahr 2001; Woehl: Rupf.
36 Rupf: Glück, S. 141.
37 WABW B 80 Bü 2820, Kommentar der Stuttgarter Nachrichten zur Voith-Beteiligungs GmbH, wiedergegeben in der Heidenheimer Neuen Presse vom 18. April 1972; Rupf: Glück, S. 140.
38 Rupf: Glück, S. 140.
39 Woehl: Rupf.

_Das Voith-Werk in Garching im Jahr 1973, erkennbar an dem markanten Sheddach.

_Das Heidenheimer Stammwerk aus der Luft, 1974.

_oben: Die französische Voith-Vertretung in Paris im Jahr 1978.

_unten: Das Werk in St. Pölten, 1987. Zwei Jahre zuvor hatte Voith wieder die Aktienmehrheit von Voith St. Pölten erworben.

_oben: Voith übernahm 1983 Appleton Mills in Wisconsin und stieg damit in die Bespannungstechnik ein. Hier der amerikanische Standort im Jahr 1985.

_unten: Das Werk der ehemaligen Hydro Division von Allis Chalmers 1987, ein Jahr nach der Übernahme durch Voith.

_Martina Mann gemeinsam mit Hugo Rupf 1989 in Brasilien, anlässlich des 25-jährigen Jubiläums des Standorts São Paulo.

_Bankdrücken: Betriebssport bei Voith um 1975.

_Lehrlinge bei Voith, 1982.

_Die alte Telefonzentrale des Jahres 1981.

_Die Grafik-Station, 1988.

_Versuche mit dem Schiffsgerinne in der Brunnenmühle.

_Die Villa Eisenhof, zentral auf dem Firmengelände von Voith, diente mittlerweile als Gästehaus.

_Ansicht des Kraftwerks Itaipú an der Grenze zwischen Paraguay und Brasilien.

_oben: Der VSP weltweit im Einsatz. Hier eine Fähre vor New York City mit diesem Antrieb.

_unten: Voith liefert weitere Papiermaschinen nach Schongau. Hier eine PM 7 im Jahr 1990.

Der Zeit voraus: Windkraft und Müllkompostierung

Voith war auch unter Hugo Rupf bestrebt, in neuen Geschäftsfeldern Fuß zu fassen, gerade weil sich die Auftragslage im Papiermaschinenbau verschlechterte. Dazu unternahm der Maschinenbauer diverse Versuche in verschiedene Richtungen. Die Ölkrise und aufkommendes öffentliches Umweltbewusstsein sorgten bei Voith dafür, dass sich der Blick Richtung alternative Energiequellen wandte. Konkret ging es um den Bau von Windkraftanlagen. Hier kam die 1936 gegründete Lüfterabteilung von Voith ins Spiel. Die Abteilung VL (Voith Lüfter) war in den ersten Jahren für den Bau von Axialgebläsen für Windkanäle zuständig und beschäftigte sich im Auftrag des Reichsluftfahrtministeriums unter anderem mit der Entwicklung von Strahltriebwerken. Nach dem Krieg setzte sie ihre Tätigkeit fort und entwickelte Kühlergruppen für Diesellokomotiven sowie Belüftungssysteme für U-Bahnen.[40] Auch die Ventilatoren für die elektronisch gesteuerte Lüftungsanlage des zwischen 1968 und 1975 gebauten Neuen Elbtunnels in Hamburg stammten von Voith. Im Herbst 1981 ging auf der Schwäbischen Alb in der Nähe von Heidenheim der Prototyp einer Windkraftanlage in Betrieb: der Voith-Windenergieconverter (WEC 520). Die Anlage entstand ab 1976 in Zusammenarbeit mit dem Bundesministerium für Forschung und Technologie. Zudem konnte Voith auf die Erfahrungen der Abteilung VL zurückgreifen. Die Anlage hatte einen Rotordurchmesser von 52 Metern und lieferte bei Windgeschwindigkeiten von zehn Metern pro Sekunde 500 Kilowatt.[41] Wegen der wechselnden Windverhältnisse konnte die Anlage allerdings nicht wirtschaftlich betrieben werden, so Hugo Rupf.[42] Problematisch waren wohl aber vor allem technische Schwierigkeiten: »Die langen Übertragungswellen neigten trotz sorgfältiger Konstruktion zum Schwingen. Außerdem war die Geräuschentwicklung des Rotors, der für eine sehr große Schnelllaufzahl ausgelegt war, nicht akzeptabel.«[43] Diese schlechten Betriebserfahrungen und der fehlende Markt waren Gründe, weswegen sich Voith aus der Windenergietechnik zurückzog und der WEC 520 demontiert wurde.[44]

Ein weiterer Versuch war der Einstieg in das Geschäft mit Müllkompostieranlagen. Dazu hatte Voith 1965 die Voith Müllex GmbH gegründet und in Mergelstetten eine Pilotanlage gebaut. Doch die biologische Müllverwertung war nicht wirtschaftlich zu realisieren, weswegen Voith Müllex Mitte der 1970er Jahre ihre Geschäftstätigkeit einstellte und im Geschäftsjahr 1980/81 liquidiert wurde.[45] Dazu erklärte Michael Rogowski rückblickend: »Dinge zu früh zu entwickeln ist genauso problematisch wie zu spät. Der Zeitpunkt muss passen.«[46]

Voith versuchte sich ferner eine Zeit lang mit dem Bau von Kompressoren, musste aber erkennen, dass gegen die starke Konkurrenz in diesem Markt nicht zu bestehen war.[47] Auch

---

40 Heinz Marcinowski: Abteilung VL, in: Voith-Mitteilungen 21/1951, S. 255–256, hier: S. 255; Herbert Weiß: Voith sorgt für saubere Luft, in: Voith-Mitteilungen 1/1975, S. 3–4.
41 Energiequelle Wind, in: Voith-Mitteilungen 1/1981, S. 14–16, hier: S. 14; Erich Hau: Windkraftanlagen. Grundlagen. Technik. Einsatz. Wirtschaftlichkeit, Berlin, Heidelberg 2014, S. 53. Rupf: Glück, S. 122 schreibt fälschlicherweise von 1983.
42 Rupf: Glück, S. 122 f.
43 Hau: Windkraftanlagen, S. 325.
44 Dazu Michael Rogowski im Zeitzeugengespräch mit Matthias Georgi, Markus Woehl und Lars Rosumek am 15.3.2017 ab 10 Uhr, Minute 9 ff.
45 Konzerngeschäftsbericht, in: Voith-Mitteilungen 1/1982, S. 3–13, hier: S. 8. Michael Rogowski betonte, dass Voith zu früh in das Geschäft eingestiegen und der Markt noch nicht reif gewesen sei trotz guter Produkte. Rogowski Zeitzeugengespräch mit Georgi, Woehl und Rosumek am 15.3.2017 ab 10 Uhr, Minute 11 ff.
46 Rogowski Zeitzeugengespräch mit Georgi, Woehl und Rosumek am 15.3.2017 ab 10 Uhr, Minute 12.
47 Rupf: Glück, S. 123.

scheinbar risikoärmere Akquisitionen im Kunststoff- und Werkzeugmaschinenbau entwickelten sich nicht so wie erhofft und mussten beendet werden. So traf es die belgische Firma Pégard, die Voith 1970 erworben hatte. Sie meldete im Jahr 1984 Vergleich an. Immerhin konnte Voith diesen Wegfall im Werkzeugmaschinengeschäft noch durch den Kauf der Scharmann GmbH kompensieren, die 1986 zu Voith kam und zwei Jahre später mit Dörries zusammengelegt wurde. Dörries Scharmann wiederum wurde Anfang der 1990er Jahre an die Bremer Vulkan verkauft.[48] Die Firma Blaschke bereitete Voith ebenfalls Sorgen. Dazu Hugo Rupf: »Vielleicht hatten wir jedoch der Erfahrung, daß eine Diversifikation je risikoreicher ist, desto weiter sie vom vertrauten Stammgeschäft wegführt, nicht die nötige Aufmerksamkeit geschenkt. Nachdem feststand, daß wir nicht annähernd die gesteckten Ziele erreichen würden, entschlossen wir uns schweren Herzens, Blaschke zu liquidieren.«[49] 1973 erwarb Voith die Kapitalmehrheit, 1976 die restlichen Anteile der Firma J. Fischer, die Kunststoffblasmaschinen fertigte. Vier Jahre später verkaufte Voith die Firma wieder, da auch in dieser Sparte der Abstand zur Konkurrenz einfach zu groß war.[50]

Ein weiteres Projekt, das seiner Zeit voraus war, stellte die Elektromobilität dar. Am 8. Mai 1979 nahm die weltweit erste Hybrid-Elektrobus-Linie in Stuttgart ihren fünfjährigen Testbetrieb auf. Fahrgäste der Linie 70 Hoffeld – Plieningen genossen fortan das Privileg, einen leisen und abgasarmen Bus nutzen zu können. Im Endausbau sollten 13 Busse mit hybriden Antrieben (dabei wurde ein elektrischer Fahrmotor teilweise von einem Generator, angetrieben durch einen Dieselmotor, und teilweise von einem elektrischen Energiespeicher gespeist) auf der Linie verkehren. Die gewählte Antriebsart richtete sich nach der jeweiligen Streckenlage. Lange Überlandfahrten wurden mit dem Dieselantrieb bewältigt, in Wohngebieten dagegen wurde auf den Energiespeicher zurückgegriffen. Zwar luden sich die Energiespeicher während der Fahrt partiell auf, doch waren auch komplette Nachladungen und Wartungen der drei Tonnen schweren Batterien nötig. Diese Nachladungen und Wartungen wurden in einer Batterie-Service-Station durchgeführt, die Voith speziell für die Hybrid-Busse von Daimler-Benz entwickelt hatte. Die Station war bei Voith vormontiert und mit einem Spezialtransport nach Stuttgart gebracht worden. Eine weitere, identische Anlage kam in die Hansestadt Wesel am Niederrhein.[51] Diese Beispiele, von denen einige in der Rückschau ungemein fortschrittlich wirken, damals aber ihrer Zeit gewissermaßen voraus waren, spiegeln das Bestreben Voiths wider, sich zu diversifizieren. In den genannten Fällen blieb der Erfolg allerdings aus. Der Verlust für Voith hielt sich dabei in Grenzen, da vieles nicht über die Prototypenphase hinausgegangen war.

---

48 WABW B 80 (noch ohne Signatur), Ordner VH-Protokolle vom 9.11.1987 bis 26.4.1990: Protokoll Gesellschafterausschuss vom 25.5.1988, S. 2. Zum Verkauf: Reinhold Thiel: Die Geschichte des Bremer Vulkan 1805–1997 in drei Bänden. Band III 1947–1997, Bremen 2010, S. 7.
49 Rupf: Glück, S. 126.
50 WABW B 80 (noch ohne Signatur), Ordner VH-Protokolle vom 1.4.1980 bis 29.2.1994: Protokoll Gesellschafterausschuss vom 6.6.1980, S. 6.
51 Hermann Schweickert: Weltpremiere in Stuttgart: erste Hybrid-Elektrobus-Linie mit Voith-Batterieservice-Station, in: Voith-Mitteilungen 2/1979, S. 16 f. Dazu auch Hans Philipsen im Zeitzeugengespräch mit Matthias Georgi und Markus Woehl am 18.4.2017 ab 15 Uhr.

Erfolge: Appleton Mills und Allis-Chalmers

1983 übernahm das Heidenheimer Unternehmen die US-Firma Appleton Mills in Wisconsin und stieg damit in die Bespannungstechnik ein, nachdem das Unternehmen schon länger nach einer entsprechenden Beteiligung gesucht hatte. Dies war bisher gescheitert. Rupf erklärte dazu: »Die Hersteller sind als verschworene Gemeinschaft zu sehen, die Außenseitern kaum eine Chance lassen.«[52] Bei sogenannten Bespannungen handelt es sich um Filze oder Siebe, die als Verbrauchsmaterialien für die Papierproduktion notwendig sind. Die Hoffnung war, damit in der Papiermaschinensparte weniger von Nachfragezyklen abhängig zu sein, denn Verbrauchsmaterialien wie Bespannungen wurden immer benötigt. Zudem versprach man sich Synergie-Effekte: »Durch das laufende Ersatzteilgeschäft (Lebenszeit eines Filzes 30–90 Tage) würden wir ständig Informationen über Umbauten, Rationalisierungen und Neuinvestitionen auch von Papierherstellern erhalten, die bisher nicht zu unserem Abnehmerkreis gehören«, betonte Karlheinz Rummel als Vertreter der Voith-Geschäftsführung während der Verkaufsverhandlungen.[53] Glaubt man Martina Mann, resultierte die Übernahme aus einem glücklichen Zufall. Danach hätten »einige Voith-Herren« das Glück gehabt, in einem Flugzeug ein Gespräch mitgehört zu haben. »In diesem Gespräch«, schreibt Martina Mann, »ging es darum, dass eine kleinere Firma in Familienbesitz, Appleton Mills in Appleton, Wisconsin, die Filze für Papiermaschinen herstellt, nach einem Käufer suchte. Durch Nachfrage kam man ins Gespräch und schließlich wurde der Einstieg in dieses bis dato Voith fremde Gebiet gewagt, wo zumindest damals sehr freundliche Gewinne möglich waren.«[54] Voith konnte von nun an nicht nur alle für die Papierproduktion nötigen Maschinen liefern, sondern auch die Maschinen »bekleiden«.[55] Tatsächlich war das Heidenheimer Unternehmen damit der einzige Papiermaschinenhersteller, der zugleich eine eigene Bespannungstechnik besaß.

Drei Jahre später, 1986, bot sich für Voith die günstige Chance, mit einem großen Schritt auf den US-amerikanischen Markt vorzudringen. Der US-Konzern Allis-Chalmers suchte für seine in finanzielle Schieflage geratene Turbinensparte, die »Hydro Division«, einen Käufer.[56] Der Konzern war 1901 durch den Zusammenschluss der Unternehmen Edward P. Allis & Company, Fraser & Chalmers, Gates Iron Works und der Dickson Manufacturing entstanden. Vier Jahre nach der Gründung produzierte Allis-Chalmers die ersten Dampfturbinen. Wenige Jahre später wurde das Geschäftsfeld um den Bau von Traktoren erweitert. Nach und nach kamen weitere Produktionssparten wie der Wasserturbinenbau hinzu. Das Unternehmen expandierte, erwarb verschiedene Beteiligungen und ging mehrere Joint Ventures ein. So wurde etwa die Familienfirma Morgan Smith in Pennsylvania gekauft, die mit Lizenz von Voith Kaplanturbinen gefertigt hatte.[57] In den 1980er Jahren geriet Allis-Chalmers allerdings in wirtschaftliche Schwierigkeiten, weswegen mehrere Geschäftssparten verkauft werden mussten.

---

52 WABW B 80 (noch ohne Signatur), Ordner VH-Protokolle vom 1.4.1980 bis 29.2.1994: Protokoll Gesellschafterausschuss, 1.6.1983, S. 6.
53 Ebd., S. 3.
54 Mann: Erinnerungen, S. 212 f.
55 Ebd., S. 213.
56 WABW B 80 (noch ohne Signatur), Ordner VH-Protokolle vom 1.3.1984 bis 1987: Protokoll Gesellschafterausschuss, 7.11.1986, S. 6 ff.; Rupf: Glück, S. 112, dazu auch Hans Philipsen im Zeitzeugengespräch mit Matthias Georgi und Markus Woehl am 18.4.2017 ab 15 Uhr.
57 Rupf: Glück, S. 112.

Für Voith waren die Turbinenbauer aus den USA keine Unbekannten. Seit Jahren hatte man unter anderem im Rahmen eines Lizenzabkommens bereits miteinander gearbeitet. Im Juni 1974 wurde mit Voith-Allis Inc. sogar ein Gemeinschaftsunternehmen gegründet, aus dem sich Allis-Chalmers allerdings bereits 1977 zurückzog. Voith übernahm 1986 alle Geschäftsanteile und der Firmenname wurde entsprechend in Voith Inc. geändert.[58] Nach der Übernahme des Turbinengeschäfts entwickelte sich die in York angesiedelte ehemalige Hydro Division von Allis Chalmers nach kleinen Anlaufschwierigkeiten zu einem wichtigen Bestandteil von Voiths Hydro-Sparte.[59] Die Zahl der Voith-Mitarbeiter in den USA wuchs innerhalb weniger Jahre von knapp 200 auf über 1.300.[60]

Neue Märkte und Chancen

Voith blieb in den 1970er und 1980er Jahren weiter international tätig. Das Unternehmen konnte bedeutende Großaufträge akquirieren und dabei neue Rekorde aufstellen. 1978 erhielt Voith den Auftrag über 12 der 18 Francisturbinen für das Wasserkraftwerk Itaipú. Das brasilianische Werk war damals das leistungsstärkste seiner Art. Im Jahr 1982 wurde für das US-Unternehmen Union Camp in South Carolina die mit einer Siebbreite von 9,5 Metern größte Feinpapiermaschine der Welt fertiggestellt. Zwei Jahre später erreichte eine von Voith gelieferte Papiermaschine bei der Haindl Papier GmbH in Augsburg mit einer Arbeitsgeschwindigkeit von 1.250 m/min einen neuen Weltrekord.[61] Im Frühjahr 1988 schaffte die für die Papierfabrik Westvaco in Kentucky gebaute Papiermaschine mit einer Breite von 6,3 Metern einen Produktionsweltrekord: Die Voith-Maschine produzierte durchschnittlich 634 Tonnen pro Tag, die maximale Produktion lag sogar bei 828,1 Tonnen.[62]

Ende der 1980er Jahre eröffneten sich für westliche Unternehmen international neue Märkte. Zunächst zeigten sich Risse im kommunistischen Ostblock. In Osteuropa entstanden, ermutigt durch die Reformbestrebungen Michail Gorbatschows, neue Demokratien, der Eiserne Vorhang fiel und Deutschland wurde wiedervereint. Der Aufbruch im Osten bot neue Chancen für Voith. Ferner kam es im Zuge der Hoffnungen, die sich die Wirtschaft im Hinblick auf den postsowjetischen Markt machte, zu einer vorübergehenden Hausse der Salamander-Aktien. Der Schuhhersteller war bereits seit Mitte der 1970er Jahre stark im Osten vertreten, weswegen die Nachfrage entsprechend groß war. Voith nutzte die Gunst der Stunde und veräußerte zehn Prozent der Anteile, was dem Unternehmen einen Gewinn von 35 Millionen DM bescherte.[63] In einer anderen Hinsicht stellte der Fall des Eisernen Vorhangs aber auch ein Problem dar. 1985 hatte der Voith-Konzern die Aktienmehrheit von St. Pölten erworben und damit den Standort wieder zum integrierten Bestandteil von Voith gemacht, nachdem das Werk nach Enteignung und Verstaatlichung mehrheitlich dem österreichischen Staat gehört hatte. Mit der »wirtschaftlichen

---

58 Neue Fertigungsstätte, in: Voith-Mitteilungen 3/1977, S. 13.
59 Zehn Jahre Voith Hydro, Inc., in: Voith-Report 12/1996, S. 11.
60 Voith AG (Hg.): Voith-Report international 1867 – 2007. Sonderausgabe. 140 Jahre. Erfindungen, Entwicklungen und Ereignisse des Welt-Familienunternehmens Voith, Heidenheim [2007], S. 53.
61 Ebd.
62 Voith gratuliert zum Weltrekord, in: Voith intern, August 1988 [S. 4].
63 Rupf: Glück, S. 140.

Implosion des Ostens«[64] aber fiel der traditionelle Markt des österreichischen Schwesterwerks weg, den es über Jahrzehnte hinweg dominiert hatte. Das Zeitungspapier für die »Prawda«, sowjetische Banknoten, Formulare und Wertscheine wurden bis dato auf Papier gedruckt, das von St. Pöltener Voith-Maschinen stammte.[65]

Noch interessanter als die Länder des sich auflösenden Ostblocks waren indessen China und Indien. 1985 eröffnete Voith in Hyderabad eine eigene Produktionsstätte. China, das riesige und bevölkerungsreiche Land, öffnete sich erstmals der Marktwirtschaft und lockte, wie seinerzeit Brasilien, westliche Firmen mit seinem enormen Potenzial, das der Aufbau einer Infrastruktur in nie da gewesenem Umfang mit sich brachte. Im Jahr 1990 reiste eine chinesische Delegation nach Heidenheim, um über den Bau eines Voith-Produktionswerks in China zu verhandeln. Doch daraus wurde nichts. Voith erschien dieses Engagement damals noch als zu riskant, obwohl man die zukünftige Bedeutung des Marktes durchaus erkannte. Dem Heidenheimer Unternehmen fehlten schlicht die Erfahrungswerte, die ein solches Investment benötigt hätte.[66] Allerdings half die Öffnung des chinesischen Markts dabei, für St. Pölten die Folgen aus dem Wegbruch des alten Marktes im Osten zu mildern.[67] Die wirtschaftlichen Umstände führten aber schließlich doch zu einer Abkehr von der bis dato herrschenden Aufteilung der Märkte zwischen Heidenheim und St. Pölten und erzwangen stattdessen eine Arbeitsteilung zwischen den Werken.[68]

Entgegen dem negativen Trend im deutschen Maschinenbau konnte Voith die Ertragslage seit Anfang der 1980er Jahre stetig verbessern. Seit Ende des Jahres 1979 erholte sich vorübergehend selbst der Papiermaschinenbau, auch wenn Voith hier wegen der starken internationalen Konkurrenz schlechte Preise in Kauf nehmen musste.[69] Im Geschäftsjahr 1979/80 durchbrach der Gesamtumsatz dank sehr vieler Auftragseingänge erstmals die Milliardengrenze. Der Bilanzgewinn des Voith-Konzerns mit seinen weltweit über 12.100 Beschäftigten stieg auf 28,8 Millionen DM an. Der Aufwärtstrend setzte sich dank Erfolgen in allen Produktbereichen sowie der steten Erweiterung des Konsolidierungskreises fort. Im Geschäftsjahr 1987/88 lag der Konzernumsatz mit 2,2 Milliarden DM erstmals über der 2-Milliarden-Grenze, drei Jahre später wuchs er auf fast 3 Milliarden DM an, fiel im Folgejahr aber auf rund 2,6 Milliarden DM. Voith legte damit, trotz Konjunkturabschwächung und wirtschaftlicher Stagnation in Deutschland, in diesen Jahren ein beeindruckendes Wachstum hin. Über zwei Drittel des Umsatzes verdankte Voith dabei Aufträgen aus dem Ausland, weswegen das Heidenheimer Unternehmen in hohem Maße von weltpolitischen und weltwirtschaftlichen Ereignissen abhängig war. Betrachtet man die Umsatzanteile der Produktbereiche, belegte Ende der 1980er Jahre die Papiertechnik mit Abstand Platz eins, gefolgt von den Sparten Antriebstechnik und Strömungstechnik.

Mit der wirtschaftlich erfreulichen ging auch eine technische Entwicklung einher. Im Werk Crailsheim entwickelte und fertigte Voith beispielsweise 1985 ein hydrodynamisch regelbares Planetengetriebe für Industrieanlagen. Das als Vorecon bezeichnete Getriebe kombinierte

---

64 Ein hochrangiger Manager, zitiert nach: Brandstetter: Traisen, S. 18.
65 Brandstetter: Traisen, S. 130.
66 Rupf: Glück, S. 114.
67 Brandstetter: Traisen, S. 18.
68 Ebd., S. 19.
69 Konzerngeschäftsbericht, in: Voith-Mitteilungen 1/1981, S. 3–12, hier S. 3. Vor allem in Japan entwickelte sich eine Maschinenbauindustrie, die zunehmend als ernstzunehmender Konkurrent betrachtet werden musste.

also Föttinger-Kreisläufe mit Planetengetrieben, wodurch bessere Wirkungsgrade im Hauptbetriebsbereich erzielt wurden. Der Energieverbrauch sank damit auf ein Minimum.[70] An der Entwicklung des Getriebes, dessen Prototyp intern »Blauer Klaus« genannt wurde, arbeiteten die Ingenieure bei Voith schon seit 1982 sehr intensiv. Die Anwendung des in Crailsheim entworfenen Vorecon wurde in den folgenden Jahren durch gezielte Entwicklung auch auf den Unterwassereinsatz und den Einsatz für Gasturbinen erweitert.[71]

Voith feilte auch weiter an der Strömungsbremse, allerdings unter anderem Namen. Denn seit etwa 1980 wurde bei Voith der Begriff »Bremse« nicht mehr verwendet. Stattdessen war und ist bei der Strömungsbremse vom Retarder die Rede. Dies soll den Unterschied zwischen einer gewöhnlichen mechanischen Bremse und der Strömungsbremse von Voith unterstreichen. Der Retarder kann ein Fahrzeug schnell und effektiv abbremsen, es aber nicht völlig zum Stillstand bringen.[72] Wurden in den 1970er Jahren bei Voith anfangs etwa zehn Retarder pro Monat produziert, waren es ein Jahrzehnt später rund hundertmal so viele. Zu den weltweiten Abnehmern zählten namhafte Bus- und Lkw-Hersteller.

1989 ging die europaweit größte De-Inking-Anlage im bayerischen Schongau in Betrieb. Die Anlage stellte eine Erweiterung der bestehenden Flotationsanlage im Werk Schongau der Haindl Papier GmbH dar. Die Kapazität betrug nun circa 1.000 Tonnen Recycling-Papier pro Tag. Mit dieser Leistung sicherte sich Voith seine Weltmarktstellung. Zu diesem Zeitpunkt lag der Marktanteil an Flotationsmaschinen um die 60 Prozent.[73] Zudem gelang es dank dem De-Inking-Verfahren, sich wieder etwas besser auf dem skandinavischen Markt zu positionieren.[74]

»Krieg der Stämme« – Der Weg zur Realteilung

Die mit der Verfassung von 1976 versprochene »neue Epoche« bei Voith endete bereits 1989. Zwischen den zwei Familienstämmen von Hanns und Hermann Voith war ein Streit entbrannt, der von der Presse als »Dallas auf der Ostalb« oder »Heidenheimer Volkstheater« tituliert wurde.[75] *Der Spiegel* etwa schrieb unter der Überschrift »Krieg der Stämme«: »Seit Monaten tobt hinter den Kulissen des bedächtigen Konzerns ein Machtkampf, der das Unternehmen zunehmend lähmt. Schlagzeilen gibt es jetzt fast täglich, günstig sind sie nicht mehr. Die Mittel, mit denen da gefochten wird, werden immer härter, demnächst müssen sich die Gerichte mit dem Streit beschäftigen. Eine Menge steht auf dem Spiel: die Macht über einen weltweit tätigen Konzern, der 2,5 Milliarden Mark umsetzt und mindestens 2 Milliarden Mark wert ist; die Zukunft eines Unternehmens, das rund 16 000 Menschen beschäftigt.«[76]

Ende der 1980er Jahre kulminierte damit ein Konflikt, der schon seit Jahren zwischen den Familienstämmen, den Erben von Hermann auf der einen und denen von Hanns auf der

---

70 Schweickert: Antriebstechnik, S. 140.
71 Ebd., S. 301.
72 Ebd., S. 245.
73 Größte europäische Flotationsanlage von Voith in Betrieb, in: Voith intern 7/1989, S. 3.
74 Brandstetter: Traisen, S. 136.
75 Michael Heller: Entflogen aus dem vergoldeten Käfig, in: Stuttgarter Zeitung, 4. August 2012, URL: http://www.stuttgarter-zeitung.de/inhalt.maschinenbauer-voith-entflogen-aus-dem-vergoldeten-kaefig.89654f68-19ed-451c-a70e-666810605f80.html (20.6.2016).
76 Krieg der Stämme, in: DER SPIEGEL 7/1990, S. 116 – 119, hier: S. 116.

anderen Seite, schwelte. Hanns Voith hatte das Unternehmen bis zu seinem Tod 1971 geprägt und seine Töchter und Enkel waren in und mit dem Unternehmen aufgewachsen. Zudem lebten sie in der anthroposophischen Tradition ihres Vaters und brachten so über den Gesellschafterausschuss eine spezielle Auffassung von den Zielen des Unternehmens ein. Die Töchter und Enkel von Hermann Voith waren dem Unternehmen auch sehr eng verbunden, doch hatten sie durch dessen frühen Tod 1942 einen weniger emotionalen und weniger von persönlichen Erlebnissen geprägten Blick auf das Unternehmen als der Stamm von Hanns Voith.[77]

Ende der 1980er Jahre zog sich Colette Schuler-Voith, die älteste Tochter Hermann Voiths, aus gesundheitlichen Gründen immer stärker aus den Entscheidungsprozessen zurück und ihr Sohn Robert Schuler-Voith löste sie ab. Er hatte den Wunsch, sich stärker aktiv in das Unternehmen einzubringen. Das war aber wegen der Voith-Verfassung, der Konstruktion des Gesellschafterausschusses und der 50-Prozent-zu-50-Prozent-Aufteilung des Unternehmens zwischen den Stämmen nicht möglich. Im Winter 1988/89 begann die Eskalation. Auf der Sitzung des Gesellschafterausschusses vom 31. Oktober 1988 berichtete Michael Rogowski von Überlegungen über eine Kooperation mit Escher Wyss-Sulzer. Hintergrund war, dass bei Escher Wyss-Sulzer die Papier- und Turbinensparte nur einen kleinen Teil zum Umsatz beitrugen und nicht zum Kerngeschäft gehörten. Escher Wyss-Sulzer suchte daher einen Kooperationspartner in diesem Bereich. Für Voith boten sich Synergien sowie Zugänge zu neuen Märkten. Gleichzeitig stand Valmet, einer der größten Konkurrenten Voiths, mit Escher Wyss-Sulzer in Kontakt. Einen Einstieg des finnischen Konzerns in den deutschen Markt galt es zu verhindern. Geplant war die Zusammenarbeit mit Escher Wyss-Sulzer durch eine Ausgliederung der Papier- und Turbinensparte aus Voith und einem Joint Venture im dann neuen Unternehmen mit einer Mehrheit Voiths.[78] Auf der nächsten Sitzung des Gesellschafterausschusses lagen plötzlich drei Kaufofferten für Voith vor: von Sulzer, Mannesmann und Rheinmetall. Gleichzeitig wurde die Unabhängigkeit von Voith unter Beteiligung eines »institutionellen Kapitalanlegers« oder eines »industriellen Partners« diskutiert.[79] Zudem machte Robert Schuler-Voith den Vorschlag, die Mehrheit der Anteile von Voith erlangen zu wollen, indem er die Firma Schuler in das Unternehmen einbringe, andernfalls wolle er aus Voith aussteigen.[80]

In den folgenden Wochen diskutierten die Gesellschafter und der Gesellschafterausschuss verschiedenste Optionen. Im März 1989 einigten sie sich grundsätzlich darauf, die Papier- und Turbinenaktivitäten von Sulzer zu übernehmen und Sulzer eine Minderheitsbeteiligung an

---

77 Dies wird in den Protokollen des Gesellschafterausschusses deutlich. In dem Ausschuss versucht Martina Mann als Vertreterin des Stammes Hanns Voith häufig den Status quo zu bewahren, wohingegen Colette Schuler-Voith als Vertreterin des Stammes Hermann Voith regelmäßig die Substanz und das Konzept von Voith hinterfragt. Zu Colette Schuler-Voith siehe etwa: WABW B 80 (noch ohne Signatur), Ordner AR VR neu, Protokolle und Beschlüsse des Verwaltungsrats und der Gesellschafter der Voith-Beteiligungen GmbH, 1.1.1977 – 22.6.1978, ab 23.6.78 VH: Protokoll Gesellschafterausschuss vom 15. Mai 1979, S. 5. Zu Martina Manns Ansicht vgl. u. a. WABW B 80 (noch ohne Signatur), Ordner: VH-Protokolle vom 9.11.1987 bis 24.4.1990: Protokoll Gesellschafterausschuss vom 20.1.1989, S. 4. Dazu auch Rogowski Zeitzeugengespräch mit Georgi, Woehl und Rosumek am 15.3.2017 ab 10 Uhr, Minute 22 ff. Zu dieser Einschätzung der Konfliktursachen vgl. auch: Christian Keun: Erbenfehde mit glimpflichem Ausgang, SPIEGEL ONLINE, 12.1.2002, URL: http://www.spiegel.de/wirtschaft/die-reichsten-deutschen-erbenfehde-mit-glimpflichem-ausgang-a-176553.html (12.4.2017).
78 Vgl. WABW B 80 (noch ohne Signatur), Ordner VH-Protokolle vom 9.11.1987 bis 26.4.1990: Protokoll Gesellschafterausschuss, 31.10.1988, S. 7.
79 Vgl. WABW B 80 (noch ohne Signatur), Ordner VH-Protokolle vom 9.11.1987 bis 26.4.1990: Protokoll Gesellschafterausschuss, 20.1.1989, S. 2.
80 Ebd., S. 4.

Voith zu ermöglichen.⁸¹ Der Konflikt schien bereinigt, ein Fahrplan für die kommenden Monate und Jahre gefunden. Doch dann brachte Robert Schuler-Voith Ende 1989 ein anderes Modell der Zusammenarbeit mit Sulzer ins Spiel: eine Voith-Holding mit der Papier- und Turbinensparte als eigenständige Tochterunternehmen, an denen Sulzer dann beteiligt werden sollte, ohne am Mutterunternehmen Voith Anteile zu bekommen. An diesem Vorschlag eskalierte der schwelende Konflikt nun endgültig. Beide Seiten konnten sich nicht auf einen Kompromiss oder einen gangbaren Weg einigen. Als der Anwalt des Stammes Hermann Voith eine Medienkampagne startete, wurde das Klima noch rauer.⁸² Schuler-Voith versuchte letztlich sogar, den Hanns-Voith-Stamm auszuzahlen und Voith komplett zu übernehmen, was aber am Widerstand der Töchter Hanns Voiths scheiterte, die das Erbe ihres Vaters in Gefahr sahen. Die Stimmung zwischen den Familien wurde immer angespannter.⁸³ Schließlich platzten die Verhandlungen mit Sulzer.⁸⁴ Zum Eklat kam es, als der Stamm Hermann Voith im Mai 1991 dem Gesellschafterausschuss, dem Aufsichtsrat sowie der Geschäftsführung die Entlastung verweigerte.⁸⁵

Im Anschluss wurden verschiedene Optionen, unter anderem das Ausscheiden des einen oder anderen Stammes mit einer Abfindung in Höhe des halben Unternehmenswerts, diskutiert.⁸⁶ Eine der besprochenen Optionen war eine sogenannte Realteilung, also die Aufteilung des Unternehmens in zwei gleich wertvolle, unternehmerisch unabhängige Teile. Dieser Vorschlag wurde letztlich zum 1. April 1992 umgesetzt.⁸⁷ Der Stamm Hermann Voith bekam im Zuge dieser Teilung den Großteil der Finanzbeteiligungen, den Werkzeugmaschinenbau sowie Bargeld. Der Stamm Hanns Voith dagegen erhielt die restlichen Finanzbeteiligungen und den gesamten Kerngeschäftsbereich.⁸⁸ Kapital und industrielle Basis waren damit gewissermaßen getrennt und zwischen den Familien aufgeteilt worden. Dieser »Friedensschluß im Hause Voith«, so Hugo Rupf, »war teuer erkauft worden«.⁸⁹ Durch die Auszahlung der Hermann-Erben hatte Voith das wichtige Finanzpolster angreifen müssen. Das war aber ein geringes Übel, da dafür auf lange Sicht wieder Ruhe und Beständigkeit in den Gesellschafterausschuss einkehrten. Hier zahlte sich der jahrzehntelang angehäufte »Notgroschen« aus, der zwar jetzt aus Sicht des Unternehmens Voith aufgezehrt war, ohne den die Realteilung in dieser Form aber nicht möglich gewesen wäre.⁹⁰ Der Wegfall der Werkzeugmaschinensparte war kein großer Verlust, denn Voith war ohnehin an einem Verkauf dieses Geschäftszweigs interessiert gewesen. Hanns Voiths Erben behielten damit die Stammgeschäfte und führten das Unternehmen im Sinne des Vaters fort.

---

81 Vgl. WABW B 80 (noch ohne Signatur), Ordner VH-Protokolle vom 9.11.1987 bis 26.4.1990: Protokoll Gesellschafterausschuss, 10.3.1989, S. 4 und ebd. Protokoll Gesellschafterausschuss, 17.5.1989, S. 5.

82 Vgl. dazu: WABW B 80 (noch ohne Signatur), Ordner Realteilung I: Sonder-Information intern. Für die Mitarbeiter des Hauses Voith: Was bezweckt Mark Binz – der Rechtsanwalt des Familienstamms Hermann Voith – mit seinen Äußerungen in der Öffentlichkeit, ohne Datum [Sommer 1990].

83 Mann: Erinnerungen, S. 209.

84 WABW B 80 (noch ohne Signatur), Ordner Realteilung I: Bekanntmachung vom 17.1.1991: Geplante Kooperation von Voith und Sulzer gescheitert.

85 WABW B 80 (noch ohne Signatur), Ordner Realteilung 1990–1992: Schreiben von Robert Schuler-Voith an Marcus Bierich in seiner Funktion als Vorsitzender des Gesellschafterausschusses vom 15.5.1991, vgl. auch Rupf: Glück, S. 193.

86 Vgl. WABW B 80 (noch ohne Signatur), Ordner Realteilung 1990–1992: Mark Binz (Anwalt des Stammes Hermann Voith) an Marcus Bierich in seiner Funktion als Vorsitzender des Gesellschafterausschusses vom 16.7.1991.

87 Vgl. WABW B 80 (noch ohne Signatur), Ordner Realteilung 1990–1992: Schreiben von Schilling, Zutt & Anschütz an die Voith Geschäftsführung vom 29.10.1992.

88 Mann: Erinnerungen, S. 210.

89 Rupf: Glück, S. 195.

90 Dazu auch ebd., S. 141.

Mit der Realteilung des Familienunternehmens Voith erfolgte auch dessen Umstrukturierung. Eine Holdingstruktur mit eigenverantwortlichen Konzernbereichen löste das über 125 Jahre alte Stammhausprinzip ab. Noch 1990 waren ähnliche Ideen daran gescheitert, dass unter den damaligen Rahmenbedingungen die Finanzbehörden die Umwandlung nicht ohne hohe Steuerzahlungen ermöglichen konnten.[91] Nun konnte – nach der Realteilung – unter den neuen Voraussetzungen die Unternehmensform etabliert werden, für die sich Robert Schuler-Voith und der Stamm von Hermann Voith in den Jahren zuvor noch erfolglos eingesetzt hatten. Michael Rogowski wurde erster Vorsitzender der neuen Konzerngeschäftsführung.

---

91 Vgl. WABW B 80 (noch ohne Signatur), Ordner VH-Protokolle vom 9.11.1987 bis 26.4.1990: Protokoll Gesellschafterausschuss, 5.3.1990, S. 2.

7_1992 – 2000

Neue Strategie: Internationalisierung und Akquisitionen

Ambitionierte Ziele: die »Vision 2000«

Mit der Realteilung im Sommer 1992 wurde bei Voith der Werkzeugmaschinenbau ausgegliedert und die Finanzbeteiligungen an der DEWB sowie der Stella Automobil-Beteiligungsgesellschaft dem Familienstamm Hermann Voith übergeben.[1] Für die J.M. Voith GmbH brachte die Realteilung wieder eine klare Linie im Gesellschafterkreis und damit stabile Perspektiven für die Zukunft. Gleichzeitig verlor Voith durch die Realteilung einen großen Teil der über Jahrzehnte aufgebauten finanziellen Reserven.[2] Immerhin hatten die an den Stamm Hermann Voith abgetretenen Beteiligungen einen Wert von etwa einer Milliarde DM.[3] In der Rückschau war die Realteilung ein Erfolg und ein Vorgang, von dem das Unternehmen profitierte. Damals aber verursachte sie zunächst eine Reihe von Problemen. Das Ansehen von Familie und Unternehmen war durch den jahrelangen Streit, der über weite Strecken auch in der Öffentlichkeit ausgetragen worden war, beschädigt. Die finanzielle Situation bei Voith war stark angespannt, auch wenn Hugo Rupf diese in seinen Erinnerungen vergleichsweise optimistisch beschreibt.[4] Das Heidenheimer Unternehmen befand sich in einer Existenzkrise[5] und war bei der Konsolidierung unter anderem auf die Hilfe des baden-württembergischen Finanzministeriums angewiesen, das den Vorgang der Realteilung rechtssicher und steuerfrei gestalten konnte. Hanns Voiths Tochter Martina Mann schreibt dazu: »Damit waren die Firma Voith und viele Arbeitskräfte gerettet.«[6] Ferner galt es, erneut Eigenkapital aufzubauen. Dies gelang nicht zuletzt dank einem vorübergehenden Bankdarlehen in Höhe von 200 Millionen DM. Da diese Summe als Genusskapital in der Firma eingelegt wurde, war sie bilanztechnisch als Eigenkapital zu behandeln.[7]

Die 1992 vollzogene Realteilung beförderten bei Voith Maßnahmen zum Unternehmensumbau. Überlegungen zu einem solchen Umbau existierten bereits seit Mitte der 1980er Jahre, als erste strukturelle wie wirtschaftliche Probleme erkennbar wurden. Vor allem war Voith immer noch zu stark vom zyklischen Geschäft abhängig. Dabei benötigt gerade ein Familienunternehmen wirtschaftliche Kontinuität. Diese schwere Aufgabe lag nun in den Händen von Michael Rogowski. Der geborene Stuttgarter Rogowski hatte sich nicht erst seit den Verhandlungen um einen Ausgleich zwischen den Familienstämmen einen Namen bei Voith gemacht. Zuerst bei der US-amerikanischen Singer Company beschäftigt, arbeitete er seit 1974 im schwäbischen Unternehmen. Als Leiter des Personal- und Sozialwesens wurde er 1976 erst stellvertretender, zwei Jahre später dann ordentlicher Geschäftsführer von Voith. In den Jahren zwischen 1982 und 1992 leitete er außerdem den Konzernbereich Antriebstechnik und stieg in dieser Zeit zum Sprecher der Geschäftsführung auf. Seinen Aufstieg bei Voith verdankte er auch dem »langjährigen Majordomus« Hugo Rupf, der ihm die Chance bot, bei Voith an die Unternehmensspitze zu treten.[8]

---

1 WABW B 80 (noch ohne Signatur), Ordner VH-Protokolle vom 30.9.1992 bis [ohne Eintrag]: Lagebericht für das Geschäftsjahr 1991/92 J.M. Voith GmbH; Realteilung abgeschlossen, in: Voith-Report 3/1992, S. 1.
2 Voith behielt z.B. die Beteiligung an Salamander.
3 Vgl. Rupf: Glück, S. 195 ff.
4 »Wir sind wohl magerer geworden. Aber keineswegs ausgeblutet«, so Rupf: Glück, S. 198.
5 Dazu Hermut Kormann im Zeitzeugengespräch mit Matthias Georgi und Markus Woehl am 7.4.2017 ab 11 Uhr, Minute 13.
6 Mann: Erinnerungen, S. 212.
7 Ebd., S. 217.
8 Michael Rogowski: Für ein neues Wirtschaftswunder. 20 Thesen, München 2004, [E-Book ohne Zählung].

Unter Rogowski war bereits 1987 ein Langfristenentwicklungskonzept mit dem Titel »Vision 2000« erarbeitet worden. Numerisch sah dieses Konzept die ambitionierte Steigerung des Umsatzes von rund zwei auf fünf Milliarden DM in den nächsten 13 Jahren vor.[9] Strukturell wurden mehrere Ziele definiert, mit denen sich Voith neu positionieren und sich endlich von dem zyklischen Maschinenbaugeschäft lösen sollte. Dies betraf zum einen den Werkzeugmaschinenbau, von dem sich das Unternehmen mittelfristig trennen wollte. Zweitens sollte das Komponenten- und Servicegeschäft in den nächsten Jahren ausgebaut werden. Die Übernahme von Appleton Mills wenige Jahre zuvor sowie die 1986 erfolgte Beteiligung an der Deutschen Industriewartung AG (DIW) bildeten dafür glücklicherweise die geeignete Ausgangsbasis. Eine weitere Zielsetzung war die engere Zusammenarbeit mit Sulzer-Escher Wyss. Sie entsprang der Erkenntnis, dass der Markt für Papiermaschinen mittlerweile viel zu gesättigt war, um die vier führenden Papiermaschinenhersteller – neben Voith und Sulzer waren dies Valmet[10] und der US-Konzern Beloit – mit ausreichend kostendeckenden Aufträgen zu versorgen. Im Hydrobereich suchte Voith nach Möglichkeiten, zukünftig Gesamtpakete, sprich Turbinen samt der dazu nötigen Elektronik, anbieten zu können. Auch in der Antriebstechnik erkannte Voith, dass diese zu mechanisch ausgerichtet war und es an der Elektrik fehlte. Eigenentwicklungen früherer Jahre auf diesem Gebiet waren zu teuer und wurden deswegen eingestellt.[11]

Realteilungsfolgen und Weltwirtschaft: Voith hat Probleme

Die Realteilung und der Wegfall des Finanzpolsters ereigneten sich in einem Moment, als die Weltwirtschaft in eine Rezession rutschte. Dem konjunkturellen Abschwung Ende der 1980er Jahre folgte Anfang der 1990er Jahre das Platzen einer Spekulations- und Immobilienblase in Japan, die das Land für die kommenden Jahrzehnte in eine Krise stürzen sollte. In den USA begann um 1990 eine Konjunkturkrise, in deren Folge das amerikanische Wirtschaftswachstum einbrach.[12] Die Wirtschaft Osteuropas stand nach dem Zusammenbruch der Sowjetunion plötzlich im direkten Wettbewerb zum Westen, zeigte sich nicht konkurrenzfähig und kollabierte. Die in die ehemals sozialistischen Staaten gesteckten Erwartungen an ein nun aufkommendes Wirtschaftswunder konnten nicht erfüllt werden. Die ineffiziente Planwirtschaft fand zwar ein Ende, doch stürzten diese Länder in tiefe Wirtschaftskrisen. Denn mit dem Ende der Sowjetunion fielen auch bis dato funktionierende Wirtschaftsverbindungen sowie staatliche Kontrollinstanzen in der Wirtschaft weg.[13] Auch in Westeuropa gab es Probleme: 1992 geriet das britische

---

9   Ebd., S. 212. Dazu auch Michael Rogowski im Zeitzeugengespräch mit Matthias Georgi, Markus Woehl und Lars Rosumek am 15.3.2017 ab 10 Uhr, Minute 12 ff.

10 Zwischen 1999 und 2013 firmierte Valmet als Metso und bildete die Sparte Papiermaschinen von Metso, 2013 wurde die Sparte Papiermaschinen unter dem Namen Valmet wieder ausgegründet.

11 Rogowski im Zeitzeugengespräch mit Georgi, Woehl und Rosumek am 15.3.2017, Minute 12 ff.

12 Vgl. u. a.: Stormy-Annika Mildner, Julia Howald: Die US-amerikanische Wirtschaft, in: Bundeszentrale für politische Bildung (Hg.): USA – Geschichte, Wirtschaft, Gesellschaft. Informationen zur politischen Bildung 268/2013, S. 50–73, hier: S. 50 ff.

13 Als Überblick zum Ende der Sowjetunion: Heiko Pleines: Nach dem Ende der Sowjetunion, in: Bundeszentrale für politische Bildung (Hg.): Sowjetunion II: 1953–1991. Informationen zur politischen Bildung 323, 3/2014, S. 52–66, S. 52 ff. Bei den meisten postsowjetischen Staaten dauerte es über zehn Jahre, ehe das Bruttoinlandsprodukt wieder das Niveau aus der Sowjetzeit erreichte. Politisch stabilen Staaten gelang dies meist rascher als den rohstoffreichen Ländern, ebd., S. 52.

Pfund und das Europäische Währungssystem in Turbulenzen. Deutschland profitierte zunächst noch vom Boom der Wiedervereinigung, stürzte dann aber 1993 umso steiler in die Rezession. Das erhoffte »zweite Wirtschaftswunder« und die versprochenen »blühenden Landschaften« in den neuen Bundesländern blieben aus. Die Ursachen für diese Krise waren vielfältig. Als große Belastung erwies sich aber besonders der politisch und nicht wirtschaftlich definierte Wechselkurs zwischen »Ost-Mark« und DM.[14] Einziger Lichtblick in der Weltwirtschaft war China. Die kommunistische Partei hatte auf dem XIV. Parteitag im Herbst 1992 den Beschluss gefasst, eine sozialistische Marktwirtschaft aufzubauen, nachdem es in den Jahren zuvor eine vorübergehende Phase gegeben hatte, in der marktwirtschaftliche Reformbestrebungen ausgebremst worden waren. Zweistellige Wachstumsraten waren nun die Folge, die durch zwei Faktoren getragen wurden: Zum einen investierten ausländische Kapitalgeber verstärkt in dem Land, zum anderen konnte sich nun endlich die Privatwirtschaft ausdehnen.[15]

Für einen notwendigerweise so exportorientierten Maschinenbauer wie Voith bedeutete diese wirtschaftliche Entwicklung eine schwierige Zeit.[16] Gerade der Zusammenbruch der osteuropäischen Wirtschaft wog schwer. Voith hatte, wie viele andere westliche Unternehmen auch, Güter hinter den Eisernen Vorhang geliefert. Hierfür war seit 1958 zuallererst St. Pölten verantwortlich. Von dem niederösterreichischen Werk aus wurden die verschiedenen Ostmärkte beliefert, die jetzt als Kunden wegbrachen.[17] Zudem existierten in den postsowjetischen Staaten statt der zentralen Entscheidungsmacht Moskau dezentrale Verantwortlichkeiten, wodurch sich Entscheidungsprozesse verzögerten. Auch die zweite ausländische Produktionsstätte von Voith tat sich schwer. In Brasilien, wo Voith einer der größten deutschen Arbeitgeber war, gab es Probleme. In den 1980er Jahren noch war die Belegschaft wegen der guten Auftragslage, besonders dank dem Bau des damals weltweit leistungsstärksten Wasserkraftwerks Itaipú am Rio Paraná, von 300 auf etwa 5.000 Personen angewachsen. Doch Anfang der 1990er Jahre blieben neue Großaufträge aus und die Papierindustrie schwächelte, was das Werk in São Paulo deutlich zu spüren bekam. Stellenabbau und Kürzung des Produktprogramms waren die Folge. 1996 arbeiteten nur mehr rund 1.900 Voithianer im Werk.[18] »Riesige, vor sich hin rostende Turbinenschaufeln auf dem Werksgelände, die ›zwar bestellt, aber nicht bezahlt‹ sind, zeugen davon, daß es mit der Zahlungsmoral der staatlichen Auftraggeber nicht zum besten steht«, schrieb *Die Zeit* 1996 zur Krise der deutschen Maschinenbauer in Brasilien über das Voith-Werk in São Paulo.[19]

Auch für das Stammwerk von Voith in Heidenheim beziehungsweise für die deutschen Standorte wurden die Zeiten schwieriger. So drückte etwa die Rezession in der Europäischen Gemeinschaft und in Japan auf den jeweiligen Lkw-Markt, was sich bei Voith in niedrigeren Verkäufen des Retarders niederschlug.[20] Voith reagierte auf die schwächelnde Konjunktur schon

---

14 Werner Abelshauser: Deutsche Wirtschaftsgeschichte seit 1945, München 2004, S. 405 ff.

15 Doris Fischer: Chinas sozialistische Marktwirtschaft, in: Bundeszentrale für politische Bildung (Hg.): Volksrepublik China. Informationen zur politischen Bildung 289/2006, S. 9–14, URL: http://www.bpb.de/izpb/8844/chinas-sozialistische-marktwirtschaft (4.1.2017).

16 Voith wurde quasi zwangsläufig ein internationales bzw. exportorientiertes Unternehmen, da der deutsche Markt alleine die Nachfrage nach Papiermaschinen und Turbinen nie hätte decken können.

17 Brandstetter: Traisen, S. 132 ff.

18 Dietmar H. Lamparter: »Alle kommen nach Brasilien«, in: DIE ZEIT 02/1996.

19 Ebd.

20 WABW B 80 (noch ohne Signatur), Ordner VH-Protokolle vom 12.5.1993 bis [ohne Eintrag]: Niederschrift über die Sitzung des Aufsichtsrates vom 12.5.1993, S. 7.

gegen Ende der 1980er Jahre mit Sparmaßnahmen, Personalabbau und Organisationsveränderungen. Der Konzern zeigte sich so, gemessen am Umsatz und Überschuss, vergleichsweise resistent, musste jedoch einen Einbruch hinnehmen. Der Umsatz stagnierte in den Geschäftsjahren 1990/91 und 1991/92 bei etwa 2,6 Milliarden DM. Im Jahr der Realteilung halbierte sich der Gewinn von 68 auf 36 Millionen DM, wobei die Realteilung nur einer von mehreren Gründen dafür war. Die Umstellung auf DM-Bilanzierung bei der brasilianischen Tochtergesellschaft und Umwertungen in der Konzernbilanzierung, Risikovorsorge, Währungseffekte, Kosten beim Stellenabbau sowie die konjunkturelle Situation trugen ebenfalls dazu bei.[21] Zwar blieben alle Sparten profitabel, doch fiel der Verkauf deutlich, wobei der Rückgang vor allem auf die Papiersparte zurückzuführen war.[22] Im kommenden Jahr stieg zwar das Ergebnis wieder leicht an, doch der Auftragseingang sank nochmals um rund 20 Prozent. Bei den Sparten Papiermaschinen und Stofftechnik verlief die Geschäftsentwicklung weiterhin unbefriedigend. Die akquirierten Projekte umfassten überwiegend kleinere und mittlere Maschinen, die noch dazu auf schlechtem Preisniveau verhandelt werden mussten.[23] Darüber hinaus schwächelten jetzt auch die Bereiche Antriebstechnik und Strömungstechnik. Die Mitarbeiterzahl sank nochmals um rund zehn Prozent. Besonders betroffen waren die Werke in Brasilien und St. Pölten.[24] 1993/1994 blieb die Situation schwierig, die Konjunktur erholte sich langsam und der Auftragseingang stieg, doch ging der Umsatz weiter zurück und auch die Mitarbeiterzahl wurde weiter reduziert. Von Oktober 1990 bis März 1993 sank die Zahl der Mitarbeiter im Voith-Konzern von 16.415 auf 13.699. Weitere rund 1.000 Stellen wurden in den folgenden Jahren abgebaut.[25] Der Personalabbau bei Voith wurde in Deutschland nicht durch Entlassungen, sondern über Vorruhestandsregelungen, Abfindungen, Lohnverzicht der Mitarbeiter und umfangreiche Kurzarbeit erreicht.

Langsam wurde die Talsohle durchschritten. 1994/95 stieg der Auftragseingang rasant, der Umsatz, dem Auftragseingang nachlaufend, zunächst nur schwach. Dann zog auch der Umsatz, dank sich erholender Konjunktur, kräftig an. Voith hatte seinen Weg aus der Rezession gefunden. Dazu Vorstandsmitglied Hermut Kormann im Mai 1995 zuversichtlich: »Der Voith-Konzern hat die Rezession ohne größere Blessuren überstanden, vor allem dank einer rechtzeitigen Anpassung der Personalkapazität an allen Standorten.«[26] Der Umsatz kletterte in der Folge von 2,9 Milliarden DM im Geschäftsjahr 1994/95 auf 2,5 Milliarden Euro (rund fünf Milliarden DM) im Geschäftsjahr 1999/2000. Der Konzernüberschuss entwickelte sich ähnlich positiv, von 55 Millionen DM kletterte er auf 95 Millionen Euro (rund 185 Millionen DM). Die Beschäftigtenzahl bewegte sich in dieser Zeit bei etwa 12.500 Mitarbeitern und stieg erst im Jahr 2000 signifikant um rund 4.000 durch Firmenübernahmen und ein Joint Venture mit Siemens.[27]

---

21 WABW B 80 (noch ohne Signatur), Ordner VH-Protokolle vom 30.9.1992 bis [ohne Eintrag]: Protokoll Gesellschafterausschuss vom 10.2.1993, S. 5.
22 WABW B 80 (noch ohne Signatur), Geschäftsbericht 1991/92, S. 21 ff.
23 WABW B 80 (noch ohne Signatur), Ordner VH-Protokolle vom 30.9.1992 bis [ohne Eintrag]: Lagebericht für das Geschäftsjahr 1991/92 J.M. Voith GmbH, S. 4.
24 WABW B 80 (noch ohne Signatur), Geschäftsbericht 1992/93.
25 WABW B 80 (noch ohne Signatur), Ordner VH-Protokolle vom 12.5.1993 bis [ohne Eintrag]: Niederschrift über die Sitzung des Aufsichtsrates vom 12.5.1993, S. 8.
26 WABW B 80 (noch ohne Signatur), Ordner VH-Protokolle vom 20.2.1995/21.2.1995[/]8./9.5.1995: Niederschrift über die Sitzung des Aufsichtsrates vom 9.5.1995, S. 4. Hermut Kormann gibt hier einen Überblick über »Voith's Weg durch die Rezession«. Die Konkurrenz zeigte sich nicht so krisenfest: Beloit z.B. musste 1999 Konkurs anmelden, im Jahr 2000 übernahm Metso die Papiersparte von Beloit.
27 Vgl. Voith Konzern. Die Holding, in: Voith-Report 1/2/2001, S. 10–13, hier: S. 12.

Voith hatte diese Geschäftsentwicklung besonders den Aufträgen aus Fernost zu verdanken. Wie so oft in der Geschichte des Heidenheimer Unternehmens, wog das erfolgreiche Geschäft in einem Markt das kriselnde Geschäft in einem anderen Markt auf. Asien und insbesondere China entwickelte sich für Voith damit in den 1990er Jahren endgültig zur bedeutenden Absatzregion, auch wenn sich das Geschäft dort gegen Ende des Jahrtausends abkühlte. Gerade die Konzernbereiche Papiermaschinen- und Turbinenbau erhielten viele Aufträge aus dem Reich der Mitte. Umgekehrt begann Voith damit, im großen Stil in China zu investieren. 1994 gründete Voith dort ein erstes Joint Venture, zwei Jahre später folgte die Eröffnung neuer Produktionsstätten in Kunshan und Liaoyang, die den Ausgangspunkt für das weitere China-Geschäft bildeten. Der Start der beiden Werke verlief allerdings mehr als holprig. Die potenziellen chinesischen Großabnehmer misstrauten zunächst den im eigenen Land produzierten Erzeugnissen und kauften lieber im Ausland ein. Erst nach und nach konnte Voith dieses Misstrauen abbauen.[28]

Auf dem Weg zum Konzern: der erste Schritt zur modernen Holding

Voith hatte zum Geschäftsjahr 1999/2000 das finanzielle Ziel von fünf Milliarden DM erreicht, das Michael Rogowski mit der »Vision 2000« ausgegeben hatte. Auch die anderen 1987 erarbeiteten Ziele wurden nach der Realteilung schrittweise umgesetzt. Die mit der Teilung erfolgte Trennung vom Werkzeugmaschinenbau war ein erster Schritt in diese Richtung. Im Jahr 1994 etablierte Voith eine Holdingstruktur und schuf damit eine klare Aufteilung im Konzern. Die erfolgreiche Umsetzung der Holding lag in den Händen von Rogowski, der auch deshalb als Vater der modernen Konzernstruktur bei Voith gilt. Für ihn bedeutete die Holding eine konsequente Weiterentwicklung der bestehenden Struktur, in der bereits mehr als 60 Prozent der Aktivitäten in Tochtergesellschaften organisiert waren.[29] Mit der Holdingstruktur begann die weitere Dezentralisierung der Kernbereiche des Unternehmens. Der erste große Schritt beim Umbau wurde am 1. Oktober 1994 getätigt, als die neue Voith Sulzer Papiertechnik GmbH (VSPT) gegründet wurde. Nach der Realteilung hatte Voith erneut Verhandlungen mit dem Schweizer Maschinenbauer Sulzer aufgenommen. Mit der Zustimmung der Europäischen Kartellbehörde sowie des US Departments of Justice im Juli beziehungsweise September 1994 konnte zum 1. Oktober 1994 die Voith Sulzer Papiertechnik GmbH gegründet werden, an der Voith mit 60 und Sulzer mit 40 Prozent beteiligt waren. Trotz der Beteiligungsmehrheit verzichtete Voith auf die Führung des neuen Unternehmens. Stattdessen erhielt mit Hans Müller ein Sulzer-Manager den Vorsitz des neuen Gemeinschaftsunternehmens.[30]

Für Voith bedeutete dies, dass die Gesellschaften aus dem Bereich Papiertechnik der Voith Sulzer Papiertechnik neu zugeordnet wurden. Außerdem wurden bei Gesellschaften, bei denen die Papiertechnik nur einen Teil des Produktgeschäfts einnahm, die entsprechenden Sparten Papiermaschinen und Stofftechnik ausgegliedert und in die Firmen Voith Sulzer Papiermaschinen GmbH und Voith Sulzer Stoffaufbereitung GmbH zusammengefasst, die beide

---

28 Vgl. Rogowski im Zeitzeugengespräch mit Georgi, Woehl und Rosumek am 15.3.2017, Minute 41 ff.
29 WABW B 80 (noch ohne Signatur), Ordner VH-Protokolle vom 12.5.1993 bis [ohne Eintrag]: Protokoll des Gesellschafterausschusses vom 21.3.1994, S. 7.
30 Anna Bálint: Sulzer im Wandel. Innovation aus Tradition, Baden 2015, S. 409.

wiederum zur neuen Voith Sulzer Papiertechnik gehörten. Die Werke in St. Pölten und in São Paulo wurden über Beteiligungen beziehungsweise Verträge mit der Voith Sulzer Papiertechnik verbunden.[31]

Der Umbau und besonders auch die Gerüchte im Vorfeld hatten im Unternehmen für Unruhe gesorgt. Kurzarbeit, Einbrüche beim Auftragseingang und Stellenabbau ließen die Sorge bei den Mitarbeitern wachsen. Zudem sollte Voith nun mit einem der größten Konkurrenten der vergangenen Jahrzehnte, Escher Wyss, zusammenarbeiten, der in den 1960er Jahren von Sulzer übernommen worden war. Michael Rogowski gestand nach erfolgtem Zusammenschluss ein, dass für die Verunsicherung innerhalb der Belegschaft »da und dort auch Unzulänglichkeiten in der Vorbereitung« mit verantwortlich gewesen seien.[32] Um die Unsicherheiten aufzufangen und gleichzeitig die Kunden über das neue Joint Venture zu informieren, rief Voith eine Kommunikationskampagne unter dem Schlagwort »twogether« ins Leben, ein Kofferwort aus den beiden englischen Worten »two« und »together«.[33]

In umfangreichen Verhandlungen mit den Betriebsräten von Voith in Heidenheim und Sulzer in Ravensburg wurde der Übergang der jeweiligen Mitarbeiter in das neue Gemeinschaftsunternehmen geregelt. Alle Mitarbeiter, die von einer Änderung betroffen waren, erhielten einen Brief, der ihnen bestätigte, zu welchem Unternehmen sie ab dem 1. Oktober 1994 gehörten; wer keinen Brief erhielt, für den änderte sich nichts. Es wurden zwei Ausschüsse gebildet, jeweils mit Arbeitgeber- und Arbeitnehmervertretern der beiden Unternehmen. Die Ausschüsse sollten sowohl die Umstrukturierung wie auch die technische Umsetzung beaufsichtigen.[34] Voith und Sulzer bündelten ihre Aktivitäten und Beteiligungen in der Papiertechnik unter einem Dach. Sitz des neuen Papiertechnik-Unternehmens mit 8.900 Beschäftigten wurde Heidenheim.[35] Das Joint Venture war eine Reaktion auf die sich verschlechternden Bedingungen und Wettbewerbsverhältnisse auf dem Markt für Papiertechnik, auf dem ein weltweiter Konzentrationsprozess zu beobachten war, etwa bei den Papiererzeugern.[36] Voith stärkte mit dem Joint Venture die Position auf dem skandinavischen Markt gegenüber der dortigen Konkurrenz und konnte nun als Komplettanbieter auftreten, der Stoff und Papier gleichermaßen im Programm hatte.

Für Sulzer war die Beteiligung am Joint Venture vor allem strategischer Natur. Als für den Schweizer Konzern die Bedeutung dieser Beteiligung abnahm, da andere Kernaktivitäten im Fokus standen, entschloss man sich, die Anteile an Voith Sulzer Papiertechnik an Voith zu veräußern. Dank der guten Beziehungen zwischen beiden Unternehmen konnte eine einvernehmliche Lösung gefunden werden. In den Jahren 2000 bis 2006 stieg Sulzer schrittweise aus dem Papiermaschinengeschäft aus. Voith erwarb die Anteile am ehemaligen Joint Venture. Den neuen Mehrheitsverhältnissen wurde durch eine Umbenennung Rechnung getragen. Aus Voith Sulzer Papiertechnik wurde Voith Paper.[37]

---

31 Grünes Licht für Voith Sulzer Papiertechnik, in: Voith-Report 9/1994, S. 1.
32 Voith-Report 9a/1994, S. 2.
33 Ebd.
34 Ebd., S. 7.
35 Bálint: Sulzer, S. 409; Grünes Licht, S. 1.
36 Nun also doch: Voith und Sulzer kooperieren, in: Voith-Report 3/1994, S. 1. Bei den Papiererzeugern waren es etwa Stora und Feldmühle oder International Paper und Zanders, die eine Kooperation eingingen. Auch bei den Maschinenbauern fand ein Konzentrationsprozess statt. Hier arbeitete beispielsweise Valmet mit Tampella zusammen, ebd.
37 Bálint: Sulzer, S. 411; Voith und Sulzer einigen sich, in: Voith-Report 7/8/2000, S. 12.

Nach der Gründung der Voith Sulzer Papiertechnik 1994 blieben die anderen Geschäftsbereiche zunächst wie gehabt in der J.M. Voith GmbH, wurden in der Folge aber ebenfalls ausgegliedert.[38] Zu Beginn des Geschäftsjahrs 1995/1996 war dieser Umbau dann abgeschlossen. Jetzt existierten unterhalb der Muttergesellschaft vier Haupttöchter für die Sparten Papiertechnik, Bespannungstechnik, Antriebstechnik sowie Strömungstechnik. Dies erlaube »eine noch effektivere Freisetzung kreativen Potentials«, betonte Voith im Geschäftsbericht beinahe euphorisch.[39] Tatsächlich orientierte sich Voith bei der Umstrukturierung an dem Knowhow und der Qualifikation der im Konzern vertretenen, über die Jahrzehnte entwickelten Schlüsseltechnologien.[40] Als im Jahr 1997 das Stammhaus in eine nicht börsennotierte Aktiengesellschaft umgewandelt wurde, an der die Mitglieder der Familie Hanns Voith 92,5 Prozent des Aktienkapitals hielten, während sich die restlichen 7,5 Prozent in Bankenbesitz befanden,[41] wurde diese Aufteilung beibehalten. Der Konzernholding unterstanden nun vier Unternehmensgruppen mit jeweils einer Führungsgesellschaft, der wiederum weitere Gesellschaften unterstanden. Neben der Gruppe Voith Sulzer Papiertechnik, mit der VSPT als Führungsgesellschaft, gab es die Voith Appleton Bespannungstechnik mit Appleton Mills, Voith Turbo Antriebstechnik mit der Voith Turbo GmbH in Heidenheim sowie Voith Hydro Strömungstechnik mit der ebenfalls in Heidenheim ansässigen Voith Hydro GmbH.[42] Gleichzeitig bemühte sich Voith, durch Gründungen neuer Gesellschaften sowie durch Kooperationen die Präsenz auf den internationalen Märkten weiter auszubauen.

Der Schritt zur Dezentralisierung bedeutete zugleich eine Art Identitätsbruch bei Voith: Vor 1994 arbeitete man als Voithianer bei(m) Voith. Die Sparte, in der ein Mitarbeiter arbeitete, war zweitrangig. Erst mit der neuen Konzernorganisation kam die Differenzierung. Man »schaffte« nicht mehr beim Voith, sondern beispielsweise bei Voith im Papiermaschinenbau oder im Bereich Antriebstechnik. Die Unternehmensgruppen entwickelten sich auseinander. So kam es etwa zu unterschiedlichen Löhnen sowie Verwaltungsstrukturen. Gerade für die dienstälteren Mitarbeiter war dies eine enorme Umstellung. Gleichzeitig verstand Michael Rogowski trotz Dezentralisierung, unabhängigem Management und Internationalisierung Voith weiterhin als »Familienunternehmen« sowie als »Unternehmensfamilie, bestehend aus dezentralen, eigenverantwortlichen Einheiten«.[43]

Voith und Scapa: die größte Übernahme in der Firmengeschichte

In der Papiertechnik gelang Voith im Jahr 1999 die bis zu diesem Zeitpunkt größte Akquisition in der Unternehmensgeschichte. Nachdem die zuständigen Kartellbehörden grünes Licht gegeben hatten, konnte Voith am 1. Juli 1999 die Geschäftsfelder Bespannung für Papiermaschinen sowie Bezüge und Service für Papiermaschinenwalzen der britischen Scapa Group plc aus

---

38   Voith-Report 3/1994, S. 2, auch: Voith-Report 9a/1994, S. 3.
39   WABW B 80 (noch ohne Signatur), Geschäftsbericht 1994/95, S. 9.
40   Vgl. Rolf Besserer: Voith Turbo. Die Entwicklung zum Konzernbereich, in: Hermann Schweickert (Hg.): Voith Antriebstechnik. 100 Jahre Föttinger-Prinzip, Berlin 2005, S. 279–289, hier: S. 280.
41   Vgl. Voith Konzern, S. 11.
42   WABW B 80 (noch ohne Signatur), Geschäftsbericht 1997/98, S. 10 ff.
43   Ebd., S. 5.

_Voith ging 1994 ein Joint Venture mit Sulzer ein. Das neue Unternehmen produzierte weiterhin Papiermaschinen im obersten Marktsegment, wie die hier abgebildete TRIPLE STAR, eine der leistungsstärksten Maschinen der Welt.

_Auch die Dörries GmbH in Düren änderte nach der Fusion von Voith und Sulzer ihren Namen. Damit wurde zum Ausdruck gebracht, dass diese Gesellschaft nun zur Gruppe der Voith Sulzer Papiertechnik gehörte.

_Eine industrielle Dienstleistung von Voith: das Abstrahlen des Registers einer Papiermaschine.

_Voith stieg in den 1980er Jahren in die Herstellung von Verbrauchsmaterialien ein. Mit der Übernahme der Papiersparte von Scapa 1999 baute Voith diesen Bereich aus. Hier die Herstellung von Webketten für Papiermaschinenfilze.

_oben: Endbearbeitung von Pressfilzen und Trockensieben.

_Mitte: Voith Sulzer Stoffaufbereitung.

_unten: Bearbeitung eines Francisturbinenlaufrads mit 7,2 Metern Durchmesser.

_Für Mercedes-Benz entwickelte Voith ein neues
Getriebe-Retarder-System speziell für Omnibusse.

_Förderbandanlage und Schaufelradbagger mit Voith-Turbokupplungen.

_Doppelendfähre mit VSP auf dem James River, Virginia, USA.

Voith-Lehrlinge bei ihrer Ausbildung zum Industriemechaniker.

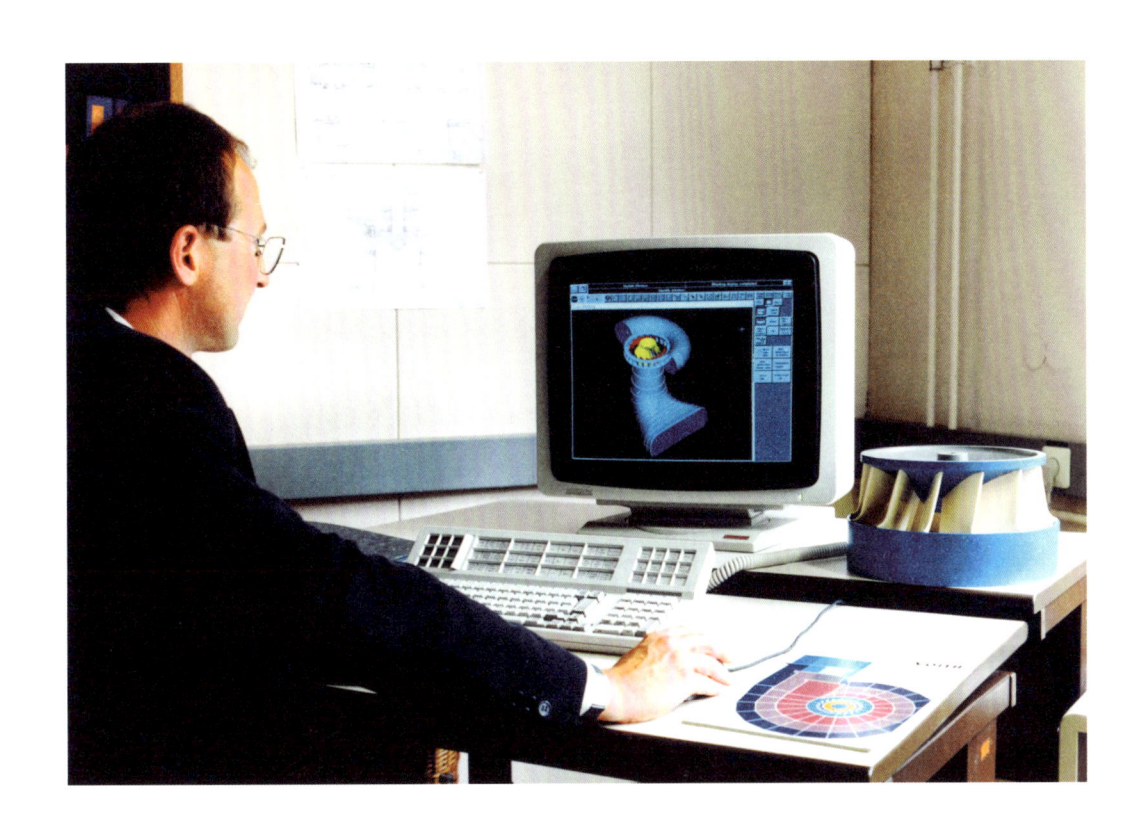

_Eine sogenannte Intergraph-Workstation bei Voith
im Jahr 1992.

_In den 1990ern intensivierte Voith sein Engagement in China. Das Unternehmen gründete mehrere Niederlassungen, unter anderem im südchinesischen Ducheng.

_Voith und Siemens hatten gemeinsam mit einem chinesischen Partner 1994 die Shanghai High-Technology Equipment Company (SHEC) gegründet.

Blackburn übernehmen.[44] Mit der Übernahme dieser Bereiche verdoppelte Voith quasi über Nacht seine Größe.

Der Verkauf war eine Win-win-Situation für beide Unternehmen: Scapa wurde 1927 als Hersteller von Trockenfilzen für die Papierherstellung gegründet.[45] Scapa weitete sein Produktportfolio in den darauffolgenden Jahrzehnten aus und entwickelte sich zu einem Spezialanbieter für technische Textilien.[46] Ab 1987, mit dem Kauf der britischen Firma Rotunda, waren darunter auch Klebebänder. Dieser Bereich wuchs im folgenden Jahrzehnt stark, sodass Scapa Ende der 1990er Jahre entschied, sein Geschäft auf die technischen Klebebänder zu konzentrieren und das historische Geschäft mit der Papierindustrie zu verkaufen. Mit dem Verkaufserlös sollten Schulden getilgt sowie ein Teil an die Anteilseigner ausgeschüttet werden. Voith wiederum nahm die Gelegenheit wahr und erwarb für rund 318 Millionen britische Pfund den Geschäftsbereich.[47] Voith konnte durch die Ausweitung seiner Serviceaktivitäten unabhängiger von künftigen Konjunkturschwankungen werden. Mit der Übernahme der Bespannungssparte von Scapa versprach sich Voith zudem deutliche Umsatzsteigerungen.[48] Die Chance, zu einem marktführenden Anbieter von Sieben und Filzen für die Papierindustrie zu werden, ließ sich Voith einiges kosten: Die Kaufsumme von dann umgerechnet etwa 973 Millionen DM wurde zu einem nicht unwesentlichen Teil durch Anleihen finanziert.[49] Durch den Erwerb von Scapa konnte Voith das Papiergeschäft entscheidend stützen, da sich der Konzern so etwas von der Abhängigkeit der zyklischen Großinvestitionen der Papierindustrie lösen konnte. Voith gelang es, den Scapa-Bereich zu einem erfolgreichen Unternehmen zu machen. Der Schritt zum Kauf der Bespannungsabteilung von Scapa indessen resultierte aus den positiven Erfahrungen, die Voith mit dem Kauf von Appleton Mills gemacht hatte. Hier bot sich gewissermaßen die Chance, diesen Erfolg eine Nummer größer zu wiederholen.

Neben der größten Übernahme in der Firmengeschichte gelangen Voith im Papiermaschinenbau, trotz kriselnder Sparte und Auftragsrückgang, technische Meisterleistungen. So im Juli 1993, als die Papiermaschine 11 (PM 11) des Augsburger Papierherstellers Haindl in dem neu gegründeten Werk in Schwedt an der Oder – einer Schwesteranlage des Werks in Schongau – ihren Betrieb aufnahm.[50] Voith hatte den Auftrag für die Maschine knapp zwei Jahre zuvor erhalten. Die Besonderheit an dieser PM 11 war jedoch nicht ihre Siebbreite von 9,2 Metern, sondern die Tatsache, dass die Maschine Zeitungsdruckpapier aus 100 Prozent Altpapier herstellen konnte. Die für die Produktion von 250.000 Tonnen Papier jährlich nötigen 300.000 Tonnen Altpapier sollten aus dem Großraum Berlin bezogen werden.[51] Die technisch gänzlich auf Altpapier ausgelegte Maschine war für eine Betriebsgeschwindigkeit von 1.500 m/min konzipiert.[52] Zu

---

44 Voith/Scapa Controller-Meetings, in: Voith-Report 7/8/1999, S. 6.
45 Vgl. Pulp and Paper Magazine of Canada, 1934, Bd. 35, S. 42.
46 Textile Technology Digest, 1996, Bd. 53, S. 32.
47 WABW B 80 (noch ohne Signatur), Ordner Scapa Verschiedenes ab 1999: Dokumentation des Erwerbs mehrerer Unternehmen der Scapa Group plc, Blackburn, England zum 30. Juni 1999 durch die J. M. Voith Aktiengesellschaft, Heidenheim und ihre Tochtergesellschaften, S. 13.
48 Zuwachs in den Bereichen Papier- und Bespannungstechnik, in: Voith-Report 6/1999, S. 1–3, hier S. 1f.
49 WABW B 80 (noch ohne Signatur), Ordner Scapa Verschiedenes ab 1999: Dokumentation des Erwerbs, S. 13; Zuwachs in den Bereichen, S. 1f.; Voith finanziert die Scapa-Akquisition durch eine Euro-Anleihe, in: Voith-Report 9/1999, S. 17.
50 Haindl Papier bestellt Zeitungsdruckpapiermaschine für Schwedt, in: Voith-Report 12/1991, S. 8.
51 Ebd.
52 Voith Paper PM 11 bei Haindl Papier in Schwedt optimiert, in: Wochenblatt für Papierfabrikation 10/2001, S. 675.

7_Neue Strategie: Internationalisierung und Akquisitionen

Beginn des Jahres 1996 erhielt Voith dann einen der bedeutendsten Aufträge der Unternehmensgeschichte, bei dem es ebenfalls um eine Papiermaschine dieser Baureihe ging. KNP Leykam im steiermärkischen Gratkorn bestellte mit einer neuen PM 11 die bis dato weltgrößte »Produktionseinheit zur Erzeugung von holzfrei gestrichenem Papier«[53] und damit eine der leistungsstärksten Papierherstellungsanlagen überhaupt. Die Maschine mit der gleichen Siebbreite und Konstruktionsgeschwindigkeit wie das Pendant von Haindl konnte 470.000 Tonnen Papier im Jahr erzeugen.[54] 18 Monate später ging die auf den Namen »TripleStar«[55] getaufte PM 11 in Gratkorn in Betrieb.

Auch nach China lieferte Voith. So erhielt der schwäbische Maschinenbauer 1996 einen Auftrag zur Lieferung der bis dato größten Feinpapiermaschine der Welt an Gold East Paper in das am Jangtsekiang gelegene Dagang, wo ein komplett neues, großzügig konzipiertes Papierwerk aus dem Boden gestampft wurde. Kurz darauf erhielt Voith die Bestellung für eine weitere Papiermaschine. 1999 gingen dann die beiden von Voith gelieferten Produktionsanlagen PM 1 und PM 2 für gestrichene Feinpapiere in Betrieb. Die Papiermaschinen mit einer Siebbreite von 10,4 Metern stellten in der Folge immer wieder Produktions- und Geschwindigkeitsweltrekorde für die produzierten Papiersorten auf.[56]

Voith Hydro

Im Bereich Strömungstechnik erwarb Voith im Januar 1993 75 Prozent des mailändischen Turbinenbauers Riva Hydroart.[57] Mit der Beteiligung an dem italienischen Marktführer wollte Voith seine internationalen Tätigkeiten im Bereich Wasserkraft stärken. Auch hier war es China, das mit Großaufträgen lockte, von denen Voith zwei besonders bedeutende akquirieren konnte. Mitte der 1990er Jahre lieferte das Heidenheimer Unternehmen für das weltgrößte Pumpspeicherkraftwerk Guangzhou II in der Provinz Guangdong vier reversible Pumpspeichersätze. 1997 erhielt Voith Hydro den Zuschlag zur Lieferung von sechs Francisturbinen für das Three Gorges Project (TGP), den sogenannten Drei-Schluchten-Damm in China. Seit 1993 bauten die Chinesen an diesem Projekt, das eine gigantische Stauanlage im Jangtsekiang, dem drittgrößten Fluss der Welt, vorsah und unter anderem wegen der massiven Eingriffe in die Umwelt sowie der Umsiedlung von hunderttausenden von Menschen nicht unumstritten war.[58] Mit der 2,3 Kilometer langen und 186 Meter hohen Staumauer wurden drei Ziele verfolgt: Erstens sollte das TGP vor allem dem Hochwasserschutz im mittleren und unteren Flussabschnitt dienen, in dem rund 15 Millionen Menschen lebten. Zweitens war das Ziel die Erzeugung von elektrischer Energie sowie drittens die Verbesserung der Schiffbarkeit des Jangtsekiang.[59] Voith war einer der Anbieter,

---

53 Brandstetter: Traisen, S. 153.
54 Ebd., S. 153 f.
55 »***TripleStar*** als Name bezieht sich auf den dreifachen Streichprozess, mit dem die Qualität des Papiers deutlich verbessert wird«, ebd., S. 154.
56 Gold East Paper, Dagang – eine Produktionsstätte der Superlative, in: twogether 21/2006 S. 2–9, hier: S. 2 ff.
57 WABW B 80 (noch ohne Signatur), Geschäftsbericht 1992/93, S. 24.
58 Zur Umsetzung und der Kritik an dem Projekt s. Kapitel 8.
59 WABW B 80 (noch ohne Signatur), Ordner Sanxia: Brief der Kreditanstalt für Wiederaufbau (KfW) an den Bundesminister für Wirtschaft, Referat V C 4, z. H. Herrn MR Graf von Korff-Schmising betreff Three Gorges Project, vom 14.8.1996.

die die Francisturbinen für das angegliederte Wasserkraftwerk, das weltweit größte seiner Art, lieferten.

Aus den USA kam Anfang der 1990er Jahre indessen der Impuls zur Entwicklung einer »fischfreundlichen Turbine«. Das Problem war das folgende: Fische, die nicht über die Dammkrone fallen, schwimmen durch die Turbine und werden dabei oft verletzt oder getötet, wobei auch eine Verletzung meist den Tod des Fisches bedeutet. In Nordamerika suchten die Betreiber der Wasserkraftwerke nach Lösungen, um die Tiere zu schonen. »Auslöser war freilich nicht unbedingt die Tierliebe der Kraftwerksbetreiber, sondern wirtschaftlicher Druck. Denn die für 20 bis 40 Jahre befristet vergebenen Wasserrechte werden nur dann verlängert, wenn der Nachweis gelingt, daß mit neuen Turbinen sowohl die Stromausbeute steigt als auch negative Umweltauswirkungen reduziert werden«, wie die *Frankfurter Allgemeine* feststellte.[60] Voith suchte daher gemeinsam mit seinen amerikanischen Tochtergesellschaften und in Zusammenarbeit mit wissenschaftlichen Instituten nach Lösungen. Vor allem galt es, die Geometrie der Turbinenschaufeln fischfreundlicher zu gestalten. Mithilfe von Strömungssimulationen, Modellversuchen und Praxistests gelang es Voith schließlich, Kaplan- und Francisturbinen so weit zu modifizieren sowie neue Technologien zu entwickeln, dass die Verletzungsgefahr für die Fische signifikant gemindert werden konnte. Die fischfreundliche Turbinen-Technologie von Voith hatte zudem einen positiven Nebeneffekt: Sie war nicht nur ökologischer, sondern auch wirtschaftlicher. Daneben entwickelte Voith schmierungsfreie Technologien, was der Wasserqualität zugute kam.

Produktionsrekorde in der Antriebstechnik

Anfang der 1990er Jahre stieg die Nachfrage nach Turbogetrieben, allen wirtschaftlichen Problemen zum Trotz, langsam wieder an. Auch die Hinzunahme neuer Geschäftsfelder wirkte sich bei Voith positiv auf die Sparte aus.[61] Da sich der Markt für Schienenfahrzeuge im Laufe der 1990er Jahre erholen konnte, waren Triebwagengetriebe gefragt. Sogar die Nachfrage nach dieselhydraulischen Lokomotiven zog wieder an. Unterstützt wurde dieser Trend durch die Modernisierung des Fuhrparks bei vielen europäischen Staatsbahnen sowie bei verschiedenen deutschen Verkehrsgesellschaften.[62] Daneben nahm Voith eine Reihe von Neukonstruktionen und Weiterentwicklungen in Angriff. So wurde zum Beispiel das Turbowendegetriebe weiterentwickelt, wodurch die elektropneumatische Steuerung durch eine elektronische ersetzt und die Leistungsgrenze angehoben werden konnte. Ende der 1990er Jahre entwickelte Voith außerdem komplette Antriebssysteme für Dieseltriebwagen mit Unterflurantrieb. Zu den Auftraggebern von Voith zählten unter anderem der deutsche Verkehrstechnologiekonzern Vossloh, die Österreichische Bundesbahn oder der französische Konzern Alstom.[63]

---

60   Georg Küffner: Wasserkraftwerke: Immer öfter kommen die Fische unverletzt durch, faz.net, 8.4.2003, URL: http://www.faz.net/aktuell/technik-motor/umwelt-technik/wasserkraftwerke-immer-oefter-kommen-die-fische-unverletzt-durch-1100540.html, (5.1.2017).

61   Wolfgang Paetzold: Auf den Schienen der Welt. Voith Turbogetriebe in der Eisenbahntechnik, in: Schweickert: Voith Antriebstechnik, S. 104.

62   Ebd.

63   Ebd., S. 105 f. Vossloh orderte 1997 90 Getriebe in Sonderausführung bei Voith. Für die Österreichische Bundesbahn entwickelte Voith ein Turbowendegetriebe in verstärkter Ausführung sowie mit elektronischer Steuerung. An Alstom

Die skizzierte positive Entwicklung schlug sich auch in den Produktionszahlen nieder. So gelang es Voith 1995 im Turbo-Bereich einige Rekorde aufzustellen. In diesem Jahr lief die 1.000.000ste Turbokupplung, der 100.000ste Retarder und das 25.000ste Turbogetriebe vom Band. Zwei Jahre später lieferte Voith den 150.000sten Retarder und das 100.000ste Voith-Automatik-Getriebe aus.[64]

Zur Stärkung des Konzernbereichs Antriebstechnik akquirierte Voith 1998 außerdem zwei Unternehmen. Zunächst kam die Scharfenbergkupplung GmbH zum Heidenheimer Konzern. Die geschichtsträchtige Gesellschaft mit Sitz in Salzgitter trug den Namen nach Karl Scharfenberg, dem Erfinder der, wiederum nach ihm benannten, Scharfenberg-Kupplung (Schaku) für Eisenbahnwaggons.[65] Die Akquisition diente zur Absicherung der Markt- und Technologieposition von Voith als Zulieferer von Komponenten für Schienenfahrzeuge.[66] Außerdem übernahm Voith die 1967 gegründete Küsel Antriebe GmbH in Essen, die sich auf den Bau von Gelenkwellen und Kupplungen spezialisiert hatte.[67]

Vorstandswechsel

Im Frühjahr 2000 legte Michael Rogowski sein Amt als Vorstandsvorsitzender nieder. Neuer Konzernvorstand bei Voith wurde Hermut Kormann. Rogowski blieb Voith aber weiterhin treu und wechselte in den Aufsichtsrat des Unternehmens, wo er den Vorsitz übernahm. Unter seiner Ägide erfolgte der strukturelle Umbau von Voith zur Konzernholding. Der Umsatz des schwäbischen Maschinenbauers erhöhte sich in dieser Zeit auf fast fünf Milliarden DM. Auch außerhalb von Voith war Rogowski ein gefragter Mann. Wie sein Vorbild Hugo Rupf leitete er mehrere Jahre lang den VDMA.[68] Außerdem war er von 1997 bis 1998 Vizepräsident des BDI, zu dessen Präsidenten er Ende des Jahres 2000 gewählt wurde.[69] Unter Michael Rogowski vollzog sich bei Voith nicht nur ein struktureller Wandel. Auch die Unternehmensführung beziehungsweise der Führungsstil änderte sich. Der eher patriarchische, »instinktiv dominierende Führungsstil«[70] von Hugo Rupf wurde über die Jahre hinweg durch einen teamorientierten und langfristig planenden Stil ersetzt. An der Spitze des Konzerns stand zwar formal weiterhin nur eine Person, doch lag die Ausrichtung von Voith fortan in den Händen einer Gruppe kompetenter Unternehmer, die den Konzern mit seinen unterschiedlichen Sparten und zahlreichen Niederlassungen leiteten.[71] So lag etwa die Leitung des Bereichs Finanz- und Rechnungswesen in

---

wurden 1999/2000 70 Turbogetriebe geliefert, ebd. S. 105, 106, 115.

64 Voith AG (Hg.): Voith-Report international 1867–2007, S. 66.
65 »Wir glauben an den Standort Salzgitter«. Porträt der Voith Turbo-Tochter Scharfenbergkupplung GmbH & Co. KG., in: Voith-Report 1/2/2001, S. 2–4.
66 WABW B 80 (noch ohne Signatur), Ordner J.M. Voith AG. Sitzungsunterlagen/Protokolle, Aufsichtsrat, Ges. Ausschuß, Hauptversammlung, HV 13.2.1998, HV 26.3.1998, 26. März 1998: Protokoll Gesellschafterausschuss vom 26. März 1998, S. 10.
67 Vgl. WABW B 80 (noch ohne Signatur), Ordner J.M. Voith AG. Sitzungsunterlagen/Protokolle, Aufsichtsrat, Ges. Ausschuß, Hauptversammlung, 15. Juni 1998 + 6. Juli 1998: Protokoll Gesellschafterausschuss vom 15. Juni 1998, S. 7.
68 Hugo Rupf leitete den Verein Deutscher Maschinenbau-Anstalten von 1971 bis 1974, Michael Rogowski die Nachfolgeorganisation Verband Deutscher Maschinen- und Anlagenbau von 1995 bis 1998.
69 Michael Rogowski trat sein Amt beim BDI am 1. Januar 2001 an und wurde damit Nachfolger von Hans-Olaf Henkel.
70 Mann: Erinnerungen, S. 214.
71 Vgl. ebd., S. 214 f.

den Händen von Hermut Kormann, der maßgeblich am Konzept und der Umsetzung der Realteilung arbeitete.

Stand Rogowski bei Voith für einen strukturellen wie wirtschaftlichen Umbruch, orientierte er sich auf der sozialen wie innerbetrieblichen Ebene eng an den Vorstellungen und dem Verhalten des Firmengründers. Die »Heidenheimer Zeitung« schrieb im Jahr 2014 anlässlich seines 75. Geburtstags über ihn: »Michael Rogowski, das war der letzte Voith-Chef, bei dem die Heidenheimer Manager und Eigentümer nicht auseinander halten konnten. Rogowski schüttelte jedem neuen Azubi in Heidenheim persönlich die Hand (wie es Hanns Voith getan hatte), bis heute wohnt er im früheren Haus von Hugo Rupf auf dem Voith-Firmengelände – so, wie es einst schon Friedrich Voith schräg gegenüber tat.«[72]

---

72 Hendrik Rupp: Ehrenbürger Michael Rogowski wird 75 Jahre alt, SÜDWEST PRESSE, 12.3.2014, URL: http://www.swp.de/heidenheim/lokales/heidenheim/ehrenbuerger-michael-rogowski-wird-75-jahre-alt-7636554.html (3.1.2017).

8_2000 bis heute

Auf dem Weg in die Industrie 4.0

Voith – durch Akquisition und Innovation zum Systemanbieter

Als Michael Rogowski die Leitung von Voith am 1. April 2000 an Hermut Kormann[1] übergab, war der Konzernumbau zu einer operativen Holding grundsätzlich abgeschlossen. Die Ziele des Mitte der 1980er Jahre entwickelten Programms »Vision 2000« waren erreicht. Der Umsatz hatte sich verdoppelt. Mit dem Kauf von Scapa und dem Voith-Engagement bei der DIW waren die Weichen für neue Geschäftsfelder gestellt, die den klassischen Anlagenbau von Voith ergänzen sollten. Voith beschäftigte im Jahr 2000 als nicht börsennotierte Aktiengesellschaft knapp 16.700 Mitarbeiter. Zur Jahrtausendwende bestand Voith aus mehr als 60 produzierenden Unternehmen sowie 77 Service- und Vertriebsgesellschaften in 35 Ländern.[2]

Kormann übernahm Voith zu einem Zeitpunkt, als die Börsenkurse weltweit im Sinken waren und der bis dato anhaltende Aktienboom ein abruptes Ende fand. Die sogenannte New-Economy-Blase platzte. Zudem erschütterte der Anschlag auf das World Trade Center in New York im September 2001 die Welt. Dies führte zu einem weltweiten Konjunkturrückgang und zu einer globalen Wirtschaftskrise.[3] Auch Voith konnte sich den negativen Entwicklungen nicht entziehen.[4] Die schlechte konjunkturelle Lage führte zu einer weiteren Verschärfung des Wettbewerbs zwischen den Anbietern in allen Voith-Geschäftsfeldern.[5] Aber trotz Umsatzrückgängen gelang es Voith, Marktanteile zu gewinnen.[6] Asien und vor allem China bildeten die positive Konstante. Trotz der weltweit schwachen Konjunktur wuchs in Indien die Wirtschaft noch um rund vier und in China um acht Prozent. Voith, in diesen Regionen gut etabliert, profitierte davon.[7] Als Ende 2003 endlich auch positive Impulse aus den USA kamen und die Nachfrage nach Rohstoffen, Vorprodukten und Zulieferungen stieg, verbesserte sich die Lage für Voith weiter. Gleichzeitig rückte nun Osteuropa stärker in den Fokus des Konzerns.[8]

Strategisch beschäftigte sich Voith in diesen Jahren mit der Integration der ehemaligen Siemens-Mitarbeiter beim Joint Venture Voith Siemens Hydro Power Generation. Vor allem aber arbeitete das Unternehmen in allen Bereichen weiter daran, sich vom Anlagenbauer beziehungsweise vom Hersteller einzelner Komponenten zum Systemlieferanten zu entwickeln.

Wie in vielen anderen Bereichen der Industrie erwarteten auch die Voith-Kunden mittlerweile nicht mehr die Lieferung einer »bloßen« Maschine oder Anlage, sondern idealerweise einen insgesamt verbesserten kompletten und integrierten Produktionsprozess über alle Prozessstufen hinweg, geliefert aus einer Hand. Voith ging es darum, Wege zu dieser Integrierung und Prozessoptimierung zu finden und dem Kunden beides liefern zu können. Exemplarisch für den Papierbereich lautete das Ziel knapp dargestellt: »Die Erhöhung der Wertschöpfung im Kernbereich erfordert das Know-how über die gesamte Prozesskette der Papierherstellung.«[9]

---

1   Kormann kam 1989 als Leiter des Bereiches Finanz- und Rechnungswesen zu Voith. Seit 1991 war er als Mitglied der Konzernleitung verantwortlich für den Bereich Finanzen und Controlling. Vgl. Geschäftsbericht 2000/01, S. 12.
2   Vgl. ebd., S. 14, S. 39.
3   Vgl. Geschäftsbericht 2000/01, S. 23 f. u. S. 36; Mildner, Howald: US-amerikanische Wirtschaft, S. 55.
4   WABW B 80 (noch ohne Signatur), Ordner J.M. Voith AG Sitzungsunterlagen Protokolle Aufsichtsrat, Gesellschafterausschuss, Hauptversammlung, 17. Juni 2002: Protokoll Gesellschafterausschuss vom 17. Juni 2002, S. 4.
5   Geschäftsbericht 2002/03, S. 19.
6   Ebd.
7   Ebd.
8   Vgl. Geschäftsbericht 2003/04, S. 74; Geschäftsbericht 2004/05, S. 7 f.
9   WABW B 80 (noch ohne Signatur), Protokoll Gesellschafterausschuss, 29.5.2000, S. 9/10.

Voith verfolgte durch gezielte Akquisitionen das Ziel, seine Position als Anbieter des kompletten Papier-Produktionsprozesses zu stärken. So übernahm Voith Paper zum Jahreswechsel 2001/2002 die papiertechnische Abteilung der Jagenberg AG, die als Hersteller von Rollenschneidmaschinen für Voith von besonderem Interesse war. Voith konnte mit dieser Akquisition das Know-how über diesen Prozessschritt zukaufen. Bei Voith Paper ergänzten jetzt Jagenberg, Scapa und Sulzer mit Bespannung, Rollenschneider und Stoffaufbereitung das Portfolio.[10] Im selben Geschäftsjahr der Jagenberg-Akquisition übernahm Voith zudem die Hermann Finckh Maschinenfabrik und die Bereiche Recycling und Entwässerung der norwegischen Firma Kvaerner Pulp & Paper.

Zum Komplettanbieter für den gesamten Prozess der Papierherstellung fehlte Voith allerdings noch eine zentrale Komponente: die Automation. Das Unternehmen erkannte hier einen Wachstumsmarkt, wollte dies aber mit einem erfahrenen Elektronik- und Automationsspezialisten gemeinsam durchführen. Voith verhandelte mit verschiedenen Unternehmen, darunter in erster Linie Siemens, doch die Verhandlungen scheiterten, und Voith gründete schließlich 2002 die Abteilung Voith Paper Automation ohne Partner.[11]

In den folgenden Jahren verstärkte Voith Paper den Fokus auf die Expansion in Asien und Nordeuropa. So legte Voith Paper im Jahr 2002 den Grundstein für zwei neue Service Center in Kunshan und Dongying in der Provinz Shandong, um es den chinesischen Kunden zu ermöglichen, »die komplette Linie von High-Tech-Walzenbezügen und Maschinenserviceleistungen im eigenen Land zu beziehen«.[12] Einige Jahre später folgte in Kunshan die Eröffnung der »Voith Paper City«, eines neuen Produktions- und Servicezentrums für die Papierindustrie in Asien, die das Wissen um den gesamten Papierherstellungsprozess an einem Ort bündelte. 2003 sicherte Voith seine Präsenz in Nordeuropa durch den Kauf des finnischen Unternehmens Pikoteknik Oy, einer der führenden europäischen Experten im Bereich der Papierindustrie und ein Spezialist für Vor-Ort-Instandsetzungen und Beschichtungen von Trockenzylindern.

Mit diesen strategischen Entscheidungen bei Voith Paper war der Bereich exemplarisch für die Strategie des gesamten Unternehmens: Es wurden »die angestammten Kernaktivitäten evolutionär angereichert, erweitert und ergänzt«, wie es im Jahr 2002 im Gesellschafterausschuss formuliert wurde.[13] Sieben Jahre später, 2009, wurde dieses Ziel nochmals konkretisiert. Anlass war – mitten in der Finanzkrise – die Frage, wie Voith die Folgen der Zyklizität des Anlagengeschäfts abschwächen könnte. Durch die »Vision 2000«, das Verbrauchsmaterialiengeschäft von Scapa und das neue Standbein Industrial Services waren hier die Grundlagen geschaffen. 2009 wurden drei weitere Ziele definiert: zum einen die Stärkung des Regionalportfolios, besonders die Stärkung der Präsenz in Asien, Brasilien und Nordamerika. Zudem sollten im Unternehmen die fünf Kernmärkte in eine bessere Balance gebracht werden, um Probleme auf einem Markt leichter auffangen zu können. Drittens sollte ein sogenannter Zyklenausgleich erreicht werden, indem das Unternehmen mittelfristig in Märkte eintreten wollte, »die grundsätzlich anderen Zyklen unterliegen und den Geschäftsverlauf weiter stabilisieren«.[14] Dieser Ansatz wurde in sei-

---

10   Vgl. Geschäftsbericht 2000/01, S. 25, S. 31; Geschäftsbericht 2001/02, S. 48 f.; Voith-Report 10/11/2001, S. 12 ff.
11   WABW B 80 (noch ohne Signatur), Protokolle Gesellschafterausschuss 2000 bis 2003, bes. 13.10.2003, S. 4 ff. und Anlage zur Sitzung vom 13.10.2003 »Historie: Voith Paper Automation«.
12   Geschäftsbericht 2002/03, S. 50.
13   WABW B 80 (noch ohne Signatur), Protokolle Gesellschafterausschuss, 25.2.2002, S. 11.
14   WABW B 80 (noch ohne Signatur), Protokolle Gesellschafterausschuss, 23.5.2011, S. 6.

ner evolutionären Ausprägung von 2002 beziehungsweise strategischer ab 2009 auch bei den Sparten Voith Hydro, Voith Turbo und Voith Industrial Services umgesetzt.

Bei Voith Hydro geschah das in erster Linie durch das im Jahr 2000 gegründete Joint Venture Voith Siemens Hydro Power Generation, an dem Voith mit 65 und Siemens mit 35 Prozent beteiligt waren. Voith brachte seinen Konzernbereich für Turbinentechnik ein, Siemens die Generatortechnik. Voith hatte zuvor einen Partner für die elektrische Ausrüstung der Kraftwerke gesucht, da auch in diesem Bereich immer mehr Kunden die Leistungen aus einer Hand forderten.[15] Siemens bot die perfekte Ergänzung für das Heidenheimer Unternehmen, zumal man sich bereits aus jahrzehntelanger Zusammenarbeit kannte. So hatten die beiden deutschen Unternehmen gemeinsam mit dem chinesischen Partner SEMMW, eine Tochter der Shanghai Electric, 1994 die Shanghai High-Technology Equipment Company (SHEC) ins Leben gerufen. Voith Siemens Hydro Power Generation konnte nun mit der Expertise der beiden führenden Hersteller von Turbinen- und Generatorentechnik die gesamte Ausstattung von Wasserkraftwerken anbieten. Zum 1. April 2009 wurde Voith Siemens Hydro Power Generation in Voith Hydro umbenannt, wobei die Gesellschafteranteile zwischen Voith und Siemens unverändert blieben.[16]

Wie der Bereich Voith Paper baute Voith Hydro seine internationale Präsenz weiter aus und akquirierte erfolgreich Großprojekte. So eröffnete das Unternehmen 2002 eine Dependance in Neu-Delhi zur Bearbeitung des indischen Marktes und erhielt 2003 den Zuschlag für die gesamte Ausstattung des 520 Megawatt starken Kraftwerks im indischen Omkareshwar. Zudem erweiterte Voith Hydro sein Portfolio durch Übernahmen. 2006 verstärkte Voith mit dem Erwerb der Mehrheitsanteile am schwedischen Unternehmen VG Power seine Präsenz im skandinavischen Markt. Die starke Ausrichtung von VG Power auf Generator-Rehabilitationen erweiterte die Kompetenzen von Voith Siemens Hydro auf diesem Gebiet. 2007 folgte der Erwerb des Turbinenherstellers Kössler im österreichischen St. Georgen, einem Spezialisten für das Geschäft mit Kleinwasserkraftwerken.

Voith Turbo eröffnete 2001 eine Tochtergesellschaft in Shanghai, die ein Jahr später zu einem Produktionsstandort aufgewertet wurde. 2004 kaufte Voith das Hydraulikunternehmen Hartmann & Lämmle. Anfang 2007 übernahm Voith den Getriebehersteller BHS in Sonthofen. Die BHS Getriebe GmbH produzierte als weltweit führender Hersteller neben Turbogetrieben auch Kupplungen und Motordrehvorrichtungen für die Energieerzeugung sowie für die industrielle Förderung und den Transport von Gas und Öl.[17]

Ergänzend zu den drei »klassischen« Konzernbereichen sollte eine vierte Konzernsparte ein neues Standbein für Voith bilden. Im Jahr 2000 erhöhte Voith daher seine Beteiligung an der Deutsche Industriewartung AG (DIW) auf 50,2 Prozent und erlangte dadurch die industrielle Führung. Damit wurde der Grundstein für Voith Industrial Services gelegt. Der neben Paper, Hydro und Turbo vierte Konzernbereich umfasste Dienstleistungen wie Wartung, Inspektion, Instandsetzung, De- und Remontage, Fahrzeugservice, Kraftwerkservice, Chemical Manage-

---

15   Vgl. Michael Rogowski im Zeitzeugengespräch mit Matthias Georgi, Markus Woehl und Lars Rosumek am 15.3.2017 ab 10 Uhr, Minute 16 ff.

16   Siemens hatte seinen Namen bei der Gründung des Joint Ventures im April 2000 in einer Sondervereinbarung für den genannten Zeitraum zur Verfügung gestellt. Vgl. Voith-Report 1/2009, S. 22; Brandstetter: Traisen, S. 165 f. Zu den Namensrechten siehe auch: WABW B 80 (noch ohne Signatur), Protokoll Gesellschafterausschuss, 25.10.2004, S. 5.

17   Vgl. Voith-Report 1/2008, S. 44.

ment, Gebäudereinigung, technische Reinigung sowie Facilitymanagement. Im Jahr 2000 stieg die DIW mit 25,2 Prozent bei der Hörmann Industrietechnik GmbH ein und expandierte 2001 nach Osteuropa. 2003 konsolidierte Voith Industrial Services mit der imo Hüther Gruppe aus Ludwigshafen. Im April 2005 kaufte Voith die Premier Group, einen US-amerikanischen Anbieter von Industriedienstleistungen, und erwarb 2006 die Mehrheit an der Hörmann Industrietechnik; 2008 wurde das dänische Unternehmen SIS Skandinavisk Industriservice AS übernommen, die deutsche Ermo-Gruppe sowie CeBeNetwork. Als die EnBW 2009 ihre restlichen Anteile an der DIW ebenfalls an Voith veräußerte, war die DIW zu 100 Prozent eine Voith-Tochter.[18] 2012 verband sich Voith Industrial Services in einem Joint Venture mit der deutschen Ingenieurgesellschaft P3 und bündelte so die gemeinsamen Aerospace-Kompetenzen in der P3 Voith Aerospace GmbH. Außerdem erwarb Voith Industrial Services im Januar 2013 die Servicesparte von ThyssenKrupp Services Ltd. in Großbritannien und konnte dadurch seine Position »als einer der führenden Dienstleister für die Automobilindustrie in Großbritannien« stärken.[19]

Entwicklung als Familienunternehmen

Parallel zur strategischen Entwicklung des Unternehmens zum Systemanbieter war das Funktionieren Voiths als Familienunternehmen eine der zentralen Aufgaben zu Beginn des neuen Jahrtausends. Vor der Realteilung war die Situation noch klar gewesen. Zwei Familienstämme hatten jeweils 50 Prozent der Anteile, vertreten wurden sie von den jeweils ältesten Kindern von Hanns und Hermann Voith. Über die Konstruktion des Gesellschafterausschusses waren die Einflussmöglichkeiten beschränkt. Nach der Realteilung und verstärkt ab Ende der 1990er Jahre musste die Konstruktion der Familienbeteiligung angepasst werden.[20] Innerhalb der Familie ging es um die Übertragung von Firmenanteilen von der Kinder- auf die Enkelgeneration. Das Unternehmen musste Lösungen für den Umgang mit der Erbschaftssteuer, besonders für Gesellschafter, die nicht in Deutschland versteuert wurden, finden. Zudem galt es, gemeinsam die grundsätzliche Ausrichtung des Unternehmens festzulegen und Wege zu finden, auch den nachfolgenden Generationen die Bedeutung des Unternehmens zu vermitteln und die Familienbindung zu stärken. Hierfür wurden unter anderem Gesellschafterreisen etabliert, die bis heute durchgeführt werden. Alle zwei Jahre unternehmen die Gesellschafterfamilien eine gemeinsame Reise, in deren Verlauf Besuche von Voith-Standorten, Voith-Projekten und Begegnungen mit Voith-Kunden auf dem Programm stehen. In den letzten Jahren führten diese Reisen unter anderem nach Nordamerika (mit Besuch der Voith-Standorte in York und Appleton), nach Brasilien (São Paulo), China (Kunshan und Shanghai), Skandinavien und Indien. Meist sind die Kinder ungefähr ab dem Vorschulalter dabei und haben so, wenn sie volljährig sind, sieben oder acht solche Reisen mitgemacht.[21]

---

18 Ab 2010 trug die ehemalige DIW-Hauptverwaltung in Stuttgart nur noch das Voith-Logo. Die Deutsche Industriewartung AG wurde gelöscht. Zur DIW siehe: WABW B 80 (noch ohne Signatur), Protokoll Gesellschafterausschuss, 29.5.2000, S. 4.
19 Geschäftsbericht 2013, S. 86; Geschäftsbericht 2012, S. 92.
20 Zur Notwendigkeit, die Regelungen von Ende der 1990er Jahre nochmals zu korrigieren, siehe: WABW B 80 (noch ohne Signatur), Protokoll Gesellschafterausschuss, 13.6.2006, S. 2.
21 Dazu generell Hermut Kormann im Zeitzeugengespräch mit Matthias Georgi und Markus Woehl am 7.4.2017 ab 11 Uhr, ab Minute 70. Zu den Diskussionen beispielsweise: WABW B 80 (noch ohne Signatur), Protokoll Gesellschafter-

Neue Ideen, neue Produkte, neue Projekte

2004 ging die erste von Voith gelieferte Turbine am Drei-Schluchten-Damm in Betrieb. Am Beispiel dieses großen Infrastrukturprojekts zeigt sich die Ambivalenz dieser riesigen Kraftwerke. Auf technischer und ökonomischer Ebene erfüllt das Kraftwerk seitdem seine Aufgabe der CO_2-armen Energieversorgung des Landes mit Bravour. Allerdings sind die ökologischen und sozialen Folgen des Projekts nicht von der Hand zu weisen. So mussten für den Stausee mehrere hunderttausend Menschen umgesiedelt werden. Ein weiterer großer Kritikpunkt betrifft die nicht vorhersehbaren Langzeitfolgen eines solch enormen Eingriffs in das Ökosystem.[22] Auch wenn ab Mitte der 2000er Jahre Wasserkraftgroßprojekte durch Nichtregierungsorganisationen (NGOs) wie etwa Greenpeace zunehmend in den Fokus der öffentlichen Kritik gerieten, waren die Vorteile und die Notwendigkeit von Wasserkraft im Energiemix mit Blick auf die globale Klimaerwärmung nicht zu leugnen. Angesichts der Proteste schrieb Voith Chef Lienhard in einem offenen Brief an die Vorsitzende der NGO »GegenStrömung« 2012: »Uns ist das Spannungsfeld, in dem sich große Wasserkraftprojekte wie [...] bewegen, bewusst. Den Vorteilen einer erneuerbaren, zuverlässigen, sicheren Energieversorgung im Industriemaßstab stehen Nachteile durch Eingriffe in das Ökosystem und die gesellschaftlichen Gefüge entgegen. Aus unserer Sicht aber überwiegen die Vorteile von Klimafreundlichkeit und zuverlässiger Stromversorgung als Voraussetzung für wirtschaftliches und gesellschaftliches Wachstum [...].«

Neben der Weiterentwicklung der Turbinen- und Generatoren-Technologie suchte Voith auf verschiedenen Gebieten nach Alternativen, um die Kraft des Wassers für die Stromerzeugung nutzbar zu machen. Das Unternehmen wandte sich verstärkt der Erforschung von Meeresenergien und möglichen Innovationen im Small-Hydro-Bereich zu. Die Übernahme der im schottischen Inverness ansässigen Firma Wavegen 2005 markierte den Einstieg in die Wellenkraft-Technologie. Leider zeigte sich in den nächsten Jahren, dass diese Art der Stromerzeugung – obwohl technisch durchentwickelt und im ersten kommerziell betriebenen Wellenkraftwerk im nordspanischen Mutriku (eröffnet 2011) auch im Alltagseinsatz erfolgreich – sich gegenüber anderen, hoch subventionierten erneuerbaren Energien nicht behaupten konnte. Deshalb verfolgte Voith diese Technologie nicht weiter. In den folgenden Jahren arbeitete Voith an der Entwicklung möglicher Technologien, um die Meeres- und Gezeitenströmungen für die Stromgewinnung nutzbar machen zu können. So entstand 2007 in Zusammenarbeit mit Renetec, einem koreanischen Unternehmen für die Produktentwicklung erneuerbarer Energien, ein Gezeitenkraftwerk für die Provinz Wando in Südkorea. Um im Hydro-Bereich weiterhin zeitgemäß forschen zu können, wurde im Jahr 2008 die Brunnenmühle in Heidenheim von Grund auf modernisiert. Im Jahr darauf erfolgte die Gründung von Hydro Ocean Current Technologies durch Voith und RWE, um die Meeresströmungstechnologie langfristig weiterzuentwickeln.[23]

Im Jahr 2012 folgte die Entwicklung des StreamDivers, eines innovativen Kraftwerkkonzepts, das es ermöglicht, Gebiete für die Gewinnung von Energie aus Wasserkraft zu nutzen, die bisher für den Bau konventioneller Wasserkraftwerke unzugänglich waren. Der StreamDiver

---

ausschuss, 23.10.2005, S. 8.

22 Zur Müllproblematik vgl. URL: http://www.spiegel.de/wissenschaft/natur/china-muellmassen-drohen-drei-schluchten-staudamm-zu-verstopfen-a-709641.html (22.12.16, 12.12 Uhr). Generell zu Chancen und Risiken der Wasserkraft siehe: Bjorn Honningsvag, u. a. (Hg.): Hydropower in the New Millennium: Proceedings of the 4th International Conference Hydropower, Bergen, Norway, 20–22 June 2001, Lisse 2001.

23 Vgl. Voith-Report 1/2007, S. 35.

kann in kleineren Flüssen in vorhandene Querbauten eingesetzt werden: »Mit dem StreamDiver lassen sich die baulichen Eingriffe in die Umgebung auf ein Minimum reduzieren, da der komplette Antriebsstrang – bestehend aus Turbine, Welle, Lager und Generator – in einer Box aus Beton eingelassen ist. Die Lager sind wassergeschmiert, eine Gefährdung der Wasserqualität ist somit ausgeschlossen.«[24]

Voith Hydro entwickelte aber nicht nur neue kleine Kraftwerke, sondern war weiterhin stark im Geschäft mit Großkraftwerken. 2016, mehr als 100 Jahre nachdem Voith das erste Wasserkraftwerk in China gebaut hatte, erhielt das Unternehmen den Auftrag über sechs Generator-Turbinen-Einheiten und Nebenanlagen für das chinesische Wasserkraftwerk Wudongde. Die Generator-Turbinen-Einheiten für Wudongde sind mit einer Leistung von jeweils 850 Megawatt die leistungsstärksten, die Voith bis dato gebaut hatte.

Voith Paper entwickelte in den 2000er Jahren Konzepte, um den hohen Wasserverbrauch bei der Papierherstellung – durchschnittlich verbrauchte die Herstellung von einem Kilogramm Papier in Deutschland im Jahr 2007 etwa zehn Liter Wasser[25] – zu reduzieren und um Produktionsreststoffe beispielsweise als Brennstoff für die Energiegewinnung nutzbar zu machen. Als Vision diente die Idee einer abwasserfreien Fabrik.[26] Im September 2010 ging ein Pilotprojekt zur Reinigung von Industrieabwässern an den Start: Der Nahrungsmittelkonzern Nestlé testete den Voith'schen Anaerob-Reaktor. Der ursprünglich für die Abwasserreinigung bei der Papierherstellung entwickelte Reaktor benötigt kaum Energie, da der Abbau als rein biologischer Prozess funktioniert: Die Stoffe im Reaktor beginnen anaerob, also unter Sauerstoffausschluss, zu faulen und werden unter anderem zu Methan, Ammoniak oder Kohlenstoffdioxid zersetzt. Das daraus gebildete Biogas kann wiederum zur Energiegewinnung verbrannt werden.[27]

Zu Beginn der 2000er Jahre hatte die »wachsende Nachfrage nach immer leistungsstärkeren, im grenzüberschreitenden Güterverkehr einsetzbaren Lokomotiven« für den Heidenheimer Konzern den Ausschlag dafür gegeben, die »Idee eines neuen hydrodynamischen Antriebskonzepts als Basis für eine sechsachsige Lokomotive«, die Maxima, zu entwickeln.[28] Obwohl in Deutschland abgesehen von einigen Nebenstrecken der Großteil des Schienennetzes bereits elektrifiziert war, setzte Voith mit der dieselhydraulischen Lok auf den grenzüberschreitenden Verkehr inner- und außerhalb Europas. Das Konzept schien zunächst aufzugehen: »Noch vor der Zulassung der Lok waren die ersten Maximas verkauft.«[29] Von der Rangierlokomotive Gravita, der kleinen Schwester der Maxima, hatte die Deutsche Bahn AG im Herbst 2008 130 Exemplare bestellt. Allerdings war zum Zeitpunkt ihrer Produktion das Zeitalter der Diesellok durch die voranschreitende Elektrifizierung der Bahnstrecken weitgehend überholt, sodass die Produktion der Lok nach einiger Zeit wieder eingestellt wurde. Die technisch und in ihrer Gestaltung perfekt konzipierte Maxima war letztlich am Markt vorbei entwickelt worden.[30]

---

24   Geschäftsbericht 2012, S. 89.
25   Vgl. Voith-Report 1/2007, S. 26.
26   Ebd.
27   Vgl. Voith-Report 1/2010, S. 30 f. Mit dem Anaerob-Reaktor konnte Nestlé die erzeugten Abwässer mit geringem Energieaufwand vorreinigen, bevor diese in die kommunale Kläranlage gelangten.
28   Georg Küffner (Hg.): Von Bewegung und Dynamik, München 2009, S. 201.
29   Ebd. S. 219.
30   Geschäftsbericht 2006/07, S. 49.

Im Jahr 2011 schloss Voith mit dem Automobilhersteller Audi eine Entwicklungspartnerschaft.[31] Unter dem Namen Voith Composites wurde in Garching ein Standort zur Entwicklung industrieller Verfahren für industrielle Serienherstellung von Komponenten aus Carbonfasern eröffnet. Bereits wenige Jahre nach den erfolgreichen Forschungsarbeiten folgte 2015 ein Großauftrag von Audi über ein von Voith entwickeltes CFK-Bauteil für ein künftiges Audi-Modell.

Papierboom, Digitalisierung und Papierkrise

Zu Beginn des neuen Jahrtausends konnte sich Voith Paper über eine ausgezeichnete Auftragslage freuen. Besonders auf dem chinesischen Markt herrschte eine rege Nachfrage. Die dortigen Käufer versuchten sich gegenseitig mit immer größeren und schnelleren Maschinen zu übertreffen, wovon die Papiermaschinenhersteller profitierten. Die Weltwirtschaft setzte in den folgenden Jahren ihren Wachstumskurs fort. Jedoch bahnte sich bereits eine weltwirtschaftliche Katastrophe an. Auslöser der »folgenschwersten Wirtschaftskrise seit Ende des Zweiten Weltkrieges«[32] waren zunächst Turbulenzen an den internationalen Finanzmärkten. Im Sommer 2007 platzte die Immobilienblase auf dem US-amerikanischen Markt. In der Folge kamen zahlreiche Banken in Zahlungsschwierigkeiten. Als schließlich im September 2008 die amerikanische Großbank Lehmann Brothers Insolvenz anmeldete, brachen weltweit die Aktienkurse ein. Die Banken vergaben nun deutlich weniger Kredite an Unternehmen. Diese konnten und wollten – wegen der unsicheren Zukunftsaussichten – nicht mehr investieren. Aufträge blieben aus. Die als Problem der Immobilienfinanzierung in den USA begonnene Krise wurde zu einer weltweiten Wirtschaftskrise, in deren Folge sowohl Güterhandel als auch Produktion weltweit massiv zurückgingen.[33]

Mitten in der Finanzkrise und kurz vor dem Börsencrash übernahm Hubert Lienhard am 1. April 2008 bei Voith den Vorsitz der Geschäftsführung. Vor seiner Zeit bei Voith hatte Lienhard für den Züricher Konzern Asea Brown Boveri (ABB) gearbeitet. Nach Heidenheim kam er 2002, als er zum Vorsitzenden des Konzernbereichs Hydro ernannt wurde. Lienhard war damit seit langem wieder ein Manager, der von außerhalb in die Voith-Geschäftsführung rückte. Lienhard gilt als eng verdrahtet in der deutschen Industrie.[34] Dazu gehört, dass er noch bis 2011 Teil des Verwaltungsrates der Sulzer AG und bis 2017 Mitglied im Aufsichtsrat der KUKA AG war. Auch jenseits der Voith-Partner ist Lienhard seit Jahren in Gremien verschiedener Unternehmen aktiv, beispielsweise bei dem Graphit- und Kohlenstoffproduzenten SGL Group, dem Energieversorger EnBW oder dem Edelmetallunternehmen Heraeus. Auch in zahlreichen deutschen Wirtschaftsverbänden nimmt er leitende Positionen ein. Im VDMA ist er Mitglied des engeren Vorstands, im Ost-Asiatischen Verein e.V. ist er Präsidiumsmitglied, außerdem ist er Mitglied in der Deutsch-Indischen Beratergruppe und im Deutsch-Chinesischen Dialogforum. Seit 2014 hat er zudem den Vorsitz des Asien-Pazifik-Ausschusses der Deutschen Wirtschaft inne und

---

31 Vgl. dazu auch: WABW B 80 (noch ohne Signatur), Protokoll Gesellschafterausschuss, 7.10.2012, S. 2.
32 Geschäftsbericht 2008/09, S. 49.
33 Mildner, Howald: US-amerikanische Wirtschaft, S. 55 f.
34 Martin Buchenau: Ophelia Nick. Voiths grüne Gesellschafterin, in: Handelsblatt, 6.7.2017.

_Das Small-Hydro-Kraftwerk Kartell in St. Anton, Österreich.

_oben: Der StreamDiver für Standorte, an denen die Nutzung von Wasserkraft bislang aus ökonomischen oder ökologischen Gründen nicht möglich war.

_unten: Bau des Wasserkraftwerks Xiluodu in der Provinz Sichuan in China im Jahr 2013.

_Francis-Turbine für das Kraftwerk Bratsk, Sibirien.

_Ober- und Unterbecken des Pumpspeicherkraftwerks Limberg II, Österreich.

_oben: Der chinesische Hochgeschwindigkeitszug CRH 2 mit Voith-Antriebstechnik.

_unten: Trambahn in Helsinki mit elektrischem Antrieb von Voith.

_oben: Plattformversorgungsschiff PSV Edda Flora, Norwegen mit VSP.

_unten: Zwei Doppelendfähren mit VSP auf dem Bosporus.

_oben: Altpapieraufbereitung mit der TwinDrum.

_unten: Bespannungen von Voith auf der Perlen PM 7.

_oben: Automatisierung in der Papierproduktion.

_unten: Die Dunaújváros PM 7 (Ungarn) produziert hochwertige, leichtgewichtige Verpackungspapiere auf Altpapierbasis.

_Voith Roving Applicator zur industriellen
Herstellung von carbonfaserverstärkten Bauteilen.

vertritt in dieser Funktion die deutsche Asienwirtschaft gegenüber der deutschen und asiatischen Politik. Lienhard betonte zu Beginn seiner Amtszeit als Vorsitzender der Konzerngeschäftsführung, sein oberstes Ziel sei es, »Voith als unabhängiges Familienunternehmen zu erhalten. Die Tatsache, dass dieses Unternehmen seit über 140 Jahren im Besitz der Familie Voith ist, bildet die Grundlage all dessen, was wir heute sind. Unsere Eigentümer, die sich fest zu ihrem Unternehmen bekennen, geben uns Unabhängigkeit. Dadurch können wir langfristig planen und uns gesund weiterentwickeln. Gleichzeitig bedeutet diese Freiheit auch, dass wir gute Ergebnisse erzielen müssen, ansonsten wäre die Freiheit, langfristig zu planen, ohne Wert. Hier stehen wir Voithianer in der Verantwortung, daran mitzuarbeiten, dass unsere Gesellschafter auch künftig stolz und zufrieden sind, dieses Unternehmen zu besitzen.«[35]

Zunächst galt es aber für Voith unter der Führung von Lienhard, die Wirtschaftskrise zu überstehen. Im ersten Jahr nach Lienhards Amtsantritt hatte Voith trotz der schwersten Krise der Weltwirtschaft seit dem Zweiten Weltkrieg Umsatz und Ergebnis gesteigert. Zwar gab es Rückgänge im Auftragseingang, doch schien es, als komme Voith unbeschadet aus der Krise. Im Jahr 2010 wurde die Holding-Gesellschaft Voith AG in eine GmbH umgewandelt. Ein Grund für diesen Wechsel waren die gesetzlichen Rahmenbedingungen für eine Aktiengesellschaft in Deutschland, die insbesondere die Interessen eines großen, meist anonymen Aktionärskreises berücksichtigten. Für Aktiengesellschaften, die sich in Händen einer Familie befinden und einen kleinen, persönlich bekannten Aktionärskreis besitzen, ergaben sich aus diesen Rahmenbedingungen aufwendige und unnötige Anforderungen.

Im Geschäftsjahr 2011 übertraf das Unternehmen in Umsatz und Ergebnis sogar das letzte Boom-Jahr vor Beginn der Wirtschaftskrise, doch schon im kommenden Jahr hatte sich die Stimmung deutlich eingetrübt. Besonders bei Voith Paper zeichneten sich große Probleme ab: Der Höhenflug dieses Konzernbereiches, der mit der Jahrtausendwende begonnen hatte und der insbesondere vom boomenden China-Geschäft getragen worden war, hielt nicht an. 2012 brach die Nachfrage nach grafischen Papiermaschinen ein. Dies war allerdings weniger auf die Entwicklung der Weltwirtschaft zurückzuführen als auf die nun mit aller Macht einsetzende Digitalisierung: Bücher, Zeitschriften und Zeitungen, Kataloge und Magazine erschienen immer häufiger ausschließlich digital. Die wachsende Digitalisierung brachte einen grundlegenden strukturellen Wandel für die Papierindustrie mit sich. Voith kam zu dem Schluss, dass dieser Markt auch nach Ende der Wirtschaftskrise nicht mehr zurückkommen werde. Die 2012 existierenden Kapazitäten der Papierhersteller reichten aus, um den gesunkenen Bedarf an grafischen Papieren zu decken. Die Bereiche Karton, Verpackungsmaterialien und Hygienepapiere konnten im Vergleich zu den grafischen Papieren einen Wachstumsschub verzeichnen, da mit dem steigenden Wohlstand in Entwicklungs- und Schwellenländern gleichzeitig der Pro-Kopf-Verbrauch an Hygienepapieren stieg und aufgrund des wachsenden Online-Handels weltweit der Bedarf an Verpackungsmaterialien rasant zunahm.

Für Voith Paper, das mehr als die Hälfte seines Umsatzes im Markt für hochwertige und schnelle Maschinen für grafische Papiere erzielte, bedeutete dies besonders große Probleme. Innerhalb weniger Monate brach das Geschäft in diesem Bereich nahezu komplett zusammen. Strategisches Ziel war es, unter anderem durch Standardisierung und Modularisierung effektiver zu produzieren. Geschäftsführung und Gesellschafter waren sich darin einig, dass Voith

---

35 Voith-Report 3/2008, S. 19.

auch auf dem Middle Segment-Markt, dem Markt mit mittelgroßen Papiermaschinen, weiterhin qualitativ und technisch führend sein werde.[36] 2013 zeigte sich, dass sich der Papiermaschinenmarkt noch schlechter entwickelte, als im Jahr zuvor erwartet. Voith konzentrierte sich auf Spezialpapiere, Tissue- und Verpackungspapiere. Die Papierkrise wog jetzt so schwer, dass auch die Entlassung hunderter Mitarbeiter nicht verhindert werden konnte. Betroffen waren besonders die Standorte Heidenheim, Krefeld, St. Pölten und Ravensburg.[37] Auch das im Mai 2006 eröffnete Voith Paper Technology Center in Heidenheim, in das hohe Erwartungen gesteckt worden waren, musste schließen. Im modernsten Papierforschungszentrum der Welt hatte erstmals der komplette Prozess der Papierherstellung, von der Faserstoffaufbereitung bis zur Papierveredelung, erforscht und unter realen Bedingungen erprobt werden können.[38] 2016 wurde schließlich die dort eingesetzte Versuchs-Papiermaschine abgebaut und das Gebäude geräumt.[39]

Tradition und Moderne: 150 Jahre Familienunternehmen und Voith 4.0

Die Krise im Papiermaschinenbau führte dazu, dass Voith nicht nur die Papiersparte sanierte, sondern das gesamte Unternehmen auf den Prüfstand stellte: Wo bestand Handlungsbedarf für Reformen und Optimierungen? »Voith muss wieder in die Lage gebracht werden, strategiefähig zu sein«, lautete die Vorgabe. Damit war gemeint, dass das Unternehmen wieder in die Lage versetzt werden müsse, strategische Handlungsspielräume, zum Beispiel in Form von größeren Akquisitionen oder Investitionen, voll nutzen zu können. Im Gesellschafterausschuss wurde daher zunächst auch bewusst darauf verzichtet, neue Geschäftsfelder zu erschließen.[40] Um dieses Ziel – die Strategiefähigkeit wiederherzustellen – zu erreichen, wurde 2013 das konzernweite Veränderungsprogramm Voith 150+ ins Leben gerufen, das bis 2017, zum 150. Jubiläum des Unternehmens, abgeschlossen wurde. Mit einem ganzen Bündel an Maßnahmen sollte Voith 150+ Voith schneller, effizienter und schlagkräftiger machen. Neben Kosteneinsparungen und Effizienzsteigerungen waren insbesondere auch die Umgestaltung und die teilweise Bereinigung des Voith-Portfolios ein wesentlicher Bestandteil von Voith 150+. Unrentable Aktivitäten wurden eingestellt oder verkauft, Teile des Portfolios neu ausgerichtet, die Verwaltungsstruktur weltweit zentralisiert und vereinheitlicht. Das von Lienhard unnachgiebig vorangetriebene Reformprogramm markierte eine der größten Veränderungen des Unternehmens seit Jahrzehnten. Lienhard führte Voith damit wieder auf seine eigentliche, historische Kern-DNA, Technologiekompetenz, Engineering, Domänenwissen und Innovation, zurück. Ein Kern-Bestandteil dieser neuen Unternehmensausrichtung im Rahmen von Voith 150+ war der Verkauf von Voith Industrial Services. 2016 veräußerte Voith die Sparte an den Finanzinvestor Triton.[41] Schon beim Auf-

---

36 WABW B 80 (noch ohne Signatur), Protokoll Gesellschafterausschuss, 21.5.2012, S. 4, 5.
37 Geschäftsbericht 2015, S. 78; vgl. Geschäftsbericht 2012, S. 72; VRep 3/2013, S. 28 f., zu St. Pölten: URL: http://www.noen.at/st-poelten/voith-stellt-sich-neu-auf/13.427.436; dazu auch: WABW B 80 (noch ohne Signatur), Protokoll Gesellschafterausschuss, 7.10.2012, S. 7, 8.
38 Voith-Report 2/2006, S. 24; generell: Geschäftsbericht 2005/06, S. 79. Zu den Zielen für das Forschungszentrum, die Marktposition von Voith gegenüber dem letzten großen Wettbewerber Metso durch Forschung zu stärken: WABW B 80 (noch ohne Signatur), Protokoll Gesellschafterausschuss, 24.3.2004, S. 5, 6.
39 HZ, 15.4.2016: Voith-Papierzentrum steht vor dem Aus.
40 Gesellschafterausschuss, 6.6.13, S. 10.
41 Ebd., S. 42.

bau der Sparte hatten Geschäftsleitung und Gesellschafterausschuss diskutiert, ob die Industrial Services überhaupt zur DNA von Voith passten.[42] Schließlich ging es hier um verhältnismäßig niederkomplexe Tätigkeiten, die von der Technologiekompetenz nicht mit der Hydrodynamik oder dem Bau einer Papiermaschine oder eines Generators vergleichbar waren. Hubert Lienhard erklärte: »Was Voith auszeichnet, ist ein tiefes Technologiewissen. Das Wissen, schwierige Stoffe bearbeiten zu können, komplizierte Geräte herstellen zu können, komplexe Prozesse zu beherrschen und der Wille, immer zu den Besten zu gehören. Das ist die DNA von Voith.« Industrial Services passte vor diesem Hintergrund nicht mehr ins Portfolio.[43]

Neben der Portfoliostrategie spielten sicher auch wirtschaftliche Erwägungen eine Rolle. Denn obwohl die Sparte über die Jahre ein stabiles Wachstum vorweisen konnte, blieb sie insgesamt hinter den Erwartungen zurück. Sie erwirtschaftete trotz hoher Mitarbeiterzahl zwar einen beachtlichen Teil des Voith-Umsatzes, aber nur einen kleinen Teil des Konzerngewinns.

Bei der Neuausrichtung des Unternehmens im Zuge von Voith 150+ spielte die schnell an Bedeutung gewinnende Digitalisierung der Industrie und der Einstieg in die Industrie 4.0 eine wesentliche Rolle: Anfang 2014 rief Lienhard eine »Digitale Agenda« für Voith aus. Ziel dieser Agenda war es, Voith zu einem der führenden Unternehmen bei der Digitalisierung seiner Industrien und einem Gewinner der industriellen Revolution 4.0 zu machen.

Im Zuge dessen hatte Voith Ende 2014 für rund 520 Millionen Euro 25,1 Prozent an der KUKA AG erworben, einem weltweit führenden Anbieter für automatisierte Produktionslösungen und Roboter.[44] Die Investition war eine strategische Entscheidung: »Die Fabrik der Zukunft wird digital gesteuert werden. Maschinen werden sich selbstständig miteinander vernetzen und der Fertigungsprozess wird zunehmend digitalisiert und automatisiert. Roboter sind dabei die Schlüsselkomponente für den Megatrend ›Industrie 4.0‹.«[45] Doch es kam anders: Voith verkaufte 2016 seine KUKA-Anteile an den chinesischen Midea-Konzern, der für die Aktien einen Preis, der nach Einschätzung von Experten weit über dem tatsächlichen Unternehmenswert lag, geboten hatte.[46] Für Voith war der Verkauf sehr lukrativ. Durch den Erlös von mehr als einer Milliarde Euro hatte das Unternehmen seinen Kapitaleinsatz in etwa verdoppelt. Die so gewonnenen Mittel reinvestiert Voith praktisch vollständig in das Unternehmen für die Verfolgung der von Hubert Lienhard ausgegebenen Digitalen Agenda des Konzerns. Ein entscheidender Schritt war dabei die Gründung einer neuen Unternehmenssparte: Voith Digital Solutions soll künftig das gesamte Know-how aller Konzernbereiche in Bezug auf Digitalisierung, Automatisierung und Industrie 4.0 bündeln, um das Produktportfolio von Voith weiter zu digitalisieren und digitale Geschäftsmodelle für Branchen zu entwickeln, mit denen Voith bereits verbunden ist, aber auch um neue, bisher noch nicht bediente Geschäftsbereiche zu erschließen.[47]

---

42 WABW B 80 (noch ohne Signatur), Protokoll Gesellschafterausschuss 2002.
43 Hubert Lienhard im Zeitzeugengespräch mit Matthias Georgi, Markus Woehl und Lars Rosumek am 5.4.2017 ab 10 Uhr, Minute 25 ff.
44 Vgl. WABW B 80 (noch ohne Signatur), Ordner Altunterlagen ab 11/2015 GA/AR: Protokoll Gesellschafterausschuss vom 8. Dezember 2014, S. 6.
45 Voith-Report 1/2015, S. 21.
46 Voith stand bei den Verkaufsverhandlungen im Fokus der Öffentlichkeit, ging es doch um die Frage, ob man die deutsche Hightech-Industrie mit ihrem Know-how an »die Chinesen« verkaufen dürfe. Zur Diskussion exemplarisch: Kuka: Schutz vor schnellem Ausverkauf, in: DER SPIEGEL 26/2016; Deutsche Industrielle machen bei Kuka Kasse, Manager Magazin online, 4.7.2016, URL: http://www.manager-magazin.de/unternehmen/industrie/kuka-nach-voith-verkauft-auch-loh-a-1101225.html (20.04.2017).
47 Geschäftsbericht 2016, S. 11 f.

Ein Beispiel ist die im Jahr 2017 gegründete digitale Altpapierhandelsplattform merQbiz. Die Plattform vernetzt – zunächst auf dem nordamerikanischen Markt – Käufer und Verkäufer von Altpapier. Das Marktmodell von merQbiz wurde mit der Methodik des Design Thinkings entwickelt, in dem zunächst die alltäglichen Probleme und Herausforderungen von Papierkunden in Nordamerika mithilfe von Persona-Mapping analysiert wurden. Dabei stellte sich heraus, dass der permanente Zustrom von Altpapier in die Papierfabrik – für die Papierproduktion ein zentraler Erfolgsfaktor – nur mit großem Aufwand sicherzustellen ist. Das Ökosystem des nordamerikanischen Papiermarktes stellte sich als hoch komplex, von vielen Händlern und Zwischenhändlern geprägt, und in weiten Teilen intransparent dar. Mit der neuartigen, disruptiven Handelsplattform, bringt Voith Käufer und Verkäufer nun unmittelbar und transparent zusammen. Bereits wenige Wochen nach dem Start wurden auf der Plattform rund 3.000 Tonnen Altpapier umgeschlagen. Die Erfahrungen, die Voith mit Design Thinking beim Aufbau von merQbiz gewonnen hatte, sollen künftig für alle Innovationsprojekte des Unternehmens zur Anwendung kommen. Hierzu gründete das Unternehmen im Sommer 2017 ein eigenes Voith Innovation Lab, das Methodiken wie oder Scrum für die Geschäfts- und Produktentwicklung aller Konzerneinheiten aus einer Hand zur Verfügung stellen soll. Doch die Digitalisierung soll noch weitergehen. »Das Geschäft der Zukunft sind die Daten aus unseren Maschinen«, sagt Lienhard. Voith besitze im Gegensatz zu den Internetgiganten des Silicon Valley das tiefe Wissen über die Abläufe in den Maschinen. »Beides kombiniert – Daten und Domänenwissen – sind der Schlüssel, um die zweite Halbzeit der Digitalisierung zu gewinnen«, sagte Lienhard im Umfeld der 150-Jahr-Feierlichkeiten im Sommer 2017. Es geht hierbei um die Auswertung von großen Datenmengen, die die Sensoren der Getriebe, der Papiermaschinen und Turbinen liefern. Voith ist durch sein technisches Know-how in der Lage, diese Sensordaten richtig zu interpretieren. Beispielsweise wird man über die korrekte Analyse von Daten aus Papiermaschinen die Einstellung der Maschinen präzisieren und das Reißen des Papiers verhindern können. Verknüpft mit merQbiz könnte der Altpapierhändler – standardisiert – die Altpapierqualitäten definieren, Voith über die Datenanalyse für diese spezielle Rohstoffqualität die Einstellungen für die Papiermaschine liefern und die Papierfabrik günstiger mit weniger Ausschuss produzieren. Analog kann die Überwachung von Wasserkraftwerken in abgelegenen Gegenden noch verbessert werden, um die Betriebssicherheit und Rentabilität zu erhöhen. Im Sommer 2017 gab Voith schließlich bekannt, die Aktienmehrheit an dem Münchner Digitaldienstleister Ray Sono übernommen zu haben.

Der von Lienhard vorgegebene, ambitionierte Zeitplan für den Konzernumbau im Rahmen von Voith 150+ konnte eingehalten werden. Am Ende wurden alle Kosten- und Effizienzziele erreicht. Der mehrjährige Konzernumbau griff stark in das Unternehmen ein. Insgesamt verringerte sich die Mitarbeiterzahl von rund 43.100 im Geschäftsjahr 2012/13 auf rund 19.100 Ende des Geschäftsjahres 2016. Von den 24.000 weggefallenen Stellen entfielen rund 18.000 auf die verkaufte Sparte Industrial Services. Auf der Bilanzpressekonferenz 2016 betonte das Unternehmen: »Wir haben seit dem 1. Oktober wieder ein normales Geschäftsjahr und gehen auf Wachstum.«[48] Am Tag des Festaktes zum 150. Jubiläum beschloss die Gesellschafterversammlung der Voith GmbH die Umwandlung des Unternehmens in eine Kommanditgesellschaft auf Akti-

---

48 Es darf gefeiert werden: Voith-Umbau ist geschafft, Heidenheimer Zeitung online, 14.12.2016, URL: http://www.swp.de/heidenheim/lokales/heidenheim/es-darf-gefeiert-werden_-voith-umbau-ist-geschafft-14169309.html (20.4.2017).

en (KGaA). Mit diesem Entschluss stellte das Unternehmen auch gesellschaftsrechtlich die Weichen für weiteres Wachstum.

Trotz der strukturellen Neuausrichtung des Konzerns, der notwendigen Restrukturierungsmaßnahmen und der immensen Expansion des Unternehmens in den vergangenen Jahrzehnten ist Voith 150 Jahre nach seiner Gründung immer noch zu 100 Prozent ein Familienunternehmen geblieben. Dazu gehört die Pflege von Traditionen und Werten. Zur Tradition gehört auch, dass Voith sich immer wieder neu auslotet und, wenn nötig, neu erfindet. Heute sind es nicht mehr die großen und immer größeren Maschinen, die Voith Wachstum bringen sollen. Viele Voith-Produkte wie die Papiermaschinen oder die Turbinen und Generatoren arbeiten heute an den Grenzen der Physik und des technisch Machbaren. Die Wirkungsgrade moderner Wasserturbinen von über 97 Prozent sind hierfür ein eindrucksvolles Beispiel. Nun geht es darum, vor allem über Serviceleistungen, Wartung und Aufrüstung sowie neuartige, digitale Zusatzprodukte und Leistungen die Beziehung zu den einzelnen Kunden zu intensivieren.

In der Zukunft, in zehn oder fünfzehn Jahren, könnte in Heidenheim ein Datenzentrum entstehen. Dieses Bild entwickelt Lienhard im Gespräch mit den Autoren. Hier würden beispielsweise die Sensordaten aller Voith-Papiermaschinen empfangen und ausgewertet. Die Maschinen würden überwacht und ständig im laufenden Betrieb optimiert. Mögliche im Entstehen begriffene Schäden würden frühzeitig erkannt und Voith könnte gemeinsam mit dem Kunden gegensteuern. »Die Daten, die wir bekommen und auswerten, die werden das Gehirn von Voith sein. So werden wir auch neue Maschinen entwickeln. Die enge Verbindung mit dem Kunden, die ständige Zusammenarbeit im Sinne des Design Thinkings ist dann das Herz von Voith.«[49]

---

49   Hubert Lienhard im Zeitzeugengespräch mit Matthias Georgi, Markus Woehl und Lars Rosumek am 5.4.2017 ab 10 Uhr, ab Minute 35.

Schlussbetrachtungen

150 Jahre Voith

Nachwort

Voith – Eine deutsche Wirtschaftsgeschichte

Rund 91 Prozent der deutschen Betriebe sind familienkontrollierte Unternehmen. Die Bandbreite reicht vom Handwerker bis zum internationalen Konzern. Voith hat es in 150 Jahren geschafft, die Entwicklung von der kleinen Werkstatt über ein inhabergeführtes Großunternehmen zum von externen Managern geführten Konzern zu durchlaufen und in jeder dieser Phasen erfolgreich zu sein. Doch was sind die Faktoren für den Erfolg? Der Faktor Familie ist hier sicher entscheidend, aber gleichzeitig ist er für eine Firma oft Fluch und Segen zugleich. Nachweislich überstehen Familienunternehmen Wirtschaftskrisen besser. Das liegt unter anderem daran, dass die Inhaberfamilie daran interessiert ist, ihr Vermächtnis für künftige Generationen zu bewahren und nicht nur den kurzfristigen Profit im Blick hat. Doch die Familie kann auch zum Risiko werden: Wenn der Nachwuchs ausbleibt oder kein Interesse am Unternehmen zeigt, oder wenn innerhalb der Familie unterschiedliche Vorstellungen zur Unternehmensführung existieren und ein Streit das Unternehmen lahmlegt.

Bei Voith traten nur die männlichen Nachkommen die Nachfolge ihrer Väter als Geschäftsführer im Unternehmen an. Von den sechs Kindern Friedrich Voiths wurden – wie zu dieser Zeit üblich – nur die drei Söhne auf eine Rolle im väterlichen Unternehmen vorbereitet. Deren insgesamt acht Töchter blieben alle der Geschäftsführung fern. Voith war dadurch nur bis Ende der 1960er Jahre ein inhabergeführtes Familienunternehmen. Mit dem Tod von Hanns Voith 1971 endete diese Epoche. Seither übernehmen externe Manager die Geschäftsführung, während die Familie über den Gesellschafterausschuss im Hintergrund agiert. Als Erfolgsgrund kann man den Faktor Familienunternehmen deshalb vor allem für die ersten gut hundert Jahre der Firmengeschichte heranziehen.

Erfolg durch Innovation

Ein Unternehmen steht und fällt mit seinen Produkten. Voith zeichnet sich dadurch aus, dass die Weichen zu den wesentlichen Produktsparten Papier und Turbine bereits sehr früh in der Geschichte gestellt wurden. Die Voiths brachten Erfindergeist und Gespür dafür, was die Firma vorantreiben würde, in ihr Unternehmen ein. Angefangen beim Holzschleifer unter Johann Matthäus Voith, über den Bau der ersten Turbine unter Friedrich Voith, bis zur Förderung der Entwicklung des Turbo-Getriebebaus durch Walther Voith. Besonders Walther Voith besaß nicht nur ein untrügliches Gespür für bahnbrechende Erfindungen, sondern hatte auch den Durchhaltewillen, diese Erfindungen in der Entwicklungsphase jahrelang finanziell zu unterstützen, selbst wenn die Tests anfangs kaum aussichtsreich schienen. Der Erfolg gab ihm am Ende recht. Das gilt sowohl für den Voith-Schneider-Propeller als auch besonders für die Kaplanturbine, die Voith nach zähem Ringen mit dem Erfinder letztlich in Eigenregie vervollkommnen konnte.

Unternehmerischer Erfolg drückt sich aber auch darin aus, zu erkennen, wann das Unternehmen mit einer vermeintlichen Innovation in eine Sackgasse steuert. So waren beispielsweise die Kapitel Windkraftwerk oder Müllkompostierung in den 1960er und 1970er Jahren nur kurze Zwischenspiele in der Voith-Geschichte.

Auf der Suche nach dem dritten Standbein

Die Geschichte des Unternehmens Voith ist neben der Geschichte des Familienunternehmens oder der Geschichte der Papier- und Wasserkraft oder Antriebstechnik die Geschichte einer Suche. Schon Johann Matthäus begann mit dem Bau von Holzschleifern und Wasserrädern, um das Portfolio seiner Schlosserei zu erweitern. Als die beiden Kernbereiche Turbinenbau und Papiermaschinenbau fest etabliert waren, suchte Voith nach Ergänzungen, um dem stark zyklischen Geschäft der beiden Bereiche etwas entgegensetzen zu können. Nur durch diese stetige Suche nach etwas Neuem wurden Erfindungen wie das Turbo-Getriebe und der Aufbau der Getriebesparte möglich. Und nur dank dieser Bemühungen überstand Voith bis heute die zahlreichen Wirtschaftskrisen. Hätte sich jede Generation nur auf den Erfolgen ihrer Vorgänger ausgeruht, stünde Voith heute, nach 150 Jahren, nicht dort, wo es ist. Wäre das Unternehmen stets nur ein reiner Papiermaschinenhersteller geblieben, so würde es heute wahrscheinlich nicht mehr existieren. Zu sehr schwankte der Papiermaschinenmarkt über die Jahrzehnte, und selbst die geduldigste Inhaberfamilie kann nicht über Jahre Verluste kompensieren.

Die Zyklizität des Projektgeschäfts betrifft und betraf aber nicht nur die Papiersparte. Als Voith beispielsweise 1978 den Auftrag erhielt, 12 der 18 Francisturbinen für das brasilianische Kraftwerk Itaipú zu liefern, bedeutete dieser eine Auftrag, dass sich der Auftragseingang der Turbinensparte im Vergleich zum Vorjahr mehr als verdoppelte. Eine langfristige Planung bei solchen Schwankungen ist sehr schwer. Jede Generation in der Unternehmensleitung von Voith suchte daher Wege, diese Schwankungen abzuschwächen. Dabei gab es Kontinuitäten zwischen den Generationen: Je größer und teurer die Produkte wurden, umso kleiner war die Zahl der möglichen Kunden. Daher strebte Voith stets danach, weltweit präsent zu sein. In den ersten Jahrzehnten stärker über Handelsvertretungen, mit dem Aufbau des Werks in St. Pölten, Österreich; zu Beginn des 20. Jahrhunderts begann dann die Produktion außerhalb Deutschlands. In den folgenden Jahrzehnten – mit Unterbrechung durch die zwei Weltkriege – belieferte Voith von Heidenheim und St. Pölten aus die Welt. In den 1960er Jahren kam das Werk in Brasilien hinzu, in den 1980er Jahren durch Akquisitionen Werke in den USA, gefolgt von Indien und China. Heute produziert das Unternehmen auf vier Kontinenten und ist weltweit mit Vertretungen präsent.

Eine weitere Kontinuität ist die Frage der Qualität. Die Voith-Ingenieure entwickelten viele Projekte nach der Maßgabe, eine technisch hochwertige Lösung zu finden, und nahmen dafür höhere Preise in Kauf. Als beispielsweise Ende 1979 die Papierindustrie, und mit ihr die Zulieferer wie Voith, in einer tiefen Krise steckte, kam die Frage auf, ob Voith durch technisch einfachere und vom Materialeinsatz leichtere Papiermaschinen die Kosten senken könne. Die Antwort der Geschäftsführung war so klar wie eindeutig: »Eine leichtere und einfachere Bauweise für Papiermaschinen erhöht die Gefahr einer technischen Panne erheblich, da es sich beim Papiermaschinenbau um Verfahrenstechnik handelt. In dem Bestreben, unseren guten Ruf zu erhalten, müssen wir daher teilweise in technischen Grenzbereichen Überdimensionierungen vornehmen. Im Übrigen ist auch zu erwähnen, daß Voith wegen der hohen Qualität von den

Abnehmern teilweise Mehrpreise in der Größenordnung zwischen 3 und 10 % zugestanden werden.«[1]

Die dritte Kontinuität durch die Jahrzehnte ist die Suche nach neuen Produkten und Angeboten, die nicht der Zyklizität des Geschäfts mit großen Anlagen unterliegen. Der Aufbau der Antriebstechnik und der Voith-Schneider-Propeller sind Beispiele hierfür aus der Generation Walther, Hermann und Hanns Voith. Es gibt von Generation zu Generation große Unterschiede in der Strategie, wirtschaftliche Konstanz in das Unternehmen zu bringen. Ab den 1950er Jahren bauten Hanns Voith und Hugo Rupf konsequent ein System an Finanzbeteiligungen auf, um die Risiken des Projektgeschäfts aufzufangen und abzupuffern. Das ging so weit, dass Rupf nach dem Tod von Hanns Voith als Bankier und gleichzeitiger Leiter einer Schlosserei bezeichnet wurde.

Unter Rupf wagte Voith in den 1970er Jahren auch Abstecher in neue Geschäftsfelder, wie die Kunststoffproduktion oder sogar in die Elektromobilität.

Michael Rogowski und sein Nachfolger Hermut Kormann vergrößerten das Unternehmen über strategische Kooperationen mit Sulzer (Papier) und Siemens (Turbinen) und die große Akquisition im Kernbereich Papier (die Verbrauchsmaterialien von Scapa), zudem erschlossen sie mit den Industriedienstleistungen ein großes und gänzlich neues Geschäftsfeld für Voith.

Hubert Lienhard, seit 2008 Vorsitzender der Konzerngeschäftsführung fokussiert Voith wieder auf das, was er die DNA des Unternehmens nennt: die tiefe technologische Expertise und das über Jahrzehnte gewachsene Know-how und Domänenwissen von Voith in seinem Kerngeschäft. Gleichzeitig richtete er das Unternehmen wieder stark auf Profitabilität, Prozesseffizienz und strategische Handlungsfähigkeit aus und führte die Firma zu diesem Zweck in einen der größten, zum Teil sehr schmerzhaften und herausfordernden Veränderungsprozesse seiner jüngeren Geschichte. Mit seiner digitalen Agenda gab Konzernchef Lienhard den entscheidenden Impuls dafür, dass im 16. Jahrzehnt seines Bestehens Voith die Digitalisierung als Schlüsselfeld für weiteres Wachstum identifiziert hat. Mit der Gründung des neuen Konzernbereiches Voith Digital Solutions ist ein erster Meilenstein erreicht. Im Unternehmen existieren bereits zahlreiche Projekte, mit denen an neuen digitalen Angeboten für die Kundenindustrien gearbeitet wird. So beispielsweise die digitale Altpapierhandelsplattform merQbiz, mit der für die Papierhersteller die Verfügbarkeit des Rohstoffes Altpapier sichergestellt werden soll. Weitere Beispiele sind die Fernüberwachung und bedarfsorientierte Wartung von Voith-Getrieben in Nahverkehrsbussen per Satellit oder die Überwachung von Wasserkraftwerken in abgelegenen Gegenden per digitaler Sensorik.

Und hier schließt sich der Kreis zum Titel dieses Buches: Voith. 150 Jahre deutsche Wirtschaftsgeschichte: Die Geschichte von Voith ist ein Spiegelbild der Geschichte der deutschen Wirtschaft. Viele Entwicklungen verlaufen ähnlich wie bei anderen deutschen Unternehmen, etwa der Wachstumsschub nach der Reichsgründung 1871 oder die Teilhabe an der »Globalisierung« vor dem Ersten Weltkrieg, die Kriegsproduktion und besonders die Weltwirtschaftskrise ab 1929, die Voith wie fast die gesamte deutsche Industrie in Existenznöte brachte. Im »Dritten Reich« diente sich das Unternehmen den Machthabern an und wurde so zu einem

---

1   WABW B 80 (noch ohne Signatur), Ordner: AR VR neu, Protokolle und Beschlüsse des Verwaltungsrats und der Gesellschafter der Voith-Beteiligungen GmbH, 1.1.1977–22.6.1978, ab 23.6.1978 VH: Protokoll Gesellschafterausschuss vom 15.5.1979, S. 5.

Bestandteil des NS-Systems, gleichzeitig kämpfte es um Eigenständigkeit und versuchte die Mitsprache der Nationalsozialisten im Unternehmen so weit wie möglich einzuschränken – eine durchaus übliche Ambivalenz in der deutschen Industrie. Im Wirtschaftswunder boomte auch Voith und baute seine erste Produktion in Übersee auf, expandierte nach dem Fall des Eisernen Vorhangs in den Osten und lebt heute noch stärker als früher von der Internationalisierung und Globalisierung. 150 Jahre nach der Gründung ist Voith mit seinem Engagement für die Digitalisierung wieder ein Spiegelbild und ein Schwungrad der Wirtschaftsentwicklung in seinen Industrien. Die Digitalisierung ist eines der, wenn nicht das beherrschende gesellschaftliche Thema. Der Bundestag debattiert darüber. Hochschulen und Universitäten fragen sich genauso wie die Gewerkschaften, was die Digitalisierung der Industrie an Chancen und Risiken für die Wirtschaft bringen wird. Vom Großkonzern bis hin zum kleinen mittelständischen Unternehmen ist die deutsche Industrie auf der Suche nach Lösungen, und Voith ist mittendrin in diesem revolutionären Umbruch.

Freiheit und Verantwortung – Gespräch mit den Töchtern von Hanns Voith

April 2017. Auf der Fahrt nach Rengoldshausen am Bodensee fällt der letzte Schnee des Winters, eine Schafherde blockiert den Weg. Hier treffen sich die vier noch lebenden Töchter von Hanns Voith, um mit dem Autor über die Bedeutung von Voith in ihrem Leben zu sprechen. Das Gespräch soll einen anderen Blick auf das Unternehmen Voith gewähren. Nicht Industrie- und Wirtschaftsgeschichte stehen im Fokus, sondern Voith als Teil der Familie Hanns Voith. Die Vorstellungsrunde ist kurz: »Ich bin die Nummer 2 in der Sechserreihe der Töchter von Hanns Voith.« (Silvia Hammacher) »Martina, die Nummer 1, und Juliane, die Nummer 3, sind schon verstorben. Ich bin die Nummer 4.« (Cornelia Hahn) »Und ich bin die Nummer 5.« (Beatrice Schweppenhäuser) »Ich habe die Ehre, die Nummer 6 zu sein.« (Angela Voith)

Das Gut Rengoldshausen kaufte Hanns Voith in den 1930er Jahren wegen seiner Begeisterung für die biologisch-dynamische Wirtschaftsweise. Hier verbrachten die Kinder Teile der Kriegsjahre in relativer Sicherheit. Nach dem Krieg diente es als Erholungsheim und Urlaubsort für die Voithianer, eine damals ungewöhnliche Möglichkeit für die Mitarbeiter mit ihren Ehefrauen zwei Wochen Ferien am wunderschönen Bodensee zu verbringen. Heute ist es ein großes Demetergut mit Gärtnerei, es gibt eine Waldorfschule, ein Altenheim und einen Hofladen. Im zweiten Stock des Haupthauses sitzen wir zusammen: ein holzgetäfelter Raum mit Essplatz, einem großen Sofa und einem Schreibtisch. Es ist das Wohnzimmer von Cornelia Hahn, die hier seit vielen Jahren lebt. Die Ärztin hat die Visionen von Hanns Voith von einer lebendigen Gemeinschaft in gesunder Natur, einer ganzheitlichen Erziehung Zeit ihres Lebens auf dem Hof gelebt und mit großem Engagement weiterentwickelt.

Zu Beginn sprechen wir über die beiden Schweine, die während des Zweiten Weltkriegs zusammen mit einer Kuh verbotenerweise in der Garage von Hanns Voith gehalten wurden – die älteren Töchter haben sich alleine um die Tiere gekümmert.

Die Töchter von Hanns Voith sind in den 1930er und 1940er Jahren geboren. Sie erzählen von den Pferden im Werk und dem Kutscher Herrn Trögele. Trögele war schon unter König Wilhelm II. von Württemberg Kutscher und soll so gut gewesen sein, dass der König ihn unbedingt halten wollte. Als Wilhelm II. im Jahr 1918 abdanken musste, kam Trögele zu Voith. Er ritt jeden Sonntag mit Hanns Voith aus, die Schwestern bekamen ihr eigenes kleines Pferd: mit dem schwäbischen Namen »Schimmele«. Bei Voith wurden bis in die 1950er Jahre noch Transporte der Werkstücke zwischen den Hallen mit Pferden gemacht. Die Töchter durften manchmal auf den Pferden mit reiten. Die Erinnerungen schweifen weiter: »Sonntags sind wir in die Firma gegangen, haben das Werk durchstreift und Maschinen angefasst. Einmal haben wir einen Kahn losgebunden und sind unterm Voith auf der Brenz durchgefahren. Die haben den Kahn dann gesucht, wir hatten ihn flussabwärts festgemacht. Die Portiers der Firma hatten die Aufgabe, auf uns aufzupassen, aber wir sind weggelaufen. Das war natürlich strengstens verboten.«

Neben den Abenteuern im Werk hat sich das Kriegsende 1945 eingeprägt: »Als die Amerikaner kamen, mussten wir in zwei Stunden mit sechs Kindern aus unserem Haus raus. Wir sind dann mit vielen anderen Familien in den Eisenhof.« Aber die vier Schwestern betonen, dass die Familie Voith immer ein gutes Verhältnis zu den Amerikanern hatte. »Wir Kinder erlebten den aufregenden Aufbruch nach dem Krieg hautnah mit. So kamen zum Beispiel die ersten Kunden aus aller Welt zu gemeinsamen Mahlzeiten in unser privates Haus. Das beeindruckte uns Kinder.«

Die Unterhaltung mit den vier Schwestern dreht sich aber nicht nur um Kindheitserinnerungen. Freiheit und Verantwortung – zwei zentrale Themen im Leben von Hanns Voith – prägen die Schwestern seit Jahrzehnten und auch diesen Termin in Rengoldshausen. Das Landgut habe Hanns Voith aus einem Gefühl der Verantwortung heraus in den 1930er Jahren gekauft, betonen die Vier. »Wir Kinder mussten in den Ferien Feldarbeit leisten und die Milch haben wir dann mit dem einen Pferd zur Molkerei gebracht. Melken haben wir auch gelernt«, erinnern sich die Schwestern.

Den Umgang mit Verantwortung gegenüber seinen Mitarbeitern lernte Hanns Voith auch in Amerika. Ende der 1940er Jahre reiste er als Vertreter deutscher Unternehmer in die USA und berichtete im Anschluss seinen Töchtern, wie ihm das Land imponiert habe, wie demokratisch man die Firmen organisierte, wie menschlich das Miteinander in den Firmen zwischen Mitarbeitern und Chefs sei. »Das hat er mitgebracht, zusammen mit dem Freiheitsgedanken.« Das spiegelte sich auch in der Ausbildung bei Voith wider, erläutern die Schwestern. Voith vermittelte nicht nur die für den Beruf notwendigen Inhalte. Die Ausbildung sollte auch als Schutzschild für das Leben dienen und so sorgte Hanns Voith in der anthroposophischen Tradition dafür, dass die allgemeine Bildung, und besonders die Kunst, einen hohen Stellenwert innehatte – eine Besonderheit, die die Aus- und Weiterbildung bei Voith bis heute kennzeichnet.

Freiheit und Verantwortung vermittelte Hanns Voith seinen Töchtern und das prägt sie bis heute: »Wir sind aufgezogen worden und wussten nicht, dass wir wohlhabend waren. Als mir das einmal jemand gesagt hat, dass wir reich sind, war ich sehr überrascht«, erinnert sich Angela Voith. Hanns Voith ließ seinen Töchtern die freie Wahl, welchen Beruf sie lernen wollten, und drängte sie nicht in die Firma. Trotzdem waren und blieben sie der Firma eng verbunden. Beispielsweise berichtet Beatrice Schweppenhäuser, wie sie im Namen von Voith Krankenbesuche bei Voithianern und deren Familien in Heidenheim machte, obwohl sie nicht im Unternehmen arbeitete. Alle vier Schwestern haben keine Anteile mehr am Unternehmen, die nächste Generation sei jetzt am Zug, erklären sie. Trotzdem sind sie dem Unternehmen eng verbunden und bestens informiert. Werden die kommenden Generationen die Ideale von Hanns Voith, die Verantwortung und auch den Stolz auf Voith weiter pflegen? Den eigenen Kindern haben sie es schließlich vermitteln können, und – so betont Angela Voith – es gebe schließlich die Gesellschafterreisen. Hier treffen sich die Familiengesellschafter mit ihren Familien regelmäßig, um bei Voith-Kunden die Maschinen zu besichtigen oder ausländische Voith-Werke zu besuchen. »Ich sehe bei den Enkeln eine unendliche Freude und einen unendlichen Stolz, wenn sie dann eine Papiermaschine im Ausland anschauen dürfen.«

Silvia Hammacher betont: »Voith hat uns eine unheimlich gute Grundlage gegeben. Ich verspüre bis heute einen großen Stolz auf Voith und eine unendliche Dankbarkeit. Wir konnten dadurch unser Leben in Freiheit gestalten. Unsere Eltern haben uns Ideale vermittelt und die Firma hat uns die Möglichkeit gegeben, etwas aufzubauen, Schulen zu gründen wie die Schauspielschule in Stuttgart.« Cornelia Hahn ergänzt: »Wir konnten durch Voith viel verwirklichen, wie den Andreashof, die Kunsttherapie und die Schulen. Dies haben uns die Menschen bei Voith ermöglicht. Dort arbeiten Menschen, sie schaffen etwas. Ihnen gegenüber fühle ich große Verantwortung. Wir haben es auch immer als Verantwortung erlebt, etwas zurückzugeben.« Cornelia Hahn spricht damit allen Schwestern aus dem Herzen.

Anhang

Reden auf dem Festakt 150 Jahre Voith_Seite 223
Mitglieder des Gesellschafterausschusses ab Oktober 1976_Seite 241
Gespräch mit Dr. Heinrich Weiss_Seite 242
Quellen- und Literaturverzeichnis_Seite 246
Archive_Seite 255

_Aufgenommen während des Festakts zum 150. Jubiläum. V. l. n. r.: Bernhard Ilg (Oberbürgermeister Heidenheim), Dr. Ophelia Nick (Mitglied im Gesellschafterausschuss und im Aufsichtsrat der Voith GmbH), Winfried Kretschmann (Ministerpräsident Baden-Württemberg), Dr. Hubert Lienhard (Vorsitzender der Geschäftsführung Voith GmbH), Dr. Wolfgang Schäuble (Bundesfinanzminister), Prof. Dr. Hans-Peter Keitel (Vorsitzender des Gesellschafterausschusses und des Aufsichtsrates Voith GmbH), Angela Voith (Familie Voith), Martin Jäger (Staatssekretär im Ministerium für Inneres, Digitalisierung und Migration Baden-Württemberg).

Reden auf dem Festakt 150 Jahre Voith
Heidenheim a. d. Brenz, 4. Juli 2017
Congress Centrum Heidenheim

Am 4. Juli 2017 feierten rund 450 geladene Gäste im Beisein von Bundesfinanzminister Dr. Wolfgang Schäuble, Ministerpräsident des Landes Baden-Württemberg, Winfried Kretschmann, Abgeordneten des Deutschen Bundestages und des baden-württembergischen Landtages, Botschaftern, Industrievertretern, rund dreißig Gesellschaftern des Familienunternehmens, internationalen Kunden und Partnern, sowie dem Management des Unternehmens am Voith-Stammsitz in Heidenheim mit einem offiziellen Festakt das 150. Jubiläum. Im Folgenden sind als Quelle die auf diesem Festakt gehaltenen Reden in der Reihenfolge der Redner wiedergegeben.

Festrede Festakt 150 Jahre Voith
Dr. Hubert Lienhard
Heidenheim, 4. Juli 2017

Sehr verehrte Gäste,

die Entscheidung über den Ort des heutigen Festaktes fiel schon vor geraumer Zeit. Genauer gesagt vor 151 Jahren, im Jahr 1866. Die beiden Männer, die diese Entscheidung trafen, können heute aus verständlichen Gründen nicht hier sein: Es waren Johann Matthäus Voith und sein Sohn Friedrich.

Denn in diesem Frühjahr 1866 wäre die Geschichte des damals noch ganz jungen Familienunternehmens Voith beinahe zu Ende gewesen, und diesen Festakt hätte es nie gegeben. Auf jeden Fall nicht hier in Heidenheim, sondern wohl eher in New York, Chicago oder Boston. Was war passiert? Friedrich Voith, 26 Jahre alt, Entrepreneur, hervorragend ausgebildeter Ingenieur, jung, ehrgeizig und voller Pläne, macht ernst. Sein Problem: Er sieht keine Perspektiven mehr im väterlichen Betrieb. Der Vater kann nicht loslassen. Dem jungen Friedrich geht alles zu langsam, es wird ihm zu eng. Und er zieht die Konsequenzen: Friedrich Voith will auswandern. Er stellt einen Ausreiseantrag – nach Amerika. Der Antrag wird genehmigt. Die Koffer sind gepackt.

Was dann genau passiert, ist nicht überliefert. Plötzlich ist alles ganz anders: Friedrich Voith heiratet noch im gleichen Jahr, wird in Heidenheim sesshaft. Kaum sechs Monate später, zu Beginn des Jahres 1867, überschreibt ihm der Vater das gesamte Unternehmen. Hat es sich der Vater überlegt? Hat Friedrich Voith eingelenkt? Gab es hitzige Debatten zwischen den beiden? Dickschädel sollen wohl beide gewesen sein. Aber wie wir wissen, Gespräche zwischen Vater und Sohn unter vier Augen finden keinen Niederschlag in den Archiven. Somit bleibt es für immer ein Geheimnis zwischen den beiden. Als Vater kann ich mir aber gut vorstellen, dass die Drohung des Sohnes, auszuwandern, durchaus gewirkt hat.

Jedenfalls gut für uns, durch die Beilegung dieses typischen Vater-Sohn-Konflikts war der Grundstein für den heutigen Voith-Konzern gelegt. Und die Voraussetzung dafür, dass ich nun Sie alle hier am Stammsitz von Voith herzlich zu unserem Festakt zum 150. Geburtstag begrüßen darf!

Mein erstes Willkommen gilt den beiden Ehrenrednern, die heute Abend zu uns sprechen werden: Bitte begrüßen Sie mit mir den Finanzminister der Bundesrepublik Deutschland, Dr. Wolfgang Schäuble. Uns beide, lieber Herr Minister Schäuble, verbindet die gemeinsame Herkunft aus dem Schwarzwald. In Triberg sind wir auf die gleiche Schule gegangen. Damals freilich hätte ich mir niemals ausgemalt, dass ich Sie Jahrzehnte später auf einer Feier wie dieser begrüßen würde!

Es ist uns eine große Ehre, heute unseren Landesvater, den Ministerpräsidenten des Landes Baden-Württemberg, Winfried Kretschmann hier zu begrüßen. Wir freuen uns sehr auf Ihre Rede, Sie sind bekannt für Ihre klaren Positionen, zuletzt beim Thema Elektromobilität, wie wir unlängst auf Youtube verfolgen konnten. Herr Ministerpräsident: Im Namen aller 19.000 Voithianer auch Ihnen ein herzliches Willkommen in unserer Mitte.

Ich begrüße den Leiter des Kabinetts des angolanischen Staatspräsidenten, Manuel Paulo da Cunha, sowie den Botschafter der Republik Angola, seine Exzellenz S.E. Alberto Correia Neto, die uns heute mit einer Delegation aus Angola die Ehre geben. Ihnen allen herzlich willkommen!

Ganz besonders freue ich mich, dass wir heute so viele Mitglieder der Familie Voith als unsere Gäste begrüßen dürfen. Insgesamt 30 Familiengesellschafter sind nach Heidenheim gekommen, um mit uns den runden Geburtstag IHRES Unternehmens zu feiern. Liebe Familie Voith, Ihr Besuch heute ehrt alle Voithianer.

Ich grüße sehr herzlich unseren Vorsitzenden des Gesellschafterausschusses und Aufsichtsrates, Herrn Professor Hans-Peter Keitel.

Und ich freue mich über die Anwesenheit aller aktueller und vieler ehemaliger Mitglieder des Gesellschafterausschusses, des Aufsichtsrates, der Interessenvertretung der Arbeitnehmer und der IG Metall.

Sehr geehrte Abgeordnete des Bundestages, sehr geehrter Herr Staatssekretär, sehr geehrte Abgeordnete des Landtags, sehr geehrter Herr Regierungspräsident, lieber Herr Oberbürgermeister, Herr Landrat, liebe Vertreter der Kommune Heidenheim – auch Ihnen ein herzliches Willkommen bei Voith!

Ich freue mich, dass der Präsident des Deutschen Industrie- und Handelskammertages und der Präsident des Verbandes Deutscher Banken heute bei uns sind.

Ganz herzlich grüße ich unsere Kunden aus nah und fern! Dass so viele gekommen sind, zeigt die ganz besondere Beziehung, die uns teilweise schon seit vielen Jahren und Jahrzehnten miteinander verbindet. Vielen Dank, dass Sie diesen Tag gemeinsam mit uns begehen und uns Ihre Zeit und Anwesenheit schenken. Ohne Sie wären wir heute nicht hier.

Und ich darf die zahlreichen Vorstände und Geschäftsführer von befreundeten Unternehmen, Banken, Versicherungen, Verbänden, Hochschulen und Organisationen, die teilweise seit vielen Jahren eine enge Verbundenheit zum Hause Voith pflegen, herzlich willkommen heißen.

Ich begrüße auch die Vertreter der Presse, die heute bei uns sind. Herzlich willkommen.

Abschließend ein herzlicher Gruß an alle Freunde, Mitarbeiter, Voithianer und all die, die ich in meiner Aufzählung vergessen habe! Sie alle machen dieses Ereignis zu etwas ganz Besonderem. Herzlich willkommen bei Voith!

Liebe Gäste, unser Gründer Friedrich Voith war ein Vollblut-Entrepreneur. Ein Mensch, der von den Möglichkeiten der industriellen Revolution des 19. Jahrhunderts fasziniert war. Ein Mensch, der eine klare Vorstellung von der Zukunft hatte.

Was wäre, wenn Friedrich Voith heute in unserer Mitte wäre? Zunächst würde er feststellen, dass sein Lebenswerk nach wie vor zu 100 Prozent im Besitz seiner Familie ist. Das Werk, das sein Vater und er begonnen haben, reicht mittlerweile über sechs Generationen. Gibt es etwas Schöneres für einen Gründer? Diesem Erbe sind wir alle verpflichtet: Es gibt ein oberstes Ziel unserer Unternehmensführung: Die Unabhängigkeit des Familienunternehmens Voith zu wahren. Und mit Sicherheit wäre Friedrich Voith stolz: Über die Tatsache, dass wir heute noch Kunden und Partner haben, mit denen er bereits Geschäfte gemacht hat! Ich nenne das Haus Palm, ich nenne Stora Enso und UPM-Kymenne, ich nenne Duke Power aus den USA, Yunnan Power aus China.

Die EnBW hat leider Pech, lieber Herr Mastiaux: Die ersten Geschäfte haben wir mit Ihrem Haus erst verhältnismäßig spät ...1914 ... gemacht, da war Friedrich Voith leider bereits ein Jahr verstorben.

Wir Voithianer sind stolz auf unsere Kunden. Wir sind stolz darauf, mit ihnen gemeinsam unsere Industrie über Generationen zu gestalten. Und wir sind stolz, jetzt mit ihnen gemeinsam den nächsten Schritt zu gehen.

Unser 150. Geburtstag findet mitten in der vierten industriellen Revolution statt. Wir alle sind Zeitzeugen der größten Umwälzung der letzten Jahrzehnte. Sie wird unsere Gesellschaft fundamental verändern. Die Transformation der Industrie in das digitale Zeitalter ist die größte Chance der letzten Jahrzehnte. Für Voith, für unsere Industrie, für Baden-Württemberg und auch für Deutschland. Das Motto, unter das wir unser Jubiläumsjahr gestellt haben, drückt diese »Lust auf Zukunft« aus. Wir sagen: Welcome to the next 150 years!

Wir alle haben guten Grund, optimistisch zu sein. Die Region, in der wir heute sind, ist eine besondere: Ich kenne kaum einen anderen Ort auf der Welt, wo industrielle Kern-Branchen wie der Maschinen- und Anlagenbau und die Automobilindustrie in einer solchen Dichte beheimatet sind und mit solch einer weltweiten Ausstrahlung seit Jahrzehnten wirken. Voith ist nur ein Beispiel hierfür. Alle diese Unternehmen haben sich in den vielen Jahren und Jahrzehnten einzigartiges Know-how erarbeitet und sind heute überall auf der Welt beheimatet und verwurzelt. Sie beherrschen einige der kompliziertesten und anspruchsvollsten industriellen Prozesse überhaupt.

Basierend auf diesem Domain-Wissen haben wir daher die große Chance, zu einem der bestimmenden globalen Zentren der digitalen Industrie zu werden. Unser Ministerpräsident Winfried Kretschmann hat einmal davon gesprochen, Baden-Württemberg zu einer der führenden digitalen Leitregionen zu machen. Lieber Herr Kretschmann, wir sind dabei. Seien Sie versichert: Die Unternehmen werden ihren Beitrag leisten. Sie können sich auf uns verlassen.

Wir haben all diese Gedanken in der neuen Vision für dieses Unternehmen zusammengefasst. Wir wollen »DER Technologiepartner für industrielle Generationen« sein. Das ist unser Traum, für den die Voithianer jeden Tag arbeiten: Genauso, wie die Generation unserer Gründer die erste industrielle Revolution maßgeblich mitgestaltet hat, wird unsere Generation nun eine treibende Kraft der vierten industriellen Revolution sein. Für unsere Kunden. Und für die Weiterentwicklung unserer Volkswirtschaften.

Alleine in den nächsten beiden Geschäftsjahren werden wir rund 100 Millionen Euro in die Entwicklung digitaler Geschäftsmodelle investieren. Mittlerweile arbeiten in unserer Digitalsparte über 1.500 Mitarbeiter überall auf der Welt mit unseren Konzernbereichen an den digitalen Produkten und Geschäftsmodellen für die nächste Generation.

Liebe Gäste, wenn ein Unternehmen 150 Jahre alt wird, zwei Weltkriege, Inflationen und Deflationen, Wirtschaftskrisen und Börsenturbulenzen übersteht, wenn ein Unternehmen all dies durchlebt hat und weiterhin erfolgreich am Markt ist und mit großer Zuversicht in die digitale Welt schaut, so denke ich, dass man sagen kann: In diesem Unternehmen müssen viele Dinge fundamental richtig sein. Das ist es, woran wir glauben und was uns trägt.

Unser runder Geburtstag erfüllt alle Voithianer mit Stolz und Respekt auf das Erreichte. Vor allem anderen aber freuen wir uns auf die Zukunft. Auf die Möglichkeiten und die Aufgaben, die dort vor uns liegen. Wir freuen uns auf die Chance, mit Ihnen allen gemeinsam an den nächsten Kapiteln der Geschichte unserer Industrien und des Familienunternehmens Voith zu schreiben. Im Namen aller Voithianer danke ich Ihnen dafür, dass Sie unser Haus begleitet haben – in welcher Rolle auch immer.

Bleiben Sie uns gewogen.

Herzlichen Dank und Welcome to the next 150 years!
Ich wünsche Ihnen einen schönen Abend!

Festrede Festakt 150 Jahre Voith
Prof. Dr.-Ing. Dr.-Ing. E. h. Hans-Peter Keitel
Heidenheim, 4. Juli 2017

Meine sehr geehrten Damen und Herren, liebe Gäste,

wie es sich bei einem Geburtstag gehört, möchte ich zuallererst dem Jubilar im Namen des Gesellschafterausschusses und des Aufsichtsrats von Herzen gratulieren. Und da stocke ich schon. Dem Jubilar? Also dem Unternehmen Voith? Das wäre etwas zu abstrakt und unpersönlich. Also gratuliere ich herzlich all denen, die das Unternehmen ausmachen, der großen Familie Voith, die in, muss ich sagen, erfreulich junger Ausprägung hier vor mir sitzt. Ich gratuliere den Mitarbeiterinnen und Mitarbeitern auf jeder Ebene und überall auf der Welt, unseren Kunden und den vielen, die in dem politischen, wirtschaftlichen und gesellschaftlichen Umfeld mit dafür sorgen, dass wir diesen Geburtstag in blühender Gesundheit des Jubilars begehen können. Dazu gehört auch die Besinnung auf diejenigen, die mit Weitsicht und unternehmerischer Tatkraft das stabile Fundament gelegt haben, auf dem die heutige Generation aufbauen darf.

Vor 150 Jahren war Wasser auf der Schwäbischen Alb alles andere als selbstverständlich. Nur in den Tälern gab es genug davon und man konnte froh sein, an der Brenz zu wohnen. Aber wir wären ja nicht Schwaben, wenn der Fluss nur als bequemes, alltägliches Geschenk empfunden worden wäre. Das war für einige ja auch eine Herausforderung. Das Wasser, das kann doch was schaffen. Man konnte also etwas unternehmen und ohne das beherzte Anpacken – wir haben es gerade gehört – von Johann Matthäus und vor allem Friedrich Voith, ohne den Wagemut der ersten Generation, sich auch dem internationalen Wettbewerb zu stellen, könnten wir den heutigen Geburtstag so nicht feiern. Hanns Voith hat die Leitung des Unternehmens schließlich in familienfremde Hände gelegt. Ich muss besser sagen, er hat sie Menschen anvertraut, die sich im Denken und im Handeln der Familie zugehörig fühlen. Ich habe für diese Leistung über Generationen gerade das Bild des Fundaments benützt, das mir natürlich besonders nahe liegt, habe ich mich doch ein Berufsleben lang mit Bauen beschäftigt, war stolz, Bauunternehmer zu sein. Das muss heute noch der ein oder andere spüren, wenn ich mal mitgehen darf auf die Baustellen. Aber in jüngster Zeit, so denke ich, scheint mir diese Berufsbezeichnung einige Kratzer abbekommen zu haben. Wenn es möglich ist, dass sogenannte Bauunternehmer in die höchsten politischen Ämter gelangen können, indem sie sich und ihrer Klientel die Welt in ein paar erschreckend einfachen Botschaften zurechtlegen, dann würde man vielleicht doch wieder lieber zu dem früher üblichen Berufsbild des Baumeisters zurückkehren.

Einen politischen Baumeister, dem populistische Botschaften wahrlich fremd sind, darf ich heute an erster Stelle begrüßen: den Bundesminister der Finanzen. Lieber Herr Schäuble, ich könnte jetzt vieles zu Ihnen sagen. Baden-Württemberger, leidenschaftlicher Europäer, Urgestein im deutschen Bundestag, Architekt der Einheit, ein steter Mahner, über den Alltagsproblemen das große historische Geschenk des Lebens in Frieden und Freiheit nicht zu vergessen und nicht zu verspielen. Lieber Herr Schäuble, seien Sie uns ganz herzlich willkommen. Wir danken Ihnen sehr, dass Sie sich auf den Weg zu uns gemacht haben. Sehr geehrter Herr Minister, darf ich Sie bitten, zu uns zu sprechen?

Sehr geehrter Herr Minister,
lieber Herr Schäuble,

darf ich es dann übernehmen, Ihnen ganz herzlich für Ihre Worte zu danken. Ich möchte das als Gelegenheit nutzen, auch Ihnen und denen, die am Wochenende auf dem kommenden G20-Gipfel viel Verantwortung übernehmen, alles Gute und viel Erfolg zu wünschen. Sie haben vieles gesagt zum Verhältnis Politik und Wirtschaft und ich weiß sehr wohl, manche Kritik an unseren Partnern jenseits des Atlantiks ist auch wohlfeil und im Moment modern und trotzdem: Uns treiben große Sorgen. Nicht nur um die Klimapolitik, sondern auch um das, was wir über Jahrzehnte als Freihandel aufgebaut haben, und ich durfte, das habe ich ja vorhin gesagt, mal wieder mit auf die Baustelle. Ich war letzte Woche unter anderem mit anderen zusammen in Argentinien. Wenn man spürt, wie ein solches Land, das ja nun wahrhaftig nicht nur nach Europa guckt, sondern innerhalb Amerikas ja auch eine Blickachse hat, das eigene Probleme hat, wie ein solches Land nicht nur auf Europa, sondern in einer unglaublichen Weise und mit einem unglaublichen Optimismus und einer Hoffnung auf Deutschland blickt, dann kann man stolz sein. Aber es kann einem auch ein bisschen Angst werden, welche Art von Verantwortung im Moment auf uns allen lastet, und deshalb von Herzen alles Gute auch für das Wochenende.

Sehr geehrter Herr Ministerpräsident Kretschmann,

in gleicher Weise und ebenso herzlich möchte ich Sie bei uns willkommen heißen und Ihnen danken, dass Sie nach Heidenheim gekommen sind, um den Geburtstag gemeinsam zu feiern. Wenn man sich persönlich nicht ganz so gut kennt – und wir beide sind uns vor heute erst einmal Auge in Auge begegnet –, dann kann man sich an dem orientieren, was man aus der öffentlichen Berichterstattung weiß. Dann würde ich Sie jetzt beispielsweise apostrophieren als Landesvater, den anderen Grünen, den unprätentiösen Schwaben. Oder man sucht nach Gemeinsamkeiten im Lebenslauf und da muss ich mich – ich hoffe, dass ich mich nicht täusche – auf den Wahrheitsgehalt der zugänglichen Quellen verlassen.

In wirtschaftlich bescheidenen Verhältnissen aufgewachsen, mit einem nach dem Krieg zunächst stellenlosen Lehrer als Vater – das kommt mir sehr bekannt vor. Die Enge einer kirchlichen Schule – das ist, wie ich weiß, nicht konfessionsgebunden und seit Hermann Hesses »Unterm Rad« in unserem Land zumindest literarisch verbürgt. Anhänger des VfB Stuttgarts zu sein, teilen wir mit Zehntausenden und ist eigentlich nur in Heidenheim erwähnenswert, wo das aus eigener Erfahrung angesichts lokaler Ambitionen auf überraschend wenig Gegenliebe stößt. Studium zu fast der gleichen Zeit in Stuttgart um 1968 herum. Das ist schon etwas komplexer. Als Absolvent der Technischen Universität würde ich nur schwer als Revolutionär durchgehen. An dieser durch notorischen Männerüberhang gekennzeichneten Hochschule galt man schon als Nonkonformist, wenn die Freundin nicht aus dem benachbarten Schwesternwohnheim des Katharinenhospitals kam. Ich muss allerdings auch ein Stück Ignoranz bekennen: Ihre Universität im Stadtteil Hohenheim habe ich damals als durch die landwirtschaftliche Fakultät geprägte Hochschule wahrgenommen und nicht als Hort des politischen Aufbruchs – wohin auch immer. So werden wir für unsere Studienzeit eher weniger Gemeinsamkeiten entdecken. Aber sicherlich gehen wir beide als Beleg dafür durch, dass auch aus Alt-68ern auf ganz unterschiedliche Weise etwas Vernünftiges werden kann. Diese Diversität erleben wir, meine Damen und Herren, bei genauem Hinsehen auch heute, wenn wir über die herausragende Bedeutung des Mittelstands und der Familienunternehmen reden. Das Unternehmen gelingt, wenn man es will und es kann, auf ganz unterschiedliche Weise: Mit dem pietistischen Arbeitsethos in Nord-Württemberg ebenso wie mit der Lebensfreude der Alemannen, wir haben Tüftler und Weltbürger, manche sind beides zugleich, Aufbruch- und Gründergeist stehen neben Aufbau und Ausbau über Generationen.

Und selbst zwischen Hightech und anthroposophischer Lebensausrichtung droht kein Spagat, wie man hier vor uns sieht. Werte wie Nachhaltigkeit und Achtung der Würde und des Wohlergehens der anvertrauten Menschen, Werte, die Ihnen, lieber Herr Ministerpräsident Kretschmann, wahrlich nicht fremd sind, werden bei Voith gelebt. Selbst in der politischen Farbenlehre treffen Sie hier auf Bekannte und Bekanntes. Seien Sie uns deshalb in unserer Mitte noch einmal herzlich willkommen, vielleicht nicht zu einem Heimspiel, aber zu einem Treffen in großer Aufgeschlossenheit und Neugier. Wir freuen uns auf Ihre Worte.

Festrede Festakt 150 Jahre Voith
Bundesminister der Finanzen Dr. Wolfgang Schäuble, MdB
Heidenheim, 4. Juli 2017

Herr Ministerpräsident,
sehr geehrter Herr Lienhard,
sehr geehrter Herr Keitel,
sehr geehrte Angehörige der Familie Voith,

vielen Dank für Ihre freundliche Begrüßung. Im Vergleich zu Voith bin ich ja ein junger Mann; im September werde ich halb so alt wie Ihr Unternehmen. Zu Ihrem Jubiläum – 150 Jahre – gratuliere ich gerne und von Herzen: ein Familienunternehmen in der sechsten Generation und so modern, so innovativ, dass es einem fast den Atem verschlägt in diesen Zeiten ungeheuer schneller Veränderungen.

Freitag und Samstag haben wir den G20-Gipfel in Hamburg. Da werden wir uns am Rande – die politischen Fragen stehen beim Treffen der Staats- und Regierungschefs im Vordergrund – mit der Stabilisierung der Weltwirtschaft, der Regulierung der Finanzmärkte und vielem anderen mehr beschäftigen. Wir werden auch wieder ein Stück weit über die beiden unterschiedlichen unternehmerischen Erfolgsmodelle diskutieren: über Familienunternehmen, die seit Generationen im Eigentum der Familie stehen, und über kapitalmarktorientierte beziehungsweise -finanzierte Unternehmen in Amerika und in der angelsächsischen Welt. Zwischen beiden Modellen gibt es große Unterschiede, die vieles prägen: das Finanzsystem, das Bankensystem, die Finanzpolitik, die ganz unterschiedliche Rolle des Kapitalmarktes. Dabei geht es auch um Grundhaltungen. Bei uns ist es so – das ist auch ein bisschen schwäbisch oder baden-württembergisch –, dass man erst einmal spart, bevor man ausgibt. Im angelsächsischen Bereich da schaut man auf die Zinsen, dann zahlt man auch irgendwann. Beide Modelle, richtig betrieben, haben ihre spezifischen Vorteile. Aber es ist wichtig, dass wir uns immer bewusst bleiben: Das Modell des Familienunternehmens, über Eigentümer gebunden, über Generationen verpflichtet, ist nicht etwas Altmodisches, Rückständiges, sondern es ist genauso zukunftsträchtig. Aber natürlich brauchen wir auch den Druck, damit Traditionen nicht dazu verkümmern, dass sie die Aufrechterhaltung überkommener Strukturen schützen sollen. Deswegen ist es auch gut, dass es unterschiedliche, gegensätzliche Unternehmensmodelle gibt, die sich gegenseitig Konkurrenz machen und die dafür sorgen, dass das eine wie das andere Modell sich immer wieder auch dem Vergleich mit der Alternative stellen muss. Ich jedenfalls weiß – und das ist die spezifische Stärke der deutschen Wirtschaft und der baden-württembergischen im Besonderen –, dass gerade auch in Zeiten grundlegenden Wandels kleine, mittlere Unternehmen – Mittelstand, wie wir sagen – oft viel anpassungsfähiger, viel kreativer, viel innovationsfähiger sind als große, manchmal auch ein Stück weit zu Dinosauriern entwickelte Unternehmen. Darin beruht ja auch der ungeheure Erfolg unserer kleinen und mittleren Unternehmen. Und deswegen ist Voith und sein Jubiläum eben auch eine Erklärung für die Erfolgsgeschichte unserer Ordnung der Sozialen Marktwirtschaft. Beides, Unternehmenserfolg und der Erfolg unserer Wirtschaftsordnung, haben miteinander zu tun. Beide stehen zugleich vor ähnlichen Herausforderungen.

Nachhaltigkeit ist inzwischen als eine wichtige Aufgabe in das Bewusstsein von immer mehr Menschen in allen Teilen der Welt gedrungen. Und man wird die Bedeutung von Nachhaltigkeit ja auch nicht ernsthaft bestreiten können. Wer, zum Beispiel, bestreitet, dass der Klimawandel stattfindet, der hat irgendwie die Geschichte der letzten Jahrzehnte nicht richtig mitbekommen. Also wir brauchen Nachhaltigkeit.

Zugleich gibt es zunehmend Fragen an die politischen Systeme in diesen Zeiten, zu denen auch der digitale Wandel gehört. Ist eigentlich die Demokratie, sind unsere westlichen Formen von Rechtsstaat und Demokratie überhaupt noch konkurrenz- und überlebensfähig angesichts der neuen Formen von Kommunikation? Die Zweifel daran wachsen teilweise auch in Europa. Ich glaube, wir müssen uns wieder auf die Grundprinzipien besinnen, die auch mit der Sozialen Marktwirtschaft zu tun haben: Dass wir kein Prinzip im Extrem auf die Spitze treiben dürfen, sondern dass sich die Prinzipien gegenseitig begrenzen müssen. Auf der einen Seite haben wir die Überlegenheit marktwirtschaftlicher Ordnung – von Markt und Wettbewerb – als Instrument der optimalen Ressourcenallokation. Auf der anderen Seite besteht die Notwendigkeit eines immer wiederkehrenden sozialen Ausgleichs. Die Gewährleistung von Chancengleichheit und sozialer Partnerschaft ist eine Grundvoraussetzung dafür, dass eine freiheitliche Ordnung überhaupt funktionieren kann. Jede freiheitliche Ordnung braucht übrigens – mehr als jede andere, eher totalitäre oder bürokratische oder sonst wie begründete Ordnung – eine Verankerung in Werten. Auch das ist ein Kennzeichen der Sozialen Marktwirtschaft und eine Grundlage von Familienunternehmen, die nicht über Generationen hinweg erfolgreich sein könnten und zusammenhalten würden, wenn es nicht eine gemeinsame Wertegrundlage gäbe.

In Familienunternehmen wird über die Generationen hinweg ein Maß an Werteorientierung vermittelt, das wir anderswo gelegentlich schmerzlich vermissen. Das merken wir auch in den Diskussionen über Regulierungsfragen. Unternehmer klagen häufig über zu viel Regulierung. Aber als wir die Finanzmärkte vor etwas mehr als zehn Jahren dermaßen dereguliert hatten, dass es am Schluss überhaupt keine vernünftige Regulierung mehr gab, da haben sich die Finanzmärkte selbst zerstört. Deshalb musste man wieder anfangen zu regulieren. Daran arbeiten wir beständig – und übertreiben es wahrscheinlich schon wieder in die andere Richtung. Wer die Balance zwischen zu viel und zu wenig Regulierung bewahren oder finden will, der muss wissen, dass Werteorientierung, die ein Stück weit vorgegeben ist, die Grundlage freiheitlicher Ordnungen ist. Wenn alles nur durch Regulierungen vorgegeben wird, wird es auf Dauer nicht funktionieren. Ganz ohne Regulierung geht es aber auch nicht. Die Erfolgsgeschichte dieses Unternehmens ist zugleich ein Erklärungsbeitrag, wie wir eine freiheitliche Ordnung nachhaltig stabil halten können. Lassen Sie mich dazu folgende politische Bemerkungen machen: Auch mit Blick auf die bevorstehende Wahlentscheidung im September und auf die Weichenstellung für die nächsten Jahre sollten wir darauf achten, dass ein zu großer Staatsanteil an der Verwendung des Bruttoinlandsproduktes in der Tendenz Kräfte für wirtschaftliche Zwecke nicht stärkt.

Natürlich haben wir hohe Ansprüche an die Leistungsfähigkeit unseres Staates. Deswegen brauchen wir einen hinreichend hohen Staatsanteil an der Verwendung der gesamtwirtschaftlichen Leistung. Aber dieser Anteil darf nicht immer weiter steigen. Bei steigenden Steuereinnahmen müssen wir ein Stück weit korrigieren. Ich denke nicht, dass wir mit Umverteilungen allein das Problem lösen können. Den besseren Weg gehen wir mit einer maßvollen Entlastung, die dafür sorgt, dass die Steuerbelastung im Verhältnis zum volkswirtschaftlichen Gesamteinkommen nicht steigt. Ich denke, das ist der Weg, um auch in Zukunft die Rahmenbedingungen für leistungsfähige Unternehmen und für die Stabilität und die Leistungsfähigkeit unserer Sozialen Marktwirtschaft zu gewährleisten.

Genauso dürfen wir nicht aus dem Blick verlieren, dass die partnerschaftliche Finanzierung der sozialen Sicherungssysteme durch Arbeitgeber und Arbeitnehmer und die damit verbundene Selbstverwaltung der sozialen Sicherungssysteme sehr viel mit Ordnungspolitik zu tun haben. Das ist eine Riesenaufgabe bei der gegebenen demografischen Entwicklung in unserem Land. Wenn wir Entscheidungsbefugnis und Haftung völlig auseinanderfallen lassen, dann haben wir ordnungspolitisch die falschen Entscheidungen getroffen. Und auch wenn man Ordnungspolitik nicht ins Englische übersetzen kann – es gibt dafür kein englisches Wort –, ist es doch wichtig, dass wir immer daran denken, wie politische Rahmenbedingungen national wie international richtige oder falsche Anreize setzen.

Auch müssen wir darüber sprechen, dass wir in Zukunft noch mehr in Bildung, Forschung und Entwicklung investieren. Nur so können wir die Zukunftsfähigkeit der deutschen Volkswirtschaft und auch der europäischen sichern. Auf anderen Kontinenten ist das eine Binsenweisheit. Und klar ist doch auch, dass wir die Infrastruktur beständig weiterentwickeln müssen.

Ich komme noch einmal auf die unterschiedlichen Unternehmensmodelle zurück. Im Grunde ist es wahrscheinlich so, dass wir in diesem rasend schnellen Veränderungsprozess der Globalisierung beide Modelle brauchen: die kapitalmarktfinanzierten Systeme, die Orientierung an den globalen Finanzmärkten mit all den entsprechenden Mechanismen, und die traditionswahrenden und erneuernden Familienunternehmen, die Werte und nachhaltiges Denken vermitteln. Wenn sich beide gegenseitig unter Wettbewerbsdruck halten, dann wird das, was wir als europäisches oder westliches Modell entwickelt haben, auch in diesem 21. Jahrhundert am ehesten erfolgreich sein können. Manchmal diskutieren wir ja darüber, ob wir in Europa angesichts der Dynamik in Asien, in China, auf anderen Kontinenten, überhaupt noch eine Chance haben. Aber wir sollten nicht vergessen: Unsere Werte stoßen weltweit auf große Attraktivität – Freiheit, Menschenwürde, Demokratie, ökologische Nachhaltigkeit, Herrschaft des Rechts, Achtung der Würde jedes einzelnen Menschen, wo immer er herkommt, und sozialer Ausgleich. All das zeichnet unsere Ordnung aus. Richtig ist aber auch: Wir stehen nicht immer zu dem, was wir als Werte postulieren. Das ist stets das Problem bei jeder Ordnung. Aber wir bemühen uns jedenfalls und wir diskutieren immer wieder darüber, wie wir es schaffen, den Leitvorstellungen unserer Werte gerecht zu werden und dafür einzutreten, dass wir sie in Deutschland, in Europa und in der Welt zur Geltung bringen. Deswegen finde ich, dass wir Grund haben, nicht nur wegen der Erfolge unserer Unternehmen, sondern insgesamt selbstbewusst zu sein.

Natürlich müssen wir weiter an uns arbeiten – auch das ist Soziale Marktwirtschaft. Die Leistung sowohl der Unternehmer als auch der Arbeitnehmer und die Motivation von Unternehmern wie Arbeitnehmern – diese wirtschaftliche Erfolgsgeschichte hat uns über all die Krisen hinweggetragen. Auch in Zukunft bleiben Politik und Wirtschaft aufeinander angewiesen. Das ist der Rahmen, das Ordnungsmodell.

Deswegen bedanke ich mich für die Bundesregierung für die großen Leistungen, die dieses Unternehmen nicht nur für Voith und die Voithianer und für Heidenheim und für Baden-Württemberg, sondern für unser Land und für die Zukunft unserer Ordnung leistet. Mit diesem Dank verbinde ich meine besten Wünsche für Sie, für die nächsten sechs Generationen und für die nächsten 150 Jahre. Alles Gute, eine gute Zukunft! Herzlichen Dank.

Festrede Festakt 150 Jahre Voith
Ministerpräsident Winfried Kretschmann, MdL
Heidenheim, 4. Juli 2017

Sehr geehrter Herr Professor Keitel, vielen herzlichen Dank für die freundlichen Worte.
Sehr geehrter Herr Dr. Lienhard, Herr Minister Dr. Schäuble.
Ich begrüße die Abgeordneten des Landtags und den Oberbürgermeister recht herzlich, die Voithianer und natürlich ganz besonders die Mitglieder der Familie Voith.

Ja, meine Damen und Herren, jedes Weltunternehmen hat einmal mit einem ersten unternehmerischen Impuls begonnen. Bei Voith war es der Wunsch des Schlossers Johann Matthäus Voith, aufzubrechen und dazuzulernen. Er beantragte im Jahr 1855 ein Stipendium, um zur Weltausstellung nach Paris zu fahren. Und brachte von dort aus Erkenntnisse mit nach Hause, die sich wie das Drehbuch für den wirtschaftlichen Erfolg unseres Landes lesen lassen: Dass man den Engländern ihre Spitzenposition streitig machen muss. Und dass Erfindergeist, Innovationskraft und Technologie der Schlüssel dazu sind. Dazu gehörte Mut, Weitblick und Klasse. Eigenschaften, die offenbar auch sein Sohn, Friedrich Voith, hatte, als er rund 30 Jahre später, im Jahre 1867, das heutige Unternehmen gründete.

Ja, meine Damen und Herren, ich freue mich sehr, dass ich heute beim 150. Geburtstag von Voith dabei sein darf und diesen Geburtstag eines unserer Vorzeigeunternehmen mitfeiern darf! Mut, unternehmerischer Weitblick und Klasse, das sind die Zutaten, die die ungewöhnlich starke Voith'sche Innovationskultur erklären. Es gehört ja schon einiges dazu, nicht nur auf einem Gebiet Erfolg zu haben und zum Weltmarktführer zu werden, sondern gleich auf mehreren: Papiermaschinen, Wasserturbinen, Zahnradgetriebe, hydraulische Wandler und Schiffsantriebe. Und nun sind noch die »Digital Solutions« dazugekommen, eine komplett neue, zukunftsweisende Unternehmenssparte, die das Unternehmen fit macht für Industrie 4.0 und das Internet der Dinge.

Damit steht Voith par excellence für den baden-württembergischen Maschinen- und Anlagenbau als Traditionsbranche. Für unsere Tüftler-, für unsere Schaffer-Mentalität, für einen unserer führenden Industriezweige und eine der großartigsten Erfolgsgeschichten unseres Landes. Er steht aber eben auch für den Maschinenbau als Zukunftsbranche, für Hightech auf höchstem Niveau und für eine Branche, die die Herausforderung der Digitalisierung angenommen hat und sagt: Wir können das!

Industrie 4.0 und das Internet der Dinge sind eine Jahrhundertchance – da bin ich mit Ihnen ganz einig, Herr Dr. Lienhard –, die wir nutzen wollen. Mein Vorgänger im Amt, Kommissar Oettinger, sagt immer: »Die erste Halbzeit im IT-Bereich haben wir verloren.« Sie kennen alle die großen Giganten, die das Feld hier beherrschen. Und jetzt ist die Frage: Hängen wir ab, werden wir irgendwie noch eine verlängerte Werkbank dieser Giganten, oder haben wir eine Chance? Und ich glaube, wir haben eine große Chance. Das Internet der Dinge, ich sage immer: Wir haben die Dinge! Und ich bin überzeugt, in dem Kampf, um den es jetzt geht, ziehen die IT-Giganten die Industrie an sich, oder zieht unsere Industrie IT an sich? Schraubt sie das an, dockt sie das an? Darum wird es gehen.

Und, meine Damen und Herren, da bin ich zuversichtlich. Ich bin da optimistisch und überzeugt. Ich glaube, es ist einfach einfacher, die IT an 150 Jahre alte innovative Unternehmen anzudocken, als umgekehrt. Und wir haben noch das Glück, von den 20 größten IT-Unternehmen ist ja nur ein europäisches dabei – Gott sei Dank aus dem Ländle, SAP – und die machen Unternehmenssoftware und sind eines der größten Software-Cluster, die wir überhaupt haben. Ich bin überzeugt, dass wir das schaffen werden. Und wenn wir das schaffen werden, dann werden wir mit unseren 150 Jahren Industriegeschichte, mit dem was da drin steckt an Krisenerfahrung, an Kundenerfahrung, dann werden wir das schaffen, das anzudocken und dann steigen wir in die Champions League auf. Davon bin ich ganz fest überzeugt.

Und hier ist, glaube ich, die Firma Voith das gute und leuchtende Beispiel dafür, dass wir uns fit machen für Industrie 4.0, dass wir uns fit machen für das Internet der Dinge. Voith ist ein wichtiger Treiber dieser Entwicklung. Ein Unternehmen, das mutig vorangeht, das nicht abwartet, was andere machen. Und dabei wollen wir Sie so gut es geht unterstützen. Und bestmöglich auf diesem Weg begleiten.

Durch die Allianz 4.0, die wir schon vor ein paar Jahren ins Leben gerufen haben und die wir jetzt erweitert haben zu einer Allianz Wirtschaft 4.0 mit einem branchenübergreifenden Ansatz. Aber auch durch das, was man heute – was mich natürlich als Grünen freut – auch Ökosysteme nennt, eben künstliche moderne Ökosysteme überall im Land, wie etwa das Cyber Valley. Ein Projekt von Universitäten, Max-Planck-Institut und Unternehmen, das wir im vergangenen Jahr ins Leben gerufen haben und mit dem wir die Voraussetzungen dafür schaffen, dass wir in Baden-Württemberg beim Thema maschinelles Lernen und künstliche Intelligenz ganz vorne mit dabei sind. Einer der größten europäischen Forschungsverbünde überhaupt in diesem Bereich.

Und ich denke, wir können alle stolz darauf sein, dass wir die Region in Europa sind, die so viel in Forschung und Entwicklung steckt wie keine andere Region, nämlich um die 5 Prozent. Man liest in Programmen wichtiger Bundesparteien, dass sie jetzt das Ziel dreieinhalb für die ganze Bundesrepublik ausgeben. Wir sehen also, wir sind gut aufgestellt. Dank der Unternehmen, die davon 80 Prozent leisten, aber auch der öffentlichen Hand, die sich da anstrengt.

Und ich denke, durch weitere Schwerpunkte, die wir im Rahmen dieser Digitalisierungsstrategie abstimmen, in der Landesregierung aktuell etwa in den Bereichen Mobilität, Gesundheit und Medizin, aber natürlich auch der Produktion. Und das kann natürlich nur gelingen, wenn auch viele andere Unternehmen ebenso mitziehen und vorangehen, wie Voith das macht. Und ich denke, dass Voith mit den Digital Solutions, einer eigenen Digitalsparte sozusagen, einen Meilenstein gesetzt hat, die Aktivitäten zusammengefasst und gebündelt und sich damit schlagkräftiger gemacht hat. Und noch ein paar Schippen draufgelegt und gut investiert hat. Unter anderem ist das Start-Up merQbiz dafür ein gutes Beispiel. Eine digitale Handelsplattform für Altpapier, auf der in den ersten acht Wochen bereits 2.000 Tonnen Altpapier gehandelt wurden! Meine Damen und Herren, mutige Entscheidungen wie Ihre machen mich optimistisch, dass wir diese zweite Runde der Digitalisierung, dass wir dafür gut aufgestellt sind und auch weiterhin Technologieführer bleiben können.

Meine Damen und Herren, dass merQbiz solch ein Erfolg ist, freut mich aber noch aus einem anderen Grund! Denn die Geschäftsidee, den Markt für Altpapier in Nordamerika übersichtlicher und effizienter zu machen, auf diese Weise unter anderem Transportwege einzusparen, ist im besten Sinne nachhaltig!

235

Damit sind wir beim zweiten roten Faden, der Voith – neben seiner ausgeprägten Innovationskultur – als Unternehmen besonders auszeichnet: Das Nachhaltigkeitsdenken, das auch zur DNA des Unternehmens gehört: Voith hat bei der Papierherstellung in den vergangenen 150 Jahren maßgeblich dazu beigetragen, den Wasser- und den Energieverbrauch zu senken! Bei Turbinen und hydraulischen Getrieben wurde der Wirkungsgrad ständig verbessert. Oder: Mit der De-Inking Technologie hat Voith die Papierherstellung aus Altpapier revolutioniert. Und durch das schonende Entfernen der Druckerschwärze wird jetzt auch aus alten Zeitungen eben wieder neues, blütenweißes Papier! Und nicht zuletzt werden mit merQbiz nicht nur Transportwege gespart, sondern die Nutzung von Altpapier auch weiter verbessert. Also, ich denke, das Ziel heißt einfach: Immer sparsam mit den Ressourcen umgehen! Im Hinblick auf die eigenen Produkte genauso wie im Hinblick auf die Produktion im eigenen Unternehmen. Und deswegen ist Voith auch sozusagen zu einem Systemlieferanten für nachhaltige Produktion geworden. Und ich finde, auch das ist eine Leistung, die hohen Respekt und Anerkennung verdient.

Meine Damen und Herren, wenn sich Eigenschaften wie Mut, Innovationskraft oder Nachhaltigkeit so konstant durch eine 150-jährige Geschichte ziehen, dann hat das einen Grund: Minister Schäuble hat den Grund schon entfaltet. Das hat damit etwas zu tun, dass Voith eben ein Familienunternehmen ist – eines der größten in Deutschland. Und ich denke, auch wenn sich die Familie aus dem operativen Geschäft zurückgezogen hat: In einer Familie denkt man eben nicht nur an das Heute, sondern logischerweise immer auch, wie es mal den Kindern oder Enkeln ergehen wird! Und ich denke, diese Orientierung, die sich daraus ergibt an Werten wie Nachhaltigkeit und Verantwortung ist hier in Heidenheim und im Weltkonzern Voith allgegenwärtig und quasi mit Händen zu greifen. Und ich denke, man muss eigentlich nur einen Blick auf das Werksgelände unten im Tal werfen, um zu erkennen, wie umsichtig die Tradition und die historischen Werksgebäude gehegt werden. Und wie konsequent darauf geachtet wird, dass der Stammsitz mit 4.500 Beschäftigten das ökonomische Herz des Weltunternehmens bleibt.

Voith hat immer einen ganz besonderen Blick auf seine Mitarbeiter, auf die Voithianer, gehabt. Heute sind es über 19.000. Es war eines der ersten Unternehmen, die eine Krankenversicherung für Mitarbeiter gegründet haben und ein Unternehmen, das bis heute vorbildlich bei Sozialleistungen ist. Voith hat sich schon um die Jahrhundertwende um Sozialwohnungen für die Mitarbeiter gekümmert, später entstand dann die Voith-Siedlung. Voith hat durch die Wirtschaftskraft zur Blüte seiner Heimatregion beigetragen. Und darüber hinaus eben immer auch viel fürs Gemeinwesen getan. Also das ausgefüllt, was Minister Schäuble so profund beschrieben hat als eben unsere Ordnung der sozialen Marktwirtschaft. Von der Förderung des Sports über Opernfestspiele bis hin zur Waldorfschule. Oder dem Engagement in der Integrations-Initiative »Wir zusammen«.

Ihr soziales Engagement beschränkt sich aber eben nicht nur auf den Stammsitz, sondern ist an allen Standorten zu finden. Ein Beispiel ist das Projekt »Formare« in São Paulo, eine Stiftung, wo Voith bildungsschwachen Jugendlichen Perspektiven gibt.

Das Unternehmen hat sich immer ganz besonders um die Ausbildung seiner Mitarbeiter gekümmert. Es war eines der ersten Unternehmen überhaupt, das eigene Lehrlinge ausgebildet hat. Und, lieber Dr. Lienhard, es ist gerade mal zwei Jahre her, dass wir gemeinsam das neue und zukunftsweisende Ausbildungszentrum hier in Heidenheim eingeweiht haben.

Also, meine Damen und Herren, ich denke, es wird deutlich, wenn wir solch ein Unternehmen an seinem 150. Geburtstag beleuchten: Auf Unternehmen wie Ihrem ruht die Prosperität dieses Landes. Und darum seien Sie versichert, dass uns das immer bewusst ist, dass wir dafür auch die guten und vernünftigen Rahmenbedingungen schaffen wollen in der Politik. Weil wir wissen, das kommt dem Land zugute, seinen Einwohnern, aber auch unseren Kindern und Enkeln. Und so kann man einfach sagen, Voith ist wie viele andere ähnliche Betriebe einfach ein wichtiger Teil von Baden-Württemberg. Ja, etwas, das dieses Land geprägt hat. Und, das wir alle sozusagen mit der Muttermilch aufnehmen. Zu wissen, was wir an unseren Mittelständlern haben. Und, es ist eine Wirtschaftskultur, um die uns viele beneiden! Letztens hat der indische Botschafter Singh eine Rede bei uns im Neuen Schloss gehalten, da kam sieben Mal das deutsche Wort »Mittelstand« vor. Und ich denke, das sagt ja alles, dass das wirklich eine Wirtschaftskultur ist, um die uns andere beneiden. Und ich weiß, dafür muss man sich wirklich jede Woche um einen harten globalen Wettbewerb nach der Decke strecken. Und davor habe ich allergrößten Respekt und bin Ihnen dankbar, aber auch den vielen tausenden Mitarbeitern in Ihrem Betrieb, die über viele Jahrzehnte alles gegeben haben, um das Unternehmen zu einem zu machen, wie es das heute ist.

Vielen herzlichen Dank, und ad multos annos.

Festrede Festakt 150 Jahre Voith
Dr. Ophelia Nick
Heidenheim, 4. Juli 2017

150 Jahre Voith – und morgen geht es weiter!!

Sehr geehrte Festgesellschaft, als Vertreterin der Familie und Mitglied der 5. Generation von VOITH habe ich die Ehre, Sie heute aufs Allerherzlichste zu begrüßen.
Sehr geehrter Herr Ministerpräsident Kretschmann, es ist uns wichtig, dass auch unser schönes Baden-Württemberg so prominent vertreten ist,
sehr geehrter Herr Minister Dr. Schäuble,
sehr geehrter Herr Oberbürgermeister Ilg,
sehr geehrter Herr Prof. Dr. Keitel,
sehr geehrte Mitglieder des Gesellschafterausschusses und des Aufsichtsrates,
sehr geehrter Herr Dr. Lienhard, sehr geehrte Geschäftsführung,
liebe Voithianer, liebe Gäste,
liebe Familie,

150 Jahre Voith heißt Rückblick auf bewegte Zeiten. Voith hat eine erfolgreiche Zeit hinter sich und dabei viele schwierige Phasen, wie etwa zwei Weltkriege, überstanden. – Darauf können wir stolz sein und deswegen mit Zuversicht in die Zukunft schauen. – Schaut man zurück, dann ist der Erfindungsgeist und die Tüftlerleidenschaft das, was Voith eine so lange Erfolgsgeschichte beschert hat. Solch ein Tüftler war auch mein Ururgroßvater Johann Matthäus Voith: Schon mit 22 Jahren, 1825, übernahm er die Schleiferwerkstatt an der Brenz. Gemeinsam mit Heinrich Voelter entwickelte er die geniale Holzschleifermaschine, welche Holz anstelle von Stoff als Rohstoffgrundlage hatte. So konnte Papier zu einem Massenprodukt werden. 1881 wurde die erste komplette Papiermaschine ausgeliefert. Dies war der Grundstock für Voith Paper. Hier in Heidenheim bei Voith begann die industrialisierte Herstellung von Papier.

 1867 übernahm mein Urgroßvater Friedrich die Firma und trug diese unter dem Namen »Maschinenfabrik und Eisengießerei J. M. Voith« ein. Diesen Tag der Eintragung feiern wir heute. Auch von den genialen technischen Lösungen von Friedrich Voith haben wir die letzten 150 Jahre profitiert. Unter anderem legte er den Grundstein für die Energieerzeugung mit Wasserkraft. Er war ein Vollblutunternehmer, weltoffen und weitsichtig.

 Eine besonders schöne Geschichte ist, dass Kanada 1903 für das Niagarakraftwerk auf der Suche nach einem geeigneten Turbinenhersteller Voith auswählte. Bis 1912 wurden 12 der damals weltgrößten Turbinen eingebaut. 24 Stunden, 7 Tage die Woche, mit 250 Umdrehungen pro Minute, so laufen die Turbinen zum Teil bis heute noch. – Es ist die effizienteste Technologie zur Erzeugung der Elektrizität: emmissionsfrei, zuverlässig, schwäbische Präzisionsarbeit.

 Neben den Sparten Paper und Hydro birgt Voith Turbo viele spannende Innovationen. Vor allem in der Hydrodynamik waren wir erfolgreich. Hier eine Anekdote: Wieder aus Amerika kam Anfang der 60er Jahre die Anfrage nach effizienten Bremsen für kilometerlange, beladene Züge, die in den Rocky Mountains oft starke Steigungen überwinden mussten. Dafür mussten sie mit zuverlässigen und kraftvollen Bremsen ausgestattet werden. Hier fiel die Wahl auf unsere Firma, so ein anspruchsvolles Produkt zu liefern. Der Voith Retarder wurde entwickelt. Erste Konzepte reichen bis ins Jahr 1912 zurück. Über 100 Jahre später ist der ständig weiterentwickelte Retarder immer noch hochinnovativ und steht für anspruchsvollste Bremsleistungen.

Die drei Söhne von Friedrich Voith stellten ihr Leben in den Dienst von Voith. Hanns Voith, mein Großvater, der 86 Jahre alt wurde, prägte Voith durch seine lange Führungszeit besonders. Zumal er die Möglichkeit hatte, die Firma nach dem Krieg wiederaufzubauen und das Vertrauen in Voith wieder weltweit zu gewinnen. Er versuchte inniglich, Technik, Wirtschaft, Umwelt, Kunst und den Menschen zu fördern. Das prägt Heidenheim und uns bis heute. So war ihm bei der Lehrlingsausbildung bei Voith wichtig, den jungen Menschen Allgemeinbildung, Kunst, Musik und soziale Fächer anzubieten. Diese Art der Ausbildung war in dieser Zeit neu und wegweisend. Und ist es heute noch.

1967, zum 100-jährigen Jubiläum, hielt mein Großvater Hanns die Festrede. Er erinnerte an die schöne Zeit um die Jahrhundertwende, als die Gänse noch durch Heidenheim liefen, die Kutschen noch die Straßen beherrschten. Er erinnerte an die Aufbruchsjahre nach dem Krieg und er bedankte sich für jedes Jahr, das Voith im Frieden verbringen durfte. Diese Aussage gilt auch heute. Unsere Familie ist dankbar, dass wir Voith weiterhin als Familienunternehmen begleiten dürfen. Wir sehen das als unsere Aufgabe, für die Zukunft und für die nächsten Generationen. Wir fühlen uns weniger als Shareholder, sondern als Bewahrer, der die Werte der Firma über Generationen hinweg weitergibt. Die sechs Töchter von Hanns haben die Werte gelebt und an uns weitergegeben. Liebe Sylvia, liebe Cornelia, liebe Beatrice, liebe Angela, dafür danken wir Euch!

Die letzten Jahre waren Jahre des Umbruchs. Wir sehen die Digitalisierung als Chance, gehen mit Tatendrang und Optimismus in die Zukunft - Voith Digital Solutions ist nun unsere vierte Sparte.

An dieser Stelle unseren tiefen Dank an die Stadt Heidenheim. Sie hat Voith immer unterstützt, wir sind ihr tief verbunden.

An dieser Stelle unseren Dank an alle Voithianer, die für Voith in der Vergangenheit gearbeitet haben, die jetzt bei uns arbeiten. Die Verbundenheit, die Bodenständigkeit und der starke Wille zur Innovation. So sind Voithianer, dafür DANKE!

Und: Ein großer Dank an unsere Kunden, von denen so viele heute hier sind. Ohne sie wäre Voith heute nicht 150 Jahre alt. Danke, dass Sie uns ihr Vertrauen schenken.

Wir sind heute hier, um zu feiern - und morgen geht es weiter. Es wird geforscht, gebaut, überlegt. Damit unsere Produkte weiter zu den besten der Welt gehören, damit die Arbeitsplätze weiterhin so spannend und erfüllend bleiben. Damit wir nachhaltige Produkte für die Welt herstellen. Sichere, langlebige, innovative Maschinen, Hightech. Das ist Voith!

Wir wollen den Herausforderungen der Zukunft mit noch besseren und neuen Produkten begegnen. Wir wünschen unserer Firma viele Ideen, Innovationen und Wachstum. Heute stehe ich hier und schaue voller Stolz zurück. Mit Zuversicht und Freude schauen wir in die Zukunft.

Heute feiern wir aus vollem Herzen unseren Voith.
Herzlichen Glückwunsch zum 150. Jubiläum.

Mitglieder des Gesellschafterausschusses ab Oktober 1976

DR. HUGO RUPF

DR. EGON OVERBECK

COLETTE SCHULER-VOITH

MARTINA MANN

DR. HANS MERKLE

DR. PETER VON SIEMENS

DR. DIETER SPETHMANN

DR. DR. MARCUS BIERICH

DR. HEINRICH WEISS

DR. WERNER NIEFER

DR. PETER ADOLFF

DR. WOLFRAM SCHWEPPENHÄUSER

DR. BERND GOTTSCHALK

DR. FERDINAND OLIVER PORSCHE

DR. MANFRED BISCHOFF

DR. MICHAEL ROGOWSKI

KLEMENS SCHWEPPENHÄUSER

ANGELA VOITH

DR. JÜRGEN WEBER

DR. ALAN HIPPE

DR. NICOLA LEIBINGER-KAMMÜLLER

SONJA GORSCH

DR. OPHELIA NICK

PROF. DR. DR. HANS-PETER KEITEL

JOHANNES HAMMACHER

DR. SIEGFRIED DAIS

TON BÜCHNER

ULRICH FREUDEL

MARTIN SCHILY

STEPHAN SCHALLER

Gespräch mit Dr. Heinrich Weiss

Zur Person
Heinrich Weiss gehörte ab 1978 dem Voith-Aufsichtsrat an und war ab 1983 ebenfalls Mitglied im Gesellschafterausschuss des Familienunternehmens. 2014 wurde er nach 36 beziehungsweise 31 Jahren aus beiden Gremien verabschiedet und ist damit der externe Unternehmer, der Voith am längsten in diesen Gremien begleitet hat.

Heinrich Weiss gehört zu den profiliertesten Unternehmerpersönlichkeiten Deutschlands. Er ist wahrscheinlich einer der wenigen deutschen Unternehmenslenker, die in ihrer aktiven Zeit bei Dienstreisen den Jet selber flogen. Auch feierte er als Rennfahrer in der DTM Erfolge. Darüber hinaus ist der 1942 geborene Siegerländer ein Vollblut-Familienunternehmer: Bereits im Alter von 26 Jahren übernahm er auf Wunsch seines Vaters eine Tochtergesellschaft der damaligen Siemag Gruppe. Mit 29 Jahren trug er die Verantwortung für das gesamte Unternehmen. Mehr als vier Jahrzehnte führte er als CEO und Hauptgesellschafter den Düsseldorfer Anlagen- und Maschinenbaukonzern Schloemann Siemag AG, heute SMS group. Darüber hinaus hat Heinrich Weiss seit den 1970er Jahren die deutsche Wirtschaft als Mitglied in zahlreichen Aufsichtsräten und in verschiedensten Verbands- und politischen Funktionen mitgestaltet.

_Herr Weiss, wie sind Sie in die Voith-Gremien gekommen?
Die Kontakte zum Hause Voith ergaben sich Anfang der 70er Jahre über meine Freundschaft zur Familie Schuler, das heißt dem Familienstamm Hermann Voith. Ich war damals ein junger Unternehmer. Colette Schuler, die Tochter von Hermann Voith, sprach mich an, ob ich nicht in den Gremien bei Voith mitarbeiten wollte. Ein Grund war auch, dass unsere Firmen, also SMS und Voith, sehr vergleichbar waren: Mit ähnlicher Struktur, sehr international ausgerichtet, im Maschinen- und Anlagenbau tätig. Und: Wir waren keine Wettbewerber, konnten also ganz offen miteinander sprechen. Diese Zusammenarbeit, die 1978 begann, haben wir über meine Gremienarbeit fortgesetzt und ausgebaut. Deshalb ist Hubert Lienhard auch heute bei SMS im Gesellschafterausschuss, damit diese Brücke zwischen den Häusern bestehen bleibt.

_Was war Ihr Eindruck von der Arbeit im Gesellschafterausschuss?
Von Beginn an bis heute saßen und sitzen im Voith-Gesellschafterausschuss sehr profilierte und bekannte Vertreter der deutschen Wirtschaft. 1978 waren das neben Hugo Rupf, Peter von Siemens, Egon Overbeck, Hans L. Merkle, Dieter Spethmann. Ich war in dieser Runde mit erheblichem Abstand der Jüngste. Es war eine große Ehre für mich und überaus

interessant, mit diesen erfahrenen Persönlichkeiten zusammenzukommen. Ich hatte Respekt und große Hochachtung vor der enormen Erfahrung, die sich hier versammelte. Aber ich bin trotzdem immer mit einem gewissen Selbstvertrauen in die Sitzungen gegangen, denn ich hatte ja durchaus eigene Erfolge vorzuweisen. Deshalb war meine Einstellung: Ich sitze hier nicht als Tischdekoration. Wenn ich meine Zeit einbringe, dann sage ich auch, was ich denke, und mache eigene Vorschläge.

Die Arbeit in den ersten Jahren stand noch sehr unter dem Einfluss von Hugo Rupf: Es wurde beraten, aber die Steuerung des Hauses und die letzte Entscheidung lag immer bei ihm. Heute würde man sagen: Ein echter Patriarch. Erst später, nach 1983, als er sich langsam zurückzog, bekam der Gesellschafterausschuss zunehmend eine eigene Autorität. Für mich selbst wurde es ein immer aktiveres Mandat.

_Inwiefern war der Gesellschafterausschuss bei Voith damals etwas Neues in der deutschen Wirtschaft?
Der Voith-Gesellschafterausschuss war nichts völlig Neues in dem Sinne, als Familienunternehmen schon immer Gremien wie dieses als Berater der Familien bei der Führung von Unternehmen installiert haben. Er war insofern etwas Ungewöhnliches, als die Familiensatzung dem Gesellschafterausschuss sehr große Rechte einräumte. Das war damals durchaus so gewollt und von der Familie bewusst so eingesetzt. Ich bin selbst überzeugter Familienunternehmer und aus meiner Erfahrung mit meinem eigenen Unternehmen und der Mitarbeit in zahlreichen Gremien sage ich: Solche Gremien müssen immer auf die jeweilige Firma und ihre Gesellschafter zugeschnitten sein. Mit der damaligen Gesellschafterstruktur mit den zwei Stämmen und insgesamt acht Vertretern der Gesellschafter war das Konstrukt für Voith genau richtig.

_Sie waren sieben Jahre im Gremium aktiv, dann kam die erste große Bewährungsprobe: Die Realteilung. Wie haben Sie diese Zeit erlebt? Hat sich das Konstrukt des Gesellschafterausschusses bewährt?
Ende der 1980er Jahre kamen die Verkaufsgerüchte auf und dann auch recht schnell die konkreten Angebote von Rheinmetall und Salzgitter. Wir in unserem Gremium, also die Nicht-Familienvertreter dort, haben von Anfang an klar gesagt: Wir können das nicht empfehlen. Das Unternehmen ist erfolgreich und finanziell gesund. Ein Verkauf ist überhaupt nicht nötig und wäre auf keinen Fall im Sinne von Hanns Voith gewesen. Die Geschichte und die Lösung des ganzen Themas ist ja bekannt: Der Familienstamm Hermann Voith wurde mit den Finanzbeteiligungen und dem Werkzeugmaschinenbau ausbezahlt. Die Rest-Firma blieb unabhängig, der Familienstamm Hanns Voith war nun die alleinige Inhaberfamilie. Wir im Gesellschafterausschuss haben dies immer favorisiert und auf diese Lösung hingearbeitet. Die Jahre zwischen 1989 und 1992 waren in der

Tat eine Bewährungsprobe für den Gesellschafterausschuss. Aber das Ergebnis zeigt: Das Gremium und die Verfassung haben funktioniert.

_Nach so langer Zeit als Begleiter des Unternehmens Voith: Was bleibt? Was waren die maßgeblichen Entwicklungen? Was waren Einschnitte?
Voith steht mir fast so nah wie mein eigenes Unternehmen. Das wächst ihnen in den vielen Jahren ans Herz. Was Voith für mich immer war: Ein solides Familienunternehmen mit starken, marktführenden Positionen, mit gelebten Werten und einer besonderen Kultur. Bescheidenheit, schwäbisches Auftreten. Vieles von unserem Unternehmen SMS finde ich auch bei Voith.

Wenn ich an Einschnitte denke, dann muss ich sagen: Die Realteilung war natürlich ein Einschnitt, aber es war nicht die größte Herausforderung für das Unternehmen. Das mögen andere anders sehen, aber für mich als Gremienmitglied war das zunächst einmal ein Familienstreit, und das gibt's von Zeit zu Zeit in jeder Familie. Da muss man Geduld haben und einen solchen Konflikt zu einem gewissen Maß auch einmal aussitzen. Richtig kontrovers diskutiert haben wir andere Themen: Im Gegensatz zur Scapa-Akquisition, die wir alle für sehr richtig gehalten haben, war ich – und das nicht als Einziger – beim Kauf der DIW skeptisch. Das passte meiner Meinung nach nicht zu Voith, eine andere Kultur, völlig unterschiedlicher Markt, anderer Managementstil. Über die Jahre war dieses Thema immer präsent und schließlich wurde Voith Industrial Services ja auch verkauft. Mit der Lokomotive war es ähnlich. Auch den geplanten Neubau des Verwaltungsgebäudes habe ich sehr kritisch gesehen. Schmerzlich waren natürlich die Restrukturierungen der letzten Jahre, sachlich aber richtig und notwendig. Was immer vergessen wurde: Voith hat ja – wie die meisten Unternehmen – in seiner langen Geschichte immer wieder Personal abbauen müssen. Gut erinnern kann ich mich noch an eine massive Restrukturierung Anfang der 1990er Jahre, wo es um mehrere tausend Arbeitsplätze ging. Für mich war hier Ehrlichkeit immer wichtig. In guten Zeiten und in schlechten Zeiten. Im Gesellschafterausschuss haben wir das sehr sachlich und nüchtern diskutiert. Solche Entscheidungen macht sich niemand einfach.

_Sie gelten als Verfechter des »Prinzips Familienunternehmen«, sind selbst ein sehr erfolgreicher Familienunternehmer. Was sind die Erfolgsfaktoren für Familienunternehmen?
Ich war viele Jahre im Voith-Gesellschafterausschuss der einzige externe Vertreter mit dem Hintergrund eines Familienunternehmens. Meine Kollegen waren aus der Welt der großen Konzerne. Ich habe immer wieder gemerkt, dass ich als Familienunternehmer in bestimmten Situationen eben doch anders denke und die Dinge aus einer anderen Perspektive sehe. Gewissermaßen eine Verstärkung dieser »Denke des Familienunternehmens«

bekam ich erst, als Nicola Leibinger-Kammüller in das Gremium eintrat. Was ich damit sagen will: Ja, Familienunternehmen sind definitiv etwas Besonderes. Sie haben im Normalfall eine andere, bessere Beziehung zu ihren Mitarbeitern, gehen »sozialer« an bestimmte Themen heran. Sie packen nur Dinge an, die sie auch finanzieren können und wachsen nur so schnell wie sie Eigenkapitel bilden können. Sie sind eher uneitel und konservativ in der Bilanzierung. Sie planen langfristiger, denken in Familiengenerationen. Und vieles mehr.

Und wenn Sie es richtig anfangen beziehungsweise die Voraussetzungen dafür gegeben sind, dann ist das »Prinzip Familienunternehmen« in der Tat ein Erfolgsprinzip. Es sind vor allem drei Voraussetzungen, die erfüllt sein müssen. Erstens: Sie brauchen ein fähiges Familienmitglied in der Führung der Firma. Gibt es das nicht, dann ein gutes Management unter fähiger Aufsicht der Familie. Zweitens: Einigkeit in der Familie über die Strategie. Tiefgehende Konflikte hier bedeuten oft auch das Ende des Unternehmens. Nicht immer geht das so gut aus wie bei Voith. Drittens: Eine Nachfolgeregelung. Nichts ist schlimmer als ein Eigentümer, der nicht loslassen kann. Mein Vater hat immer zu mir gesagt: Du musst aufhören, bevor andere über dich sagen: Der ist auch schon mal besser gewesen. Daran habe ich mich auch in meinem eigenen Haus gehalten.

Quellen- und Literaturverzeichnis

50 Jahre Lehrwerkstatt, in: Voith-Mitteilungen 62/1960, S. 45.

90 Jahre Voith, Nürnberg 1957.

100 Jahre Voith. Band 1: Erfahrung aus der Vergangenheit, o. O. u. J.

100 Jahre Voith. Band 2: Leistung in der Gegenwart, o. O. u. J.

100 Jahre Voith. Band 3: Aufgabe für die Zukunft, o. O. u. J.

125 Jahre Voith, in: Voith-Report 12/1992, S. 6.

Werner Abelshauser: Deutsche Wirtschaftsgeschichte seit 1945, München 2004.

Werner Abelshauser: Deutsche Wirtschaftsgeschichte. Von 1945 bis zur Gegenwart, Bonn 2011.

Werner Abelshauser: Wirtschaft in Westdeutschland 1945–1948, Rekonstruktion und Wachstumsbedingungen in der amerikanischen und britischen Zone, Stuttgart 1975.

Änderung der Geschäftsleitung, in: Voith-Mitteilungen 1/1974, S. 3.

Heinz Arnberger: Widerstand in den Betrieben. Voith St. Pölten, in: Dokumentationsarchiv des österreichischen Widerstandes (Hg.): Widerstand und Verfolgung in Niederösterreich 1934–1945. Eine Dokumentation, Bearbeitung: Heinz Arnberger, Christa Mitterrutzner, Band 2 (3 Bände), Wien 1987, S. 314–330.

Artikel »Feuer=Anstalten«, in: Johann Georg Krünitz: Ökonomisch-technologische Enzyklopädie, Band 13 (1778), S. 19–157 (elektronische Ausgabe der Universitätsbibliothek Trier, URL: http://www.kruenitz.uni-trier.de/).

Artikel »Spritzenmeister«, in: Johann Georg Krünitz: Ökonomisch-technologische Enzyklopädie, Band 162 (1835), S. 143 (elektronische Ausgabe der Universitätsbibliothek Trier, URL: http://www.kruenitz.uni-trier.de/).

Aus dem Geschäftsbericht, in: Voith-Mitteilungen 5/1949, S. 2.

Aus dem Tätigkeitsbericht des Betriebsrates, in: Voith-Mitteilungen 5/1949, S. 4.

Karl Bachmann: Direktor Georg Adolf Pfarr, in: Voith-Mitteilungen 22/1951, S. 269.

Karl Bachmann: 1844–1944. Hundert Jahre Holzschliff, in: Voith-Mitteilungen 1/1948, S. 7–10.

Karl Bachmann: Friedrich Voith. 1840–1913, in: Voith-Mitteilungen 13/1950, S. 141–144.

Karl Bachmann: Friedrich Voith. 1840–1913, in: Voith-Mitteilungen 14/1950, S. 158–162.

Karl Bachmann: Johann Matthäus Voith. 1803–1874, in: Voith-Mitteilungen 11/1950, S. 121–125.

Johannes Bähr, Paul Erker: Bosch. Geschichte eines Weltunternehmens, München 2013.

Wolfgang Baer: 100 Voith-Wassertrecker, in: Voith-Mitteilungen 1/1964, S. 12–13.

Wolfgang Baer: Unser erster Seetrecker in Italien, in: Voith-Mitteilungen 1/1965, S. 13.

Anna Bálint: Sulzer im Wandel. Innovation aus Tradition, Baden 2015.

Avraham Barkai: Schicksalsjahr 1938. Kontinuität und Verschärfung der wirtschaftlichen Ausplünderung der deutschen Juden, in: Walter H. Pehle (Hg.): Judenpogrom 1938. Von der »Reichskristallnacht« zum Völkermord, Frankfurt/Main 1988, S. 94–117.

Avraham Barkai: Vom Boykott zur »Entjudung«. Der wirtschaftliche Existenzkampf der Juden im Dritten Reich 1933–1943, Frankfurt/Main 1988.

Stephanie Becker, Christoph Studt (Hg.): »Und sie werden nicht mehr frei sein ihr ganzes Leben« Funktion und Stellenwert der NSDAP, ihrer Gliederungen und angeschlossenen Verbände im »Dritten Reich«, Berlin 2012.

Volker Berghahn: Das Kaiserreich 1871–1914. Industriegesellschaft, bürgerliche Kultur und autoritärer Staat (= Gebhardt: Handbuch der deutschen Geschichte, Band 16), Stuttgart 2003.

Rolf Besserer: Voith Turbo. Die Entwicklung zum Konzernbereich, in: Hermann Schweickert (Hg.): Voith Antriebstechnik. 100 Jahre Föttinger-Prinzip, Berlin 2005, S. 279–289.

Christoph Bittel: Arbeitsverhältnisse und Sozialpolitik im Oberamtsbezirk Heidenheim im 19. Jahrhundert. Ein Beitrag zur Sozialgeschichte einer württembergischen Industrieregion, Band 1, Tübingen 1999.

Christoph Bittel: Heidenheim im Umbruch. Eine württembergische Industriestadt im politischen Wandel 1918–1920, Heidenheim a.d. Brenz 2004 (= Veröffentlichungen des Stadtarchivs Heidenheim a.d. Brenz 13).

Willi Boelcke: Wirtschaftsgeschichte Baden-Württembergs. Von den Römern bis heute, Stuttgart 1987.

L. Bohmann: Drei Jahre Hanns Voith-Stiftung, in: Voith-Mitteilungen 44/1956, S. 100.

Karl Erich Born: Die Ploucquet, Heidenheim, in: Willi A. Boelcke: Wege zum Erfolg. Südwestdeutsche Unternehmerfamilien, Leinfelden-Echterdingen 1996, S. 74–83.

Ernst Brandstetter: Von der Traisen zum Huang Pu Jiang. 100 Jahre St. Pölten, St. Pölten 2003.

Alexandra Braunmiller: Mythenbildung in Festschriften – Das Gründungsdatum der Firma J.M. Voith Maschinenfabrik in Heidenheim, [Masterarbeit] 2012.

Adolf Brunnthaler: Strom für den Führer. Der Bau der Ennskraftwerke und die KZ-Lager Ternberg, Großraming und Dipoldsau, Weitra 2000.

Martin Buchenau: Ophelia Nick. Voiths grüne Gesellschafterin, in: Handelsblatt, 6.7.2017.

Thomas Bührke, Roland Wengenmayr (Hg.): Erneuerbare Energie. Konzepte für die Energiewende, o. O. 2012.

Hellmut Butterweck: Nationalsozialisten vor dem Volksgericht Wien: Österreichs Ringen um Gerechtigkeit 1945–1955 in der zeitgenössischen öffentlichen Wahrnehmung, Innsbruck 2016.

Hans Faic Canaan: 40 Jahre Versuchsanstalten Hermaringen und Brunnenmühle, in: Voith-Mitteilungen 6/1949, S. 3.

Hans Faic Canaan: Walther Voith. 1874–1947, in: Voith-Mitteilungen 19/1951, S. 226.

J.F. Clerc: Siebzig Jahre unterwegs. Von La Chaux-de-Fonds nach Orselina, Heidenheim o. J.

Das Ende einer Ära, in: Voith-Mitteilungen 1/1973, S. 12.

Deutsche Industrielle machen bei Kuka Kasse, Manager Magazin online, 4.7.2016, URL: http://www.manager-magazin.de/unternehmen/industrie/kuka-nach-voith-verkauft-auch-loh-a-1101225.html (20.04.2017).

»Diesmal ist es uns ernst«, in: DER SPIEGEL 48/1971, S. 28–34.

Direktor Erhard Closs, in: Voith-Mitteilungen 35/1954, S. 472.

Direktor Hermann Gottschick, in: Voith-Mitteilungen 35/1954, S. 473.

Direktor Dr.-Ing. E. h. Paul Priem, in: Voith-Mitteilungen 33/1954, S. 418.

Dörries, Düren, mit neuem Namen, in: twogether 2/1996, S. 61–64.

Wilhelm Dompert: Die Firma Blaschke in Endersbach, in: Voith-Mitteilungen 5/1971, S. 9–11.

Richard Dziallas: Aus der Geschichte der Firma Voith, in: Voith Forschung und Konstruktion 4/1958, Aufsatz 1, S. 10.

Michael Ebi: Export um jeden Preis: Die deutsche Exportförderung von 1932–1938, Stuttgart 2004.

Dietrich Eichholtz: Zwangsarbeit in der deutschen Kriegswirtschaft. Unter besonderer Berücksichtigung der deutschen Kriegswirtschaft, in: Ulrike Winkler (Hg.): Stiften gehen. NS-Zwangsarbeit und Entschädigungsdebatte, Köln 2000, S. 10–40.

Empfang für Senator Hugo Rupf, in: Voith-Mitteilungen 3/1973, S. 4.

Energiequelle Wind, in: Voith-Mitteilungen 1/1981, S. 14–16.

Es darf gefeiert werden: Voith-Umbau ist geschafft, Heidenheimer Zeitung online, 14.12.2016, URL: http://www.swp.de/heidenheim/lokales/heidenheim/es-darf-gefeiert-werden_-voith-umbau-ist-geschafft-14169309.html (20.4.2017).

Doris Fischer: Chinas sozialistische Marktwirtschaft, in: Bundeszentrale für politische Bildung (Hg.): Volksrepublik China. Informationen zur politischen Bildung 289/2006, S. 9–14, URL: http://www.bpb.de/izpb/8844/chinas-sozialistische-marktwirtschaft (4.1.2017).

Reiner Flik: Die Hartmann, Heidenheim. Von der Baumwollspinnerei zur Verbandstofffabrikation, in: Willi A. Boelcke: Wege zum Erfolg. Südwestdeutsche Unternehmerfamilien, Leinfelden-Echterdingen 1996, S. 61–73.

B. Fogelholm: Voith und die finnische Papierindustrie, in: Voith-Mitteilungen 65/1960, S. 150–154.

Franz Forstner: 1945. Ende und Anfang, in: Siegfried Nasko, Willibald Rosner (Hg.): St. Pölten im 20. Jahrhundert. Geschichte einer Stadt, St. Pölten 2010, S. 122–151.

Günther Franz: Die Entwicklung des Voith-Schneider-Propellers und seine ersten Anwendungen, in: Voith Forschung und Konstruktion 18/1967, S. 1–6.

Matthias Frese: Betriebspolitik im »Dritten Reich«. Deutsche Arbeitsfront, Unternehmer und Staatsbürokratie in der westdeutschen Großindustrie 1933–1939, Paderborn 1991.

Matthias Frese: Nationalsozialistische Vertrauensräte. Zur Betriebspolitik im Dritten Reich, in: Gewerkschaftliche Monatshefte 43/1992, Heft 4/5, S. 281–297.

Fünf neue Stolpersteine, in: turbine. Mitteilungsblatt der DKP für Industriebeschäftigte 4/2013.

Horst Gartemann: Das Voith-Flotationsverfahren, in: Voith-Mitteilungen 1/1970, S. 8–10.

Paul Gehring: Das Wirtschaftsleben in Württemberg unter König Wilhelm I. (1816–1864), in: Zeitschrift für Württembergische Landesgeschichte, IX. Jahrgang 1949/50, S. 196–257.

Paul Gehring: Hartmann, Ludwig von, in: Neue Deutsche Biographie 7 (1966), S. 734–735. [Onlinefassung]; URL: https://www.deutsche-biographie.de/gnd137126905.html#ndbcontent.

Paul Gehring: Johann Matthäus Voith und Friedrich Voith, in: Hermann Haering (Hg.): Schwäbische Lebensbilder. Band 5, Stuttgart 1950, S. 293–313.

Karl Gienger: Voith-Werk München-Garching, in: Voith-Mitteilungen 4/5/1967, S. 12.

Ruth Glatzer: Das Wilhelminische Berlin: Panorama einer Metropole 1890–1918, Berlin 1997.

Gold East Paper, Dagang – eine Produktionsstätte der Superlative, in: twogether 21/2006, S. 2–9.

Nicholas Goodrick-Clarke: Die okkulten Wurzeln des Nationalsozialismus, Wiesbaden 2004.

Hans Gräser (Hg.): Die Schlacht um Crailsheim. Das Kriegsgeschehen im Landkreis Crailsheim im 2. Weltkrieg, Crailsheim 1997.

Größte europäische Flotationsanlage von Voith in Betrieb, in: Voith intern 7/1989, S. 3.

Grünes Licht für Voith Sulzer Papiertechnik, in: Voith-Report 9/1994, S. 1.

Wilhelm Gsching: Einiges über den Entwicklungsstand unseres DIWAbus-Getriebes, in: Voith-Mitteilungen 25/1953, S. 312–314.

Martin Gschwandtner: Es war einmal ein »Kohlenklau« – Technik unter dem Joch der NS-Diktatur. Arno Fischer und der Irrweg der »Unterwasserkraftwerke« in der Zeit von 1933–1945, München 2009.

Hans Häckert: 75 Jahre Voith-Peltonturbine, in: Voith-Mitteilungen 1/1979, S. 6.

Haindl Papier bestellt Zeitungsdruckpapiermaschine für Schwedt, in: Voith-Report 12/1991, S. 8.

Georg Haller: Voith-Turbogetriebe in aller Welt, in: Voith-Mitteilungen 41/1956, S. 12.

Hanns Voith zum 65. Geburtstag, in: Voith-Mitteilungen 12/1950, S. 137.

Fritz Hartmann: Die 15000. Turbine, in Voith-Mitteilungen 13/1950, S. 147–149.

Erich Hau: Windkraftanlagen. Grundlagen. Technik. Einsatz. Wirtschaftlichkeit, Berlin, Heidelberg 2014.

Gabriella Hauch, Peter Gutschner, Birgit Kirchmayr (Hg.): Industrie und Zwangsarbeit im Nationalsozialismus: Mercedes Benz, VW, Reichswerke Hermann Göring in Linz und Salzgitter, Innsbruck u. a. 2003.

Curt Heller: Crailsheim nach zwölf Jahren, in: Voith-Mitteilungen 4/5/1969, S. 8.

Michael Heller: Entflogen aus dem vergoldeten Käfig, in: Stuttgarter Zeitung, 4. August 2012, URL: http://www.stuttgarter-zeitung.de/inhalt.maschinenbauer-voith-entflogen-aus-dem-vergoldeten-kaefig.89654f68-19ed-451c-a70e-666810605f80.html (20.06.2016).

Anneliese Hermann: Meebold, Johann Gottlieb, in: Neue Deutsche Biographie 16 (1990), S. 604–605. [Onlinefassung]; URL: https://www.deutsche-biographie.de/gnd116990236.html#ndbcontent.

Klaus Heuck, Klaus-Dieter Dettmann, Detlef Schulz: Elektrische Energieversorgung. Erzeugung, Übertragung und Verteilung elektrischer Energie für Studium und Praxis, Wiesbaden 2013.

Alfred Hoffmann, Dagmar Hoffmann: Drei Schritt vom Leib. Ausländische Zivilarbeiter und

Kriegsgefangene in Heidenheim 1939–1945. Eine Dokumentation, Heidenheim 1995.

Alfred Hoffmann: Keine Volksgenossen. Die »Entjudung« Heidenheims in der Zeit des Nationalsozialismus, 2. Aufl., Heidenheim 1999.

Bjorn Honningsvag, u.a. (Hg.): Hydropower in the New Millennium: Proceedings of the 4th International Conference Hydropower, Bergen, Norway, 20–22 June 2001, Lisse 2001.

IG Metall Heidenheim: Stolperstein für August Joos. IG Metall Heidenheim übernimmt Patenschaft, Meldung vom 20.9.2013, vgl. URL: http://www.heidenheim.igm.de/news/meldung.html?id=60826 (19.5.2017).

Birgit Jürgens, Werner Fork: The Fascination of the Voith-Schneider Propeller. History and Engineering, Hamburg 2002.

Rolf Keller: Alte Pläne – Neues Planen, in: Voith-Mitteilungen 21/1951, S. 254.

Christian Keun: Erbenfehde mit glimpflichem Ausgang, SPIEGEL ONLINE, 12.1.2002, URL: http://www.spiegel.de/wirtschaft/die-reichsten-deutschen-erbenfehde-mit-glimpflichem-ausgang-a-176553.html (12.4.2017).

Heiner Kleinschmidt, Jürgen Bohnert (Hg.): Heidenheim zwischen Hakenkreuz und Heidenkopf. Eine lokale Dokumentation zur Nazi-Zeit, Heidenheim 1983.

Carlos Knapp: Einweihung unseres neuen Werkes in Brasilien, in: Voith-Mitteilungen 4/5 1966, S. 4–10.

Holger Köhn: Die Lage der Lager. Displaced Persons-Lager in der amerikanischen Besatzungszone Deutschlands, Essen 2012.

Wolfgang König, Wolfhard Weber: Netzwerke unter Strom. 1840 bis 1914, Berlin 1997 (= Propyläen der Technikgeschichte, Band 4).

Konzern-Geschäftsbericht für das Jahr 1971/72, in: Voith-Mitteilungen 3/1973, S. 30–42.

Konzerngeschäftsbericht, in: Voith-Mitteilungen 1/1981, S. 3–12.

Konzerngeschäftsbericht, in: Voith-Mitteilungen 1/1982, S. 3–13.

Konzerngeschäftsbericht, in: Voith-Mitteilungen 2/1979, S. 3–14.

Krieg der Stämme, in: DER SPIEGEL 7/1990, S. 116–119.

Michael Krüger: Heidenheim – die Stadt und ihre Industrie im 19. Jahrhundert, Heidenheim 1984.

Thomas Kuczynski: Entschädigungsansprüche für Zwangsarbeit im »Dritten Reich«, in: Ulrike Winkler (Hg.): Stiften gehen. NS-Zwangsarbeit und Entschädigungsdebatte, Köln 2000, S. 170–185.

Georg Küffner (Hg.): Von Bewegung und Dynamik, München 2009.

Georg Küffner (Hg.): Von der Kraft des Wassers, München 2006.

Georg Küffner (Hg.): Von der Rolle des Papiers, München 2007.

Georg Küffner: Wasserkraftwerke: Immer öfter kommen die Fische unverletzt durch, faz.net, 8.4.2003, URL: http://www.faz.net/aktuell/technik-motor/umwelt-technik/wasserkraftwerke-immer-oefter-kommen-die-fische-unverletzt-durch-1100540.html (5.1.2017).

Fritz Kugel: Voith-Turbogetriebe, in: Voith-Mitteilungen 8/1949, S. 9.

Kuka: Schutz vor schnellem Ausverkauf, in: DER SPIEGEL 26/2016.

Hans Künstler: Sport und Betrieb, in: Voith-Mitteilungen 4/5/1967, S. 12–14.

Kurzberichte, in: Voith-Mitteilungen 5/1971, S. 25–27.

Dietmar H. Lamparter: »Alle kommen nach Brasilien«, in: DIE ZEIT 02/1996.

Joachim-Felix Leonhard, Hans-Werner Ludwig, Dietrich Schwarze, Erich Straßner: Medienwissenschaft. Ein Handbuch zur Entwicklung der Medien und Kommunikationsformen. 1. Teilband, Berlin, New York 1999 (= Handbücher zu Sprach- und Kommunikationswissenschaft, Band 15.1).

Roland Löffler: Protestanten in Palästina: Religionspolitik, sozialer Protestantismus und Mission in den deutschen evangelischen und anglikanischen Institutionen des Heiligen Landes 1917–1939, Stuttgart 2008.

Christina Lubinski: Familienunternehmen in Westdeutschland. Corporate Governance und Gesellschafterstruktur seit den 1960er Jahren, München 2010.

Martina Mann: Erinnerungen und Gedanken, o. O. 2006.

Heinz Marcinowski: Abteilung VL, in: Voith-Mitteilungen 21/1951, S. 255–256.

Günther Meinhardt: Die Universität Göttingen: ihre Entwicklung und Geschichte von 1734–1974, Göttingen 1977.

Eberhard Meyer: 50 Jahre Lehrwerkstatt, in: Voith-Mitteilungen 62/1960, S. 48–49.

Eberhard Meyer: Die neue Voith-Ausbildungsstätte, in: Voith-Mitteilungen 2/1965, S. 10.

Stormy-Annika Mildner, Julia Howald: Die US-amerikanische Wirtschaft, in: Bundeszentrale für politische Bildung (Hg.): USA – Geschichte, Wirtschaft, Gesellschaft. Informationen zur politischen Bildung 268/2013, S. 50–73.

Heinz Millenet: Der 1.000 Auslandsauftrag, in: Voith-Mitteilungen 11/1950, S. 128–129.

Müllmassen drohen Drei-Schluchten-Staudamm zu verstopfen, SPIEGEL ONLINE, 2.8.2010, URL: http://www.spiegel.de/wissenschaft/natur/china-muellmassen-drohen-drei-schluchten-staudamm-zu-verstopfen-a-709641.html (22.12.2016).

Neue Fertigungsstätte, in: Voith-Mitteilungen 3/1977, S. 13.

Neue Verfassung, in: Voith-Mitteilungen 2/3/1976, S. 17.

Neuer Vorsitzender der Geschäftsführung der J.M. Voith GmbH, in: Voith-Mitteilungen 2/1973, S. 6.

Anne Nieberding: Unternehmenskultur im Kaiserreich. J.M. Voith und die Farbenfabriken vorm. Friedr. Bayer & Co., München 2003.

Lutz Niethammer: Die Mitläuferfabrik. Die Entnazifizierung am Beispiel Bayerns, Frankfurt/Main 1972.

Thomas Nipperdey: Deutsche Geschichte 1800–1866. Bürgerwelt und starker Staat, München 1998.

Nun also doch: Voith und Sulzer kooperieren, in: Voith-Report 3/1994, S. 1.

Fritz Oesterlen: Die Turbinenversuchsanstalten und die Wasserkraftwerke mit Wasserkraftspeicher der Firma J.M. Voith, in: Zeitschrift des Vereins Deutscher Ingenieure, 48 (1909), S. 1958–1961.

Wolfgang Paetzold: Auf den Schienen der Welt. Voith Turbogetriebe in der Eisenbahntechnik, in: Hermann Schweickert (Hg.): Voith Antriebstechnik. 100 Jahre Föttinger-Prinzip, Berlin 2005, S. 55-126.

Hermann Pflieger-Haertel: Friedrich v. Voith und sein Werk. Gründung und Entwicklung der Firma J.M. Voith, Heidenheim (Brenz) und St. Pölten, Heidenheim 1935.

Markus Plate, u.a. (Hg.): Große deutsche Familienunternehmen. Generationenfolge, Familienstrategie und Unternehmensentwicklung, Göttingen 2011.

Heiko Pleines: Nach dem Ende der Sowjetunion, in: Bundeszentrale für politische Bildung (Hg.): Sowjetunion II: 1953-1991. Informationen zur politischen Bildung, 323, 3/2014, S. 52-66.

Manfred Pohl: Philipp Holzmann. Geschichte eines Bauunternehmens 1849-1999, München 1999.

Christoph Polzin: Der Mensch bei Voith, in: Voith-Mitteilungen 5/1971, S. 17-23.

Norbert F. Pötzl: Beitz: Eine deutsche Geschichte, München 2011.

Wolfgang Proske: »Jedem das Seine«: Rudolf Meier, in: Wolfgang Proske (Hg.): Täter Helfer Trittbrettfahrer. NS-Belastete von der Ostalb, Münster, Ulm 2010, S. 159-166.

Volker Puscher, Clemens Vollhals (Hg.): Die völkisch-religiöse Bewegung im Nationalsozialismus. Eine Beziehungs- und Konfliktgeschichte, Göttingen 2012.

Volker Puscher (Hg.): Handbuch zur »Völkischen Bewegung« 1871-1918, München 1996.

Hermann Rafetseder: Erkenntnisse zu Erscheinungsformen der Oppression und zum NS-Lagersystem aus der Arbeit des Österreichischen Versöhnungsfonds. Eine Dokumentation im Auftrag des Zukunftsfonds der Republik Österreich, Linz 2007 bzw. Online-Publikation 2013, durchgesehene Fassung 2014 [Onlinefassung]; URL: http://www.ooegeschichte.at/uploads/tx_iafbibliografiedb/Rafetseder_Hermann_B_NSZwangsarbeitsSchicksale_2013_01.pdf.

Ernst Raitelhuber: Vor 100 Jahren Brand der Völterschen Papierfabrik, in: Voith-Mitteilungen 5/1964, S. 8-9.

Realteilung abgeschlossen, in: Voith-Report 3/1992, S. 1.

Gerhard Reisig: Raketenforschung in Deutschland. Wie die Menschen das All eroberten, Berlin 1999.

Rengoldhausen, in: Voith-Mitteilungen 14/1950, S. 164.

Hans Ress: Der Ursprung unseres Firmenzeichens, in: Voith-Mitteilungen 52/1958, S. 36.

Hans Ress: Voith-Werk München angelaufen, in: Voith-Mitteilungen 5/1963, S. 4-7.

Burkhard Riering: Schwäbische Pioniere. Von der Werkstatt zum Weltunternehmen, Biberach 2012.

Michael Rogowski: Für ein neues Wirtschaftswunder. 20 Thesen, München 2004.

Max Rudert: Voith-Turbinen am Niagara, in: Voith-Mitteilungen 53/1958, S. 62-63.

Hugo Rupf: Export-Bonus, in: Voith-Mitteilungen 3/1949, S. 2-4.

Hugo Rupf: Geschäftsbericht 1970/71, in: Voith-Mitteilungen 2/1972, S. 3-9.

Hugo Rupf: Hermann Voith. 1878-1942, in: Voith-Mitteilungen 25/1953, S. 309-311.

Hugo Rupf: Vom Glück verwöhnt, Stuttgart 2001.

Hugo Rupf: Werk Crailsheim wächst heran, in: Voith-Mitteilungen 45/1956, S. 138.

Hendrik Rupp: Ehrenbürger Michael Rogowski wird 75 Jahre alt, SÜDWEST PRESSE, 12.3.2014, URL: http://www.swp.de/heidenheim/lokales/heidenheim/ehrenbuerger-michael-rogowski-wird-75-jahre-alt-7636554.html (3.1.2017).

Otto Rupp: Die Firma Voith nach der Währungsreform, in: Voith-Mitteilungen 1/1948, S. 2–6.

Heinrich Samter (Hg.): Das Reich der Erfindungen, Berlin 1901.

Wilhelm Sandermann: Papier. Eine spannende Kulturgeschichte, Berlin, Heidelberg 1992.

Gustav Schickedanz: Quelles düstere Vergangenheit, in: Cicero. Magazin für politische Kultur, URL: http://www.cicero.de/kapital/quelles-d%C3%BCstere-vergangenheit/39923 (19.5.2017).

Thomas Schlemmer: Ein gelungener Fehlschlag? Die Geschichte der Entnazifizierung nach 1945, in: Martin Löhnig (Hg.): Zwischenzeit: Rechtsgeschichte der Besatzungsjahre, Regenstauf 2011, S. 9–34.

Heinz Schmidt-Bachem: Aus Papier: Eine Kultur- und Wirtschaftsgeschichte der Papier verarbeitenden Industrie in Deutschland, Berlin 2011.

Wilhelm Schneider: Die Wirtschaftsgeschichte der Stadt Heidenheim und der Ostalb, Heidenheim an der Brenz 1983.

Johannes Schönner: Namentliche Erfassung der Opfer politischer Verfolgung in Österreich von 1938 bis 1945. Endbericht, in: Demokratie und Geschichte. Jahrbuch des Karl von Vogelsang-Institutes zur Erforschung der Geschichte der christlichen Demokratie in Österreich, Band 9-10, Heft 1 (Dez 2007), S. 277–308.

Hansmartin Schwarzmaier, Meinrad Schaab (Hg.): Handbuch der Baden-Württembergischen Geschichte, Band 4, Die Länder seit 1918, Stuttgart 2003.

Hermann Schweickert: Der Wasserturbinenbau bei Voith zwischen 1913 und 1939 und die Geschichte der Eingliederung neuer Strömungsmaschinen, Heidenheim 2002.

Hermann Schweickert: Strom-Linie – diesmal nicht hydraulisch, in: Voith-Mitteilungen 2/1979, S. 16–18.

Hermann Schweickert: Voith Antriebstechnik. 100 Jahre Föttinger-Prinzip, Berlin 2005.

Ulrich Seemüller: Das jüdische Altersheim Herrlingen und die Schicksale seiner Bewohner, Ulm 2009.

Hedwig Sensen (Hg.): Luftfahrtindustrie in Mecklenburg-Vorpommern und Luftverkehr in Ostdeutschland ab 1920, in: Blätter zur Geschichte der Deutschen Luft- und Raumfahrt XX, Bonn 2015.

Sonderheft der Voith-Mitteilungen zum 100-jährigen Firmenjubiläum, 20.5.1967.

Mark Spoerer: Zwangsarbeit unter dem Hakenkreuz. Ausländische Zivilarbeiter, Kriegsgefangene und Häftlinge im Deutschen Reich und im besetzten Europa 1939–1945, Stuttgart, München 2001.

Spuk zu Ende, in: DER SPIEGEL 51/1917, S. 26–29.

Bernhard Stier: Nationalsozialistische Sonderinstanzen in der Energiewirtschaft. Der Generalinspektor für Wasser und Energie 1941–1945, in: Rüdiger Hachtmann, Winfried Süß (Hg.): Hitlers Kommissare: Sondergewalten in der nationalsozialistischen Diktatur, Göttingen 2006, S. 138–158.

Raymond G. Stokes: Von der I.G. Farbenindustrie AG bis zur Neugründung der BASF (1925–1952), in: Werner Abelshauser (Hg.): Die BASF. Eine Unternehmensgeschichte, München 2003, S. 221–358.

Alfred Stucky: Druckwasserschlösser von Wasserkraftanlagen, Berlin 1962.

Lothar Suhling: Heinrich Voelter – Papier aus Holz, in: Jörg Baldenhofer (Hg.): Schwäbische Tüftler und Erfinder, Leinfelden-Echterdingen 1989, S. 47–53.

Reinhold Thiel: Die Geschichte des Bremer Vulkan 1805–1997 in drei Bänden. Band III 1947–1997, Bremen 2010.

Adam Tooze: Ökonomie der Zerstörung. Die Geschichte der Wirtschaft im Nationalsozialismus, München 2008.

Hanno Trurnit: Die Geschichte von Gas und Strom in Frankfurt und der Region, in: FITG-Journal Zeitschrift des Förderkreises Industrie und Technikgeschichte e.V. 2/2007, S. 5–13.

Bernd Utermöhlen: Margarete Winter. Eine Automobilistin aus Buxtehude, in: Technik und Gesellschaft, Jahrbuch 10, Frankfurt/Main 1999.

Voith AG (Hg.): Die Geschichte der Marke Voith, Heidenheim 2009.

Voith AG (Hg.): Voith-Report international 1867–2007. Sonderausgabe. 140 Jahre. Erfindungen, Entwicklungen und Ereignisse des Welt-Familienunternehmens Voith, Heidenheim [2007].

Hanns Voith: Auslandsreisen nach dem Krieg, in: Voith-Mitteilungen 4/1949, S. 1–3.

Hanns Voith: Im Gang der Zeiten. Erinnerungen, Stuttgart 1980.

Hanns Voith: Zur Einführung, in: Voith-Mitteilungen 1/1948, S. 1.

Voith finanziert die Scapa-Akquisition durch eine Euro-Anleihe, in: Voith-Report 9/1999, S. 17.

Voith gratuliert zum Weltrekord, in: Voith intern, August 1988, [S. 4].

Voith Konzern. Die Holding, in: Voith-Report 1/2/2001, S. 10–13.

Voith Paper PM 11 bei Haindl Papier in Schwedt optimiert, in: Wochenblatt für Papierfabrikation 10/2001, S. 675.

Voith/Scapa Controller-Meetings, in: Voith-Report 7/8/1999, S. 6.

Voith und Sulzer einigen sich, in: Voith-Report 7/8/2000, S. 12.

Marita Vollborn, Vlad Georgescu: Kein Winter, nirgends. Wie der Klimawandel Deutschland verändert, Norderstedt 2012.

Wachsende Chancen für deutsches Papier, in: Voith-Mitteilungen 2/1972, S. 3.

Peter Wegener: The Peenemünde Wind Tunnels. A Memoir, New Haven 1996.

Helmut Weimert: Heidenheimer Häuserbuch. Band 2: Die Hintere Gasse 1618–1830, Heidenheim 2002 (= Veröffentlichungen des Stadtarchivs Heidenheim an der Brenz 12).

Helmut Weimert: Historisches Heidenheim, Heidenheim 2013 (= Veröffentlichungen des Stadtarchivs Heidenheim an der Brenz II).

Herbert Weiß: Voith sorgt für saubere Luft, in: Voith-Mitteilungen 1/1975, S. 3-4.

Wisso Weiß: Zeittafel zur Papiergeschichte, Leipzig 1983.

Bernd-Jürgen Wendt: Außenpolitik, in: Wolfgang Benz, Hermann Graml, Hermann Weiß (Hg.): Enzyklopädie des Nationalsozialismus, München 2007, S. 65-86.

Werk Crailsheim, in: Voith-Mitteilungen 48/1957, S. 254.

Manfred Wieninger: Holocaust vor der Haustür – bisher unbekanntes Zwangsarbeiterlager für ungarische Juden in St. Pölten entdeckt, in: Magistrat der Landeshauptstadt St. Pölten, Abteilung VI, Kulturverwaltung (Hg.), St. Pölten 1945-1955. Geschichte(n) einer Stadt (St. Pölten 2005) (= St. Pöltner Regenbogen 2005; Kulturjahrbuch der Landeshauptstadt St. Pölten), S. 99-108.

Manfred Wieninger: Wir leben eh nicht mehr lang – Das Lager St. Pölten-Viehofen in Zeitzeugenberichten, in: Eleonore Lappin, Susanne Uslu-Pauer, Manfred Wieninger (Hg.): Ungarisch-jüdische Zwangsarbeiterinnen und Zwangsarbeiter in Niederösterreich 1944/45, St. Pölten 2006, S. 174-208 (= Studien und Forschungen aus dem niederösterreichischen Institut für Landeskunde Band 45).

Michael Wildt: Geschichte des Nationalsozialismus, Göttingen 2008.

»Wir glauben an den Standort Salzgitter«. Porträt der Voith Turbo-Tochter Scharfenbergkupplung GmbH & Co. KG., in: Voith-Report 1/2/2001, S. 2-4.

Markus Woehl: »Rupf, Hugo« in: Neue Deutsche Biographie 22 (2005), S. 276-277. [Onlinefassung]; URL: https://www.deutsche-biographie.de/gnd122945492.html#ndbcontent.

Walther Wolf: Unser Werk Bremen, in: Voith-Mitteilungen 8/1949, S. 3-4.

Zehn Jahre Voith Hydro, Inc., in: Voith-Report 12/1996, S. 11.

Zehn Jahre Werksküche, in: Voith-Mitteilungen 5/1949, S. 11.

Peter Zinke: »Er drohte wieder mit der Gauleitung«. Gustav Schickedanz und die »Arisierungen«, in: nurinst 2008, Schwerpunktthema: Entrechtung und Enteignung, 2008, S. 63-80.

Zuwachs in den Bereichen Papier- und Bespannungstechnik, in: Voith-Report 6/1999, S. 1-3.

Archive

Archive der Voith GmbH, Heidenheim.

Archiv der Voith Austria Holding AG, St. Pölten.

Bundesarchiv Berlin (BArch).

Hauptstaatsarchiv Stuttgart.

Landeskirchliches Archiv Stuttgart.

Staatsarchiv Ludwigsburg.

Unternehmensarchiv der BASF SE, Ludwigshafen.

Wirtschaftsarchiv Baden-Württemberg (WABW).

Autoren: Matthias Georgi zusammen mit Tobias Birken und Anna Pezold,
unter Mitarbeit von Vlada Arnold, Ina Deppe und Stefanie Weiß

Neumann & Kamp Historische Projekte, www.historische-projekte.de

Sollte diese Publikation Links auf Webseiten Dritter enthalten, so übernehmen wir für deren Inhalte keine Haftung, da wir uns diese nicht zu eigen machen, sondern lediglich auf deren Stand zum Zeitpunkt der Erstveröffentlichung verweisen.

Erste Auflage September 2017

Copyright © 2017 Voith GmbH

Copyright © 2017 Siedler Verlag, in der Verlagsgruppe Random House GmbH, Neumarkter Str. 28, 81673 München

Umschlaggestaltung: Rothfos + Gabler, Hamburg

Gestaltung und Satz Innenteil: Anne Dreesbach, August Dreesbach Verlag, München

Lektorat: Jasmin Jonietz, August Dreesbach Verlag, München

Lithografie: Helio Repro, München

Inhaltspapier: Munken Polar (FSC-zertifiziert)

Druck und Bindung: Aumüller Druck, Regensburg

Printed in Germany

ISBN 978-3-8275-0111-0

Bildnachweis: Alle Bilder Voith GmbH / Bestand Voith B 80 im Wirtschaftsarchiv Baden-Württemberg.

www.siedler-verlag.de